元華文創

臺灣政經史系列叢書第一輯10　陳天授主編

臺灣

政治經濟思想史論叢

人文主義與文化篇

Proceedings：The History of Taiwan Political and Economic Thought Ⅵ

卷六

陳添壽　著

【臺灣政經史系列叢書】序

　　【臺灣政經史系列叢書】的印行，源自於拙作《臺灣政治經濟思想史論叢》(卷一)至(卷三)的出版之後，為了廣納更多海內外同好對這領域的研究與匯集，於是有了這系列叢書的出版計畫。

　　回顧臺灣過去 400 多年來的發展歷史，歷經了原住民時期、荷蘭西班牙時期、鄭氏東寧王國時期、大清時期、日本時期、中華民國時期的政治經濟發展。在這每一個歷史的階段，都曾經為我們留下許多珍貴的檔案文獻資料和著作。

　　檢視人類文明史的歷程，國際情勢發展到了 1980 年代以後新自由主義的全球化政治經濟浪潮，已經很明顯出現了世界性金融資本的掠奪，和社會貧富懸殊的嚴重現象，不但凸顯資本主義市場經濟的失靈與民主政治的失能，而且充斥著根本兩者就不公平，以及貪婪資本家與無恥政客頻頻演出相互利益勾結的危機。

　　面對當前政治與經濟體系運轉的失效，引發我們檢討過去政治經濟發展歷史的優劣缺失之外，更要關心 21 世紀政治經濟學對於國家與社會關係發展的深切思考，和相對特別關注其對於未來臺灣政治經濟發展與攸關人民生活所產生的影響。

　　有鑒於此，本系列叢書的涵蓋內容，主要針對政治經濟思想、政治經濟體制、臺灣政經史與兩岸關係發展等相關著作的出版；在編輯方向除了採納多位作者、多篇論文的彙集成冊出書之外，對於採取作者個人論文集和以學術專書為主的不同方式出版，亦都在非常歡迎之列。

　　【臺灣政經史系列叢書】的出版，期望在眾人的全力支持與灌溉之下，慢慢地能累積出一些成果來，這是我們的至盼，還請大家不吝指教。

陳天授 謹識

2019 年 10 月 25 日於臺北市

自 序

　　莎士比亞說：「智慧裡沒有書籍，就好像鳥兒沒有翅膀」，我徹底地服膺了莎翁這句具有高度「閱讀、學思與書寫」的意涵。尤其在歷盡人世的滄桑多變之後，更能感受出「人無法選擇自然的故鄉，但人可以選擇心靈的故鄉」。

　　心靈的故鄉正是「經典名著」，它是可以如杜甫所言的「不廢江河萬古流」。「經典名著」固然可以其實我們選擇閱讀的書，也可以不限於所謂的「經典名著」。俗話說得好「開卷有益」，養成喜歡閱讀的好習慣，就可以溫暖我們的心靈故鄉。

　　回溯我自 15 歲省立後壁初中(今改制國立後壁高中)畢業以前，都留在臺南市比較文化封閉的偏遠鄉下度過，直到高中聯考進入剛從臺南一中新化分校改制的省立(今改制國立)新化高中就讀，那是我第一次離家在外寄宿念書，如果我記憶沒有錯誤的話，那是我真正認識、想開始接觸胡適作品的年紀。

　　當時同我租屋在臺南市新化鎮(今改區)大河溝邊的一戶寄宿家庭的另一房間宿友，他高我一屆，是高二唸社會組的田健明。他長得瘦瘦高高的平日喜歡拿著《自由中國》、《文星》等雜誌，和《文星叢刊》出版的蔣廷黻、李敖、龔德柏等人作品，我非常羨慕他自由自在閱讀的逍遙，迄今我都還記得他那具有文人獨特的神采。

　　由於更早之前，我在老家後壁鄉(今改區)附近唸初中時，我就已經開始有接觸一些課外讀物的心得經驗。起先是閱讀我二哥和二姐他們從外地工作和念書放假帶回家裡來的《文壇》雜誌，和《羅蘭小語》等散文集方面的書刊，我也都會利用他(她)們在閱讀之餘的空檔，趕快借過來囫圇吞棗式的翻閱，我現在

的青少年記憶和對嘉南平原鄉愁，或許是從那時期就已經逐漸形成。

高中時期的喜歡上閱讀，那時我可能還無法體會和想像詩人拜倫（Lord Byron, 1788-1824）說這句：「一滴墨水可以喚起千萬人的思考，一本好書可以改變無數人的命運」的深意，但我的確是希望能透過閱讀來接觸外面的世界，和來改變自己的觀念。不論當時我自己是否能真正完全的讀懂買來的那些書，然而我堅信那都會是「開卷有益」的，尤其是對一位幼年生活在鄉下的小孩子來說，那是多麼滿懷著一股對於追求新知的喜悅。

高一下學期我轉學回到由臺糖公司設校在新營鎮(今改區)南光中學，以及高二我又轉學到省立(今改國立)嘉義中學。不斷轉學的原因之一，就是那個時候我已經養成自己買書的習慣，我希望能到比較大城市的書店買到我想看的書。

最先接觸的就是由遠東圖書公司出版的《胡適文選》、《胡適四十自述》，以後又廣泛閱讀【文星叢刊】出版李敖的《胡適評傳》，這是我從青少年時期以來一直喜歡蒐集，和有興趣接觸與胡適有關的作品，從而研究胡適思想和進一步撰寫其著作書目提要的開始。

在這裡我一定要藉這機會向 1970 年代我在大學時期的兩位恩師表示崇高的謝意，一位是鼓勵我繼續往中國學術思想史研究的國文老師曹昇教授；另一位是啟蒙我在圖書館學領域的圖書館學系主任藍乾章教授。在本書內容有部分書寫方式，是我整合二位恩師的專業治學方法，從字裡行間也處處記下我這麼多年來對二位恩師的難忘與感懷之心。

本書第一部分「《近代學人著作書目提要》補述」的文字，是收錄〈胡適1970 年代重要著作書目提要的補述〉，與〈近代學人 1970 年代重要著作與胡適的文化記述〉兩篇。我係採取圖書館學的研究途徑，和檢證我個人經驗的歷史方法，記述 1970 年代前後胡適與其他學人之間重要著作的文化互動。

1970 年代前後我的構思撰寫《近代學人著作書目提要》階段，我大量購讀

近代學人的重要著作，特別是包括當時還被政府列為禁書的馮友蘭《中國哲學史》、李・何林《中國新文學研究參考資料》(原名為《近二十年中國文藝思潮》)、地平線出版社編審的《唯物辯證法論戰》等等。

也因為有這麼一段年少輕狂時期的理想，儘管後來我有一段長達 20 年的時間未能完全留在學術界，但是當我在其他領域工作打拼的時候，例如 1980 年代後期和 1990 年代後期我的分別在《臺灣日報》撰寫專欄，和《中央廣播電臺》主持知識型節目時，我都非常受惠於當年所蒐集的豐富資料與文獻。

本書第二部分「中華儒家文化」的文字，是收錄〈余英時人文主義的通識治學之探討〉。有關這篇論述，我應該要感謝余英時通識史學方面的著作和論述，他和胡適自由主義思想迄今一直影響我的處事與治學。

特別是我在警大講授「臺灣治安史」課程的期間，我經常會陷入思考臺灣人歷史的幾經政權更迭，面對各階段不同的國家政府、社會秩序與庶民權益之間的複雜關係，讓我腦中不時浮起英國艾克頓(John Acton, 1834-1902)為什麼會說：「流亡是民族性的育嬰室，一如壓迫是自由主義的學校」的這句話來。

警大通識中心提供了我多年來，在教學上無限寬廣思路與靈活應用的環境，我也全神貫注於把握可以自由思考與文字書寫的寶貴時光。儘管有時候自己也難免會陷入沈光文（1613-1688）的心境。這位夙有「臺灣孔子之稱」的儒生，在他寫的〈戲題〉詩：「十五年來一故吾，衰顏無奈白鬚鬢；只應遍處題詩句，莫問量江事有無」的感慨。

本書第三部分「中華文化主體性」的文字，收錄〈徐復觀激進的儒家思想與本土化思維〉一文，是我敘述了徐復觀早期的從事政治與軍旅生涯，50 歲來臺定居臺中之後，完全脫離了政治圈的專任教職，展開他後半生的學術研究與文化評論的生活。

我自己在 1970 年代從恩師曹昇教授的薦讀《孟子正義》，和接觸胡適、錢

穆、徐復觀等人的著作。我現在回想自己在構思撰寫《近代學人著作書目提要》的階段，是抱定自己未來是要以學術研究為志業的。

然而，人生不能如自己規劃的事十常八九。我在服完兵役之後的 1970 年代後期，原本想先留在圖書出版界謀生，兼以增加自己工作的磨練機會，但工作幾經波折下來，給我命運帶來轉機的是當蔣經國執政推動「吹臺青」的取用本省籍青年階段，我因緣際會在「本土化」的政策下，有幸參與了政府體制內的工作。

這一階段的就業、成家與成長，乃至於後來赴國外進修的歷程之後，我就如同徐復觀 50 歲時候的轉換跑道機運，得以專心地在大學從事於教學與研究，過著閱讀、學思與書寫的平靜生活。也因為自己早年的認同和接受政府「本土化」政策，更讓我感佩於徐復觀對於儒家思想在臺灣本土化的激進思維。

而在我人生進入古稀之年的時刻，讓我有機會自由來表達了我對於當前國家發展的看法。我願意用 18 世紀法國文學家，也是一位自由主義者的思想家康斯坦(Benjamin Constant, 1767-1830)。他剴切的指出：體制和統治思想一致所產生的所謂穩定政治的掌權者、主政者，將遭歷史見棄，趨炎附勢者也會一陣風般消失，為保有尊嚴和勇氣的文學創作者，得到最後的勝利。

人類偉大思想史家的任務就是要在時間洪流中，釐清研究對象的起源、演變，在當時的意義及現代的意義。我對於審修自己過去所發表過，有關臺灣政治經濟思想史方面的一系列論述，之所以選擇從「歷史整合性」與「相互主體性」的思維與研究途徑，就是我認為這才能掌握臺灣全面而宏觀的歷史脈絡流變，也才不致於陷入片段而偏頗的絕對狹隘思維。

所以，我會擁抱中華文化主體性和中國儒家思想的可貴資產，因為我堅信 21 世紀將是有賴先秦儒家自由民主思想的根苗與茁壯，來達成全人類世界和平的理想。

現在我檢視拙作《臺灣政治經濟思想史論叢》，我也將前五卷的全部篇章目次附錄在本書的最後。我誠摯地希望有志於研究臺灣政治經濟思想史等相關議題的讀者，可以從中觀察和檢索自己所要研究的主題，這也是我學習圖書館學領域的應用，希望給讀者帶來閱讀、學思與書寫的捷徑。

在這裡，我要引用胡適常用《老子》的話：「慈故能勇，儉故能廣，不敢為天下先，故能成〔其〕器長」，更也要學習大儒顧炎武（1613-1682）「遠路不須愁日暮，老年終自望河清」的認真精神，和一步一腳印的「閱讀、學思與書寫」功夫，或許可以做為我們從事人文主義通識治學者的座右銘，體會人生真正的價值只有在正確的地方，才會顯示出正確的價值。

這亦正凸顯著為探究或拯救人類思考的，除了經濟學上的謀取最大利潤、政治學上的講求權力分配，和社會學上的強調公平正義之外，千萬不要忽略了我們要追求人文主義的根本價值，因為唯有從我們自己的內在體驗，不僅僅是自己具有生存與生活的人生意義，更是要彰顯整個宇宙的意義。

這也是我為什麼要特別凸顯本《論叢》(卷一)的從資本主義與市場篇來論述起，透過(卷二)的社會科學與警察篇、(卷三)的自由主義與民主篇、(卷四)的民族主義與兩岸篇,(卷五)的臺灣治安史略等五卷之後，特別以(卷六)人文主義與文化篇嘗試來凸顯我的「所學、所思，故我在」的奮進人生，和我對國家社會服務的一股熱忱，還敬請仁人君子多所指教。

陳添壽　謹識

2020 年 6 月 11 日臺北蟾蜍山麓安溪書齋

目 次

第二部分　中華儒家文化

第三部分　中華文化主體性

第一部分

《近代學人著作書目提要》補述

胡適 1970 年代臺灣重要
著作書目提要的補述

一、前言

我的這篇〈我構思撰寫《近代學人著作書目提要》的經過〉，曾刊於 1987 年 7 月 10 日的臺北《大華晚報》。回憶我之所以會有構思撰寫這篇文字，其最先的追溯時間應該起自於 1970 年的冬季，那是我剛進臺北天主教輔仁大學圖書館學系一年級的學校放寒假期間。

當年我們大學新生的第一個寒假，依政府規定大專學生都必須參加在臺中成功嶺的軍事集訓。戒嚴時期國民黨政府標榜的是國家重視青年教育，希望每一位年輕人都能經由成功嶺走向人生的成功之路。

二、恩師曹昇與胡適掌理的上海中國公學

由於受到當年臺灣社會環境的氛圍影響，從我在臺中成功嶺受訓期間，我的大一國文老師，也是我的恩師曹昇(字昇之，安徽績溪人)教授，從他在回給我信的內容，大概就可以感受出當時候 1970 年的前後，臺灣尚處於動員戡亂時期戒嚴體制，和兩岸對峙關係之下的緊張氣氛。

恩師字裡行間的對我諄諄教誨，深深影響到我之後一生堅持「閱讀、學思與書寫」的理念。當時恩師的信是這樣寫的：

添壽賢棣：來函閱悉。喜汝在軍中接受嚴格訓練，必能精神煥發，勇敢

忠誠，成為健全的青年。臺灣安定了二十餘年，經濟繁榮，多數青年沒有受過戰爭時的苦難磨練，未免浮華、苟安、依賴、萎靡，而且私心太重，不知團結奮鬥。

成功嶺的集訓，正是磨練青年成為有用之材，望絕對服從紀律，愛護團體榮譽，忠實服務，留心學習軍人基本教育，一切作業都要準備，不可馬虎、取巧、偷懶、埋怨，要知自己原是一塊頑鐵，要在短短的八週之中煉成毛鋼，將來再煉成精鋼。我看世界各國的教育，以德國的教育最切實有效，好比煉鋼教育，美國的教育只是油漆教育，塗塗漂亮而已。美國的危機，便是下一代青年好喫懶做，要落伍了。

我們的國家正在苦難之中，青年們的責任比任何國家的青年都重大，希望我的學生個個都能品學兼優，忠黨愛國，振作精神，堅強意志。即祝健康進步

曹 昇 手啟 〔1970 年〕元月八日。

除了上述這封信之外，恩師給我的第二封信，是在我大一時候的那年暑假，信的內容正是我在這篇〈我構思撰寫《近代學人著作書目提要》的經過〉文字上所敘述的一段往事。

（一）恩師的中華文化底蘊

恩師的這封信，整整寫了 13 張信紙，其中對於我構思撰寫《近代學人著作書目提要》的計畫，除了多所鼓勵之外，也臚列了一份近代百位學人的參考名單給我。2009 年我檢視該文並將恩師給我的這兩封信，以及南港中央研究院胡適紀念館給我的覆函，加以增修寫成〈文化產業—胡適之先生的學術資產在臺灣〉一文，收錄在拙作《臺灣創意產業與策略管理》。

2017 年我開始審修我的《臺灣政治經濟思想史論叢》一系列文稿時，我又將該文重新補修資料做了敘述，並將其改篇名為〈我撰寫《近代學人著作書目提要》的心路歷程〉之後，將它收錄在元華文創公司為我出版的《臺灣政治經濟思想史論叢(卷三)》的一書裏。

迄今對恩師最深感愧疚的一件事，就是恩師當年送給我一本已經裝訂好，而且是他親自用毛筆字抄寫在宣紙上的恩師《詩詞自選集》，雖然我一直將它蒐藏好放在臺南老家安溪書齋的小書櫥裡，但因日久潮濕又加上白蟻的侵蝕，導致受損而無法辨識，最後無奈只得放棄。

所幸，恩師送我一張 1949 年 3 月 29 日他們當年念上海吳淞中國公學旅北同學歡迎胡校長適之先生的合照。胡適曾於 1928 年擔任中國公學校長，直到 1930 年 5 月胡適辭職，由他的好友馬君武接任。恩師應該就是在這期間就讀於中國公學，成為胡適的學生吧？

如今恩師已經遠行，但只要我每次想起當年老師租屋住在臺北士林至善路一段(外雙溪東吳大學附近)的一間小平房。每回他為了請我這位遠從新莊輔仁大學去看他的窮小子，只要是談話到午餐的時間，他總是非常簡單，而且毫無掩飾的打開電鍋裡盛了僅有的剩飯，再配上幾道冷了的小菜，師生二人(有時再加上師母三人)就非常簡單的解決了一頓午餐。

記得當年我拿了在高中時期嘉義中學發表的一篇文章請恩師指導，篇名是〈從王尚義到《野鴿子的黃昏》〉：

> 我們知道王尚義，他在人生的旅程上，可說是太短暫了。他生於 1926 年 9 月 25 日，死於 1963 年 8 月 26 日，只活到 26 歲。雖然他的生命是如此的短暫，可是他活得卻很有意義。在他想像中，生命是轟轟烈烈的，光芒四射的，人生應該是一齣沒有冷場的戲劇，是一部高潮迭起的樂章，一首激昂慷慨的詩篇，和一場巨浪滔天的戰鬥。
>
> 而且他具有這個時代青年的典型，是經常掙扎在理想與現實的夾縫中，經常受著理想與現實之間矛盾的折磨。雖然在最後他被折磨死了，可是他是一個勇敢的鬥士，他是走在我們一般青年的最前面，而他留下給我們只有總計 40 萬字的作品。先後出版了有評論性的《從異鄉人到失落的一代》，長篇小說《狂流》，散文《野鴿子的黃昏》、《深谷足音》、《野百合花》，及他的日記散文《荒野流泉》、《落霞與孤鶩》等，可

供我們細嚼品味。

以下我們就看他最主要的一篇文章〈野鴿子的黃昏〉，此篇曾於 1963 年 8 月 30 日，刊載於《青杏》雜誌第 16 期，又在 1964 年 6 月轉載於金門《正氣中華報》，現在是收錄在《從異鄉人到失落的一代》，及《野鴿子的黃昏》這兩本書裡。

在這篇文章裡，王尚義最主要的是寫出他鄙視著人們對於宗教的虛偽。諸如：

（1）他姑母是一個教會的執事，他為了私人的利益，他聰明地在利用著耶穌，出賣著耶穌。當他在禮拜堂禱告之時，他是想著救濟品，他利用著教會的資本，可以發展他私人的慈善機構—育幼院，提高了名望與地位。

（2）那享用華麗的洋化牧師，幾年前與王尚義是朋友，為了生活，他不得不去上神學，畢業後，他藉著教會發了跡，他有了洋房、摩托車，作了全省教會的監督，他成了洋人眼中的紅人，他的教會是摩登仕女的裝飾品，他週旋在社交名流之間，像羊毛商，像奶油公司的經理，他絕不是好牧人，好牧人為羊捨命，而他卻是把羊帶入迷途，和虎狼交換財物，連救自己都不能了，還想救別人。

（3）他表妹利用著教會學習英文。他代表教會參加國際會議，周遊世界。而且在國外訂了婚，光宗耀祖，點綴門楣。由上面幾段，沒深思的人，必定會說王尚義是在反對著人們對宗教的信仰。可是錯了，在裡面，他並不是反對宗教的信仰。他是在剖析事實。他寫出人們對宗教的虛偽，他反對那為私人利益的教會執事，反對那享用華麗的洋化牧師。他唯一相信的只有真理，只要真理才使自己滿足，雖然他的存在是崁於絕望的邊緣，可是它賜他自由與勇氣，不像那些虛偽的人，他們需要上帝，因為是他們有罪，他們不但是空虛，而且有恐懼。從〈野鴿子的黃昏〉一文中，我們應領悟到：人要活著，就應該活得真實。不應把火箭射到太空，

靈魂卻自地獄墮落，高喊著真理，卻愛說謊言；說著愛好大好自然，卻盡其所能地破壞大自然。

現今的教會，就是這一切中的一個代表，耶穌，上帝，就像大自然一樣，目地讓人們獲得慰藉，但人們卻利用著上帝，藉著做禮拜的美名，去結交異性朋友，學習英文，練習鋼琴，領救濟品，利用較少的金錢，做較長的旅行；作最愉快的郊遊……。而不願對聖經做深一層的認識，上帝有知，豈不愴然淚下嗎？[1]

後記：這篇文章刊載出後，引起了一點迴響，我把 1969 年 1 月出版的《嘉中青年》由具名示枋寫的一篇〈從王尚義到《野鴿子的黃昏》一文談起〉，謹附錄於后：在校刊第三期裡看到了陳同學的作品，因而激發了我寫這篇文章的興致，但我並非心懷惡意來加以攻擊，只是站在同學的立場來跟大家談談。

首先，恕我冒昧，請問陳兄，您是基督徒嗎？若是，我非常支持您的用心良苦，指出了當今教會的毛病和極需改進的地方，而使身為教徒的人，感覺慚愧而無地自容。

我們慚愧的是正如陳兄所說的：「高喊著真理，卻愛說謊言……不願對聖經做深一層的認識。」而無法對我們的主耶穌基督有所交代；因為耶穌不僅要我們信奉真理，作誠實無過的人，而且還要我們做世上的光與鹽，去照亮每一個黑暗的角落，調和人與人之間的感情；更要我們到普天下去傳福音給萬民聽。而今我們愧於未能屢踐履主的重託於萬一而感惶恐不安；因為末世來臨之日我們要接受主耶穌的審問：「你的工作完成了沒有？」說到這兒，倍覺主的重負艱擔，但親愛的弟兄姊妹們！不要畏懼，更不可退縮，主耶穌在各各他背負十字架的一幕，不是留給我們「忍耐久了終必成就」的寶訓嗎？

有了主耶穌走在我們前面，為了捨身取義受逼迫而死了，而且勝過了一

---

[1] 陳文斌(陳添壽筆名)，〈從王尚義到《野鴿子的黃昏》〉，《嘉中青年》第 3 期，(1968 年 10 月，2019 年 2 月 24 日修改)。

切惡魔的權勢，我們豈用畏懼不前呢！但陳兄所指出的我們的缺點，是當今我們不可否認的，我們不但不否認，而且還要在主面前痛下決心，從今起「忘記背後，努力面前，向著前面所插的標竿直跑」，把我們教會裡一切人為因素的過失徹底滌去，確實做到主的吩咐——「我們要做世上的光與鹽」，使別人由我們認識主耶穌。

又陳兄說：「人們卻利用著上帝，藉著做禮拜的美名，去結交異性朋友……利用較少的金錢做較長的旅行」。我想分析一下；假若這人是基督徒，當然他在教會中有些優先的機會，但「基督徒」是指真心信奉基督的人而言的，我們認為一個相信耶穌而生活有了真正改變的人，他到教會的最大目的是敬拜上帝，追求真理；而交朋友或學英文等等，那只不過是在教會中一種鞏固團體的情形罷了。

假若這個人並非基督徒，亦是說他到教會的目的不是追求真理，而是另有企圖，那當然他可能在教會中交起異性朋友或貪利來了；但他畢竟是「非基督」。

因此，我們並不能將它視為教會中的現象，而是外界罪惡侵入到我們教會裡來，欲腐化教會的神聖；況且我們應做的是，儘快使他認識福音，而後與我們共同敬拜上帝，成為神所喜悅的兒女。

至於王尚義說他的姑母在禱告時卻想著領麵粉，我想這只是他的猜測吧！如果真有其事，那他的姑母也就不配稱為基督徒了。

寫了這麼多，也該結束了。謝謝陳兄供給我如此好的題材。若能藉著這篇拙作使同學們更了解教會的真義，而使上帝的美名得到歌頌，則感幸甚！[2]

　　恩師說他不認識王尚義，也未讀過王尚義的著作，但他從我寫的文章內容，覺得年輕人要有正面思考與正確人生觀，千萬不要有灰色的頹廢思想，青年人對社會與國家的發展應該要有信心才是對的。

---

[2] 示枋，〈從王尚義到《野鴿子的黃昏》一文談起〉，《嘉中青年》第 10 期，(1969 年 1 月)。

回溯我這篇高中時期的作品，確實在知識的觀念上比較不成熟。但是我有勇氣發表自己的觀點，主要是受到我高中歷史老師張強的鼓勵。他的個子長得不高，但聲音宏亮，屢次大力贊同學生多嘗試在校刊發表作品，不要怕被退稿。我的這篇稿子就是受到他的激勵而努力寫的，而且用筆名「陳文斌」投稿，幸被採納得以發表，鼓舞我對於培養書寫的興趣有很大幫助，更從我當時用筆名的暗喻「文武雙全」，顯見我當時對於文人筆墨的生活是多麼充滿了憧憬與嚮往啊！

我深深還記得張強老師告訴過我們，他有位弟弟張健，是位詩人，在臺北的臺灣師範大學教書。老師也介紹了他弟弟在《藍星詩社》、《水牛文庫》出版的詩和散文集，諸如《水牛文庫》出版散文集的《哭與笑》、《神秘與得意》，新詩集的《畫中的霧季》，還有翻譯的《普立茲傳》、《聖馬》等著作，讓我對老師及其弟弟的文史才華更加仰慕，也增強了我當年要報考大學念文組的信心。

高中時期在嘉義中學的自由風氣的感染之下，考上輔仁大學的第一年，影響我對於大學國文老師的親切感，讓我顯得更願意與恩師接近，並利用課餘時間私下接受恩師有關學術文化思想的指導。

（二）恩師的鼓勵寧鳴而生

恩師1949年和師母從中國大陸隨著國民政府來到臺灣。我知道恩師曾在東吳大學教書，但當時我並不清楚他是專任或是兼任的教授，或許他是從軍中退役下來的轉任教職，我觀察到恩師與師母的住處空間並不寬敞，他們的生活過著極為克難，當時他們都堅信政府很快就可以帶他們反攻回大陸去。

恩師知道我除了購讀王尚義、張健，和孟祥森翻譯的《齊克果日記》、《地下室手記》等思想性著作之外，恩師尤關注我大量的購讀胡適著作，他常提醒我「情感上，胡適是他上海中國公學時期的校長，他與胡適是安徽績溪小同鄉，而且有遠親的關係，但他在文化觀點上並不贊同胡適的全盤西化主張，他說他是比較接近儒家思想的，如馮友蘭、梁漱溟、錢穆等人對於中華傳統文化的見解。

　　所以，恩師推薦我要閱讀馮友蘭 1936 年在北京清華大學版的《中國哲學史》，這書在臺灣當時已是被列為禁書，但經過改頭換面的「盜版」書，在坊間還是可以買得的。恩師提到梁漱溟 1970 年正中書局出版的《中國文化要義》，同時敬重他對於全力推動的鄉村建設理論。恩師更表示他對錢穆(賓四) 於 1940 年在商務印書館出版《國史大綱》的敬佩之意。

　　恩師還特別是提到年輕人除了要熟讀孔子的《論語》之外，更要我購讀 1967 年臺灣中華書局版的焦循(孝廉)《孟子正義》一書。恩師叮嚀我要精讀《孟子正義》的深意，希望我正值青壯年時期要多多培養孟子的浩然正義之氣，要能充分具備明辨義利的能力，將來才能蔚為國用。這理念一直影響到我日後對於自己在文字書寫與發表的堅持態度。

　　恩師說這些話的神情，至今一直深深的印在我腦海裏。我和恩師見面的機會並不多，相處的時間也都不長。說得更確切的時間，也僅有在我 1970 年念大學一年級時候在課堂上的上課時間，和我利用星期例假日到恩師的住處接受他的教誨。迄今縱使時間雖然已經過了半個世紀之久，但我始終忘不了恩師和師母視我如己出的關懷備至之情。

　　1972 年 11 月 16 日我在《輔大新聞》發表〈學術研究在臺灣〉，這是我在《輔大新聞》發表的第一篇文字，對於我喜歡閱讀和書寫帶來很大的鼓勵。1970 年代的臺灣，對於一位從臺南鄉下，隻身離家背井來到臺北求學的小孩而言，在家庭經濟環境不是很富裕的情況，有時候心裡還是會有許多的感觸。

　　就以我自己為例，我喜歡閱讀，尤其是自己靜靜在寢室和圖書館看書，感受那與南臺灣鄉間特有不同的氛圍。但我很快地逐漸習慣了臺北的天氣與住宿生活。由於喜歡閱讀，加上書寫的文字慢慢被學校的刊物刊載出來，除了益發增加自己信心，和更廣泛閱讀之外，也面臨到買書所帶來的金錢壓力。這壓力越重越讓我更需要有稿費的收入，以減輕買書和生活上的困擾。

　　在那戒嚴的年代，我也與一般學生一樣，尤其是文學院的學生，我發現越是被禁的書刊，大家越是想盡辦法要買或借來看。諸如：當時我買的第一本禁書是《中國哲學史》，書上當然都不敢列印出作者和出版者，但我知道那是馮

友蘭於 1936 年在北京清華大學編印出版的講義資料。

當時我買的第二本禁書《文學大綱》(上下兩大冊)，出版者是臺灣商務印書館發行，作者只寫「本館編審部編」，但是我知道那真正作者是鄭振鐸，1927 年由上海商務印書館發行。當時我買的第三本禁書《插圖本中國文學史》(四冊)，書封面都未列印作者和出版者，只有在〈自序〉最後一行寫著「公元一九三二年六月四日鄭振鐸於北平」。

當時我買的第四本禁書《明萬曆原刻清故宮珍藏繡像金瓶梅詞話》(上中下三冊)，書封面都未列印作者和出版者，但從〈金瓶梅詞話序〉有「竊謂蘭溪笑笑生作金瓶梅傳」。

當年我念的圖書館學系，買的上列四套禁書卻是文史哲類，雖記憶著我當年的喜歡閱讀和書寫，但也更突顯了戒嚴時代禁書對於學術研究所帶來的影響，促成了當年我這篇〈學術研究在臺灣〉的書寫。〈學術研究在臺灣〉：

> 中西文化論戰停止後，臺灣的學術界又歸於寧靜。十年來，我們已沒法再看到這種熱鬧的場面，也沒法再呼吸到這種火藥性的味道，更無法再滿足我們判斷求知的知識慾望。
>
> 在論戰中打滾的諸位先生，大家各自搖搖頭，嘆嘆氣，帶著滿臉羞愧、惱怒的面孔，揚長而去，再度回到狹窄的天地裡。扛著孔夫子招牌的先生，招牌越扛越起勁，拿著講義上台的教授，講義越變越黃，高喊科學文明的傢伙，仍然沒法把我們帶上太空，於是大家在失望之餘，沉默了，沉默得死掉，大家對「學術」這玩意兒不再感興趣。
>
> 閉戶造車，老死不相往來，形成今天臺灣學術界的慘淡景象。老的一代不爭氣，年青有志作學問的，無路可循，在黑暗無光的陋室中摸索，見不到陽光，呼吸不著新鮮空氣。底下我就診斷出臺灣目前學術風氣不振的病因，而後對症下藥，提出藥方。
>
> 一、不幸的遭遇
>
> 老的一代，總是愛在閒暇之餘，嘴裡叼著煙斗，躺在沙發上，對著年青

人說：「啊！你們這一代的青年人，真是夠幸福的，沒有經過戰爭的洗禮，過的日子平平安安，又能安安靜靜的在學校裡讀書。」無可否認的，今天我們過的日子是挺舒服，吃的是挺奢侈，住的是挺豪華，但是我們的腦袋卻是一片空白。我們，可料想當一個學生，他從書堆裡鑽出，而後嘆聲道：「三十年代的資料，怎麼都找不著」，這時他的心情是夠沉重的，他有志研究學問的興趣就為之大減。

大家都知道，三十年代的思想高潮，在中國歷史上，是唯一有資格與諸子百家思想比美的。政府的退據臺灣，使得我們沒法很順利的找到有關三代十年的真實資料，對三十年代的人物，我們感到模糊不清。

雖然有些較幸運的學者，他們的著作能在臺灣重印，諸如中華書局的重印飲冰室叢書，胡適紀念館的搜購胡適之著作，文景書局的重印梁漱溟著作，但終歸有限。

不幸的如章太炎，顧頡剛，劉師培等人的完整著作，我們就設法全部過目。對於左派作家作品更不用談了。如此一來，對於研究的學術風氣大受影響。又如因特殊因素，有些書不得不列為禁書，也難怪較著名的學者，他們都定居於國外。

我們為了挽回這不幸的遭遇，除了在臺灣廣印以前大陸出版過的書籍外，更希望政府當局能放寬禁書的尺寸，或許如此，能有助於我們學術研究的風氣。

二、出版商的短見

無疑地，出版商與學術風氣的好壞有著密切的關係，一本書的是否值得出版？價錢的定價高低？均操之在出版商的手中，而在出版商的心目中，純以利益為出發點的居多，他們根本不考慮出版的書籍內容好壞，學術性的價值多少？難得有一本較學術的書籍，則價錢的昂貴，令人搖頭嘆止。

他們難道不知道書生自古都是窮苦而落破的居多嗎？試問一個學生，當他好不容易看著一本自己喜愛的書時，可是書的價格，使得他不能把它

占有已有。出版商不能與讀書人站在一致的立場,共同來為學術文化盡一己之力;相反地,却站在剝削敵對的角色,如此何能提高人們讀書的風氣,如何能促進我們文化的進步呢?

最近,在臺灣有一件最可喜的現象,就是全國性的書展,和書城、書屋的設立,我們承認出版商的此一構想,給了我們在買書方面的不少便利。但是我們要提醒參加書展或設立在書城、書屋的出版商,他們能注意到書展的內容和減價的程度。

年年的書展,總不能都是那幾本老書,減價的程度八折、七折和普通書店的賣書價錢一樣。如此一來,人們何必老遠乘車,浪費車錢而來買書呢?

三、缺乏嚴正的書評

出版商無法以超俗的眼光出版書籍,故所出版的書籍,須經書評家的過濾,透過書評家公平客觀的介紹給讀者,讓讀者能對於這本書的了解和認識,而滿足讀者的求知慾望。

人人出版好書,人人寫好書,人人看好書,學術風氣自然提高。在美國有 *Best Books* 和 *Book Review Digest* 等期刊,是專門寫書評的雜誌,尤其是 *Book Review Digest* 它每年約載書評有五千種之多;又如在英國的 *Time Literary Supplement*,它每星期出版一次,學術性的書評包羅最富。反觀我們臺灣,對於書評極不重視,至今仍然沒有一本專門寫書評的雜誌出現,二十年前《新思潮》雜誌,特別將書評列入專題,但經營很不容易。在臺北市出版的《書評書目》雜誌,它的內容範圍有限,尤其是只針對介紹國內出版界給在國外的華人知曉,而未能採取全面性的。

書評的撰寫責任,學術界人士應負起。但是我們不敢苛求,而且書評制度也不是一天就能培養出來的,我們只希望出版界能如電視上的電影街一樣,把每月、每週出版的新書,透過大眾傳播的功效,帶至人們的腦袋中。

四、目錄的編撰

寫過論文或研究報告的人，一定都了解到目錄，對於資料的應用，有不可言語的重要性。當你研究一門學問時，須要藉著目錄的功效，而知道與此門有關的書，到底有多少，而且書是藏在何處？因為一個圖書館不可能蒐藏所有你所需的圖書，你一定要透過聯合目錄，而後順利找着你所需要的資料。這對於一個研究學問的人，有很大的幫助。

目前在臺灣有目錄的編撰，是國立中央圖書館和臺大圖書館的期刊雜誌的目錄，但只限於期刊雜誌。我們希望在不久將來，能有全國圖書目錄，每月出版新書的目錄和各圖書館藏書的聯合目錄。

五、對知識的漠視

這一點乃是最嚴重的現象，人們對於求得知識的多寡，並不熱衷，只求功利主義，社會人士對於研究學問的人，不屑一顧，學術文化不重視，政府發給薪津，不夠來買書，生活成問題，於是教授們不得不兼課，日夜奔馳於外，為生活奔波，那有心情研究學問。教授地位不受尊敬，人們否定知識的價值，如此還能稱為學術研究嗎？

我們對臺灣學術研究風氣所以不振的原因，提出了五點，而其中以第五點，為最重要的癥結。假若今天研究學術的人，能被重視，能被尊敬，大家觀念有所改變，則其他四點皆可迎刃而解，臺灣的學術研究風氣那有不振的道理呢？[3]

　　受到恩師的影響，大學時期我有次在校外雜誌擔任編輯的工讀機會，當時國際正逢國際能源危機，和國內嚴重的勞工問題，我秉於年輕人對社會國家的一份熱忱，陸續發表的評論文章。諸如其中一篇〈挺立於能源風暴中的臺灣〉：

一、前言

能源危機仍是世界性的問題，世界上沒有任何一個國家不受它的威脅。當然這種威脅可沒有輕重之分，大抵來說，要以工業越發達的國家為

---

[3] 陳天授，〈學術研究在臺灣〉，《輔大新聞》第 94 期，(1972 年 11 月 16 日，2017 年 6 月 11 日審修)。

最，而工業越發達的國家又以本身沒有具備能源的條件，其受傷害為更深。

例如對美、日兩個國家而言，雖然日本對於能源的消耗率沒有美國來得高，但日本本身因為沒有具備生產能源的條件，完全依賴外國的供應，一旦能源缺乏的問題趨於嚴重，則所求得能源的易難便成正比。

能源的不易求得，當然經濟的成長率必受到影響，經濟成長率受到影響，也必然關係到其他方面的發展；問題的產生，為求得解決得辦法，也必然使得世界上的經濟產生新秩序，以適應能源危機的問題。

何況能源危機的問題並不是一日一夜所能解決，到什麼時候能源危機的問題方能解決，得有賴於世界人類發揮他的高度智慧，而尋求新的能源，解決能源的危機。

所以現在世界全人類無不致力於這方面的努力，在尚未發現新的能源以前，「節約能源」便成為在能源危機的風暴中，唯一的把舵。當然事在人為，天下沒有跨不過的海洋，也沒有打不敗的敵人，相信在未來的日子裡，能源的危機必能克服，好讓萬物之靈的人類，能繼續享受工業文明所帶給人類的幸福。

問題的存在，我們便不能抹去它的事實，對於問題的處裡解決，我們唯有拿出方法來克服它，能源的問題當然不能例外。自能源危機以來，各個國家的執政當局無不拿出他們認為最為理想的妙計，以渡過難關。

當然妙計有上下之別，與巧妙之分，例如英國保守黨因為在能源的危機聲中，無法把英國帶向一個新的旅程，所以在大選之後，也不得不將政權轉移給工黨，好讓工黨來應變國內的問題，克服能源危機所帶給他們國家的不幸。

無可諱言的，各個國家為克服各國本身能源的問題，而使得國際和平的理想遭受打擊，表現得最明顯的莫過於 1972 年 10 月的中東戰爭，阿拉伯國家便拿石油作為求得政治目的的手段，更使得能源危機的問題增加它的複雜性與困難性。當然能源的危機並不以中東戰爭為始，但石油的

禁運與減產，已使我們現在各個國家的經濟生長大為減少，感受到的壓力也更為迫切。

能源的危機是如此複雜，又加上人為的因素，更使得困難重重。我們當然希望在人類尚未發現新的能源以前，能夠透過國際的經濟合作，而使目前的能源危機減輕；當然我們祈禱人類能早日獲得新的能源，來改善人類的生活，再創新的文明。

二、能源問題的探討

解決能源危機的措施，關係到整個國家的經濟成長。措施越妥當，則受害率便愈低，受害率越低，對人民的生活便有莫大的益處。在普天下均遭受能源的危機聲中，我們在自由中國的臺灣，仍然能直直地挺立於風暴中，而維持一定的經濟成長率，底下我們願意從能源的危機聲中，有關國人上下一致努力於解決能源的方法，作一綜合性之歸納，或許更有助於國人對於能源的問題，有一徹底的了解與認識。

1. 致力於尋找發展新能源：例如對核能快速滋生反應器、核融合、太陽能、瀝青砂、油頁岩及合成燃料等之研究發展，以增加能源供應。這方面大抵以專家努力研究為對象，除了一部份為個人能力或興趣外，政府當局更希望各研究機構能實現之。

例如中國農村復興委員會與臺灣大學的沼氣發電，已為臺灣農村點亮了第一盞光明的電燈。據《中華日報》1973 年 12 月 6 日的新聞報導：沼氣利用並非創新，而是不斷的改進與利用，致力尋求最簡易而經濟的方式，使農民獲致最大的利益。

例如農復會多年前，礁島農民以簡單沼氣池貯豬的排泄物，捕集沼氣，再以管道把這種碳氫化合氣體送進農家的廚房，便成了農家極衛生、便利的燃料。此外，這種經過發酵以後的動物排泄物，還可以繁殖含有高但白和維他命的綠藻，作為家禽、畜的飼料，殘餘的部分可作肥料，施用於農作物的栽培，如今更進一步的改進與利用使沼氣的發電轉為可能，而增加了農村的能源來源。

又如師大物理系主任王成椿教授的研究日光能問題，他已默默地研究了 17 年之久，並很成功的完成日光熱水器，日光能高濕爐日光能冷凍機，日光能固態物理發電，日光能蒸汽機，日光能炊事器，日光能儲熱等的實驗和製作；而它發表的論文已引起國際科學界的重視。其他諸如天然氣可替代石油……等等，軍事我們國家在遭受能源危機中，國人所致力於尋找新能源的努力。

2. 積極尋找國外能源：我國目前所耗用的能源包括煤及其他水力發電等，大約 35% 可由自己供給，65% 必須依賴進口。在能源總需要量中，石油所供的比 65%，10 年前這個比率只有 29%，可見石油在能源消耗中的地位愈來愈重要。

我們所需要的石油約 98% 依賴進口，進口油料中 50% 來自沙烏地阿拉伯，41% 來自科威特，4.6% 來自印尼，2.5% 來自伊朗，其餘來自奈及利亞，換句話說，現在我們的石油進口主要靠沙烏地阿拉伯及科威特所供給，而過去中東石油都操縱在西方大油公司，我們需要多少油，歐美大油公司都會供應我們，所以我們的石油供應不曾發生問題。

如今歐美石油公司對中東石油已難控制，所以在其自身亦無把握控制的情況下，我們的油源受到的影響自屬更大。所以最近我們分別與沙烏地阿拉伯、科威特及印尼簽訂供應條約，即是直接向產油國家購油。

譬如 1973 年 11 月 24 日經濟部長孫運璿與沙烏地阿拉伯工商部長阿瓦第在利雅德簽署一項備忘錄，其中要點包括：經由鼓勵私人投資與訓練更多沙烏地阿拉伯工業人員，加強工業合作；加強貿易──包括中華民國 1974 年供應 1 萬 1 千餘噸的糖，及可能向沙烏地阿拉伯輸出水泥；石油投資計畫──包括共同投資擬設中的尿素工廠、煉油廠與木酒精廠；技術合作──包括擴大中華民國農耕隊對沙烏地阿拉伯農村電氣化計畫的協助。

此一備忘錄乃中華民國與沙烏地阿拉伯外交市的一大結合，有助於我們石油獲得供應的保證。又如我們爭取與美國石油公司進行原油和石油成

品的交換工作，由美國供應原油在我國煉油。軍事我國在世界能於危機中，對於積極尋找國外能源的有效措施。

3. 努力開發國內能源：能源的獲得並不完全以石油為主，無石油之外，煤、火力、水利、天然氣等均屬於能源的範圍。石油和煤在我們國內雖然蘊藏量不豐富，但對於水利、火力發電的增建，則有助於能源危機的減輕。

至於國內努力開發能源有：(1)煤礦的開採；臺灣煤礦先天件不足，煤層異常淺薄，蘊藏量亦不多。但由於政府的保護勞工措施和積極的鼓勵開採，雖然蘊藏量不豐富，已使煤礦的開採盡最大的極限，直接間接地減輕能源危機的負擔。(2)增加電力發電量：臺灣電力公司為配合國家經濟發展需要，決定在今後 12 年，新稱射裝置容量 1 千 5 百 7 萬 5 千瓩，平均每年增加率 14%。其中包括水力發電計畫，預計可增加裝置容量 1 千 9 百萬瓩；火力發電計畫，預計可增加之裝置容量為 7 百 89 萬 7 千瓩；核能發電計畫，預計可增加核能發電所增加裝置容量為 524 萬 2 千瓩。(3)油源的探勘：中國石油公司計畫在 1975 年至 1978 年四個年度中，以新臺幣 41 億 1 千萬餘元，投資於油源探勘工作，將分路上探勘、海域探勘和國外探勘三部分。除此之外，中國石油公司又決定在青草湖興建天然氣油廠，此乃繼 1970 年通宵天然氣油廠後的一大工程。

4. 全國上下一致響應節約能源：在無損於經濟成長及提高國民生活水準之前提下，促進能源利用之效率，減少浪費。其有關節約能源可分政府與民間二方面言之。(1)政府措施方面：改進工廠用電設備，降低消耗，提高用電效率。鼓勵使用夜間離峰電力。勸導工廠利用高效率照明設備及指導節省電力之方法。協助廠商改進燃燒設備，提高效率。提倡小型轎車提高大型轎車捐稅誘導，用以電量計價 是來鼓勵用戶自動節約，提高家庭爐具之品質，以免不經濟耗用能源。除松山機場過繼觀光旅館外，其他有冷氣設備之大型建築物及娛樂場所之室溫勸導提高。

最具體的措施莫過於除營利事業機構的營業車輛以外，其餘車輛一律減

少用油量的四分之一；辦公房舍內，冷暖氣機一律停用；辦公房舍用電，一律減少四分之一。當然有關政府對節約能源所採取的措施，並非短短幾千字所能敘述，但在此我們要再三強調：有關政府所採取的節約能源措施，無非是為了節約能源，減少不必要的消耗，而保持國家的經濟成長，其出發點亦以人民最大之福利為依歸。(2)民間響應：俗語謂：「孤掌難鳴」。假若只有政府當局的苦心婆婆，而沒有民間的熱烈響應，其效果如何事不難令人想像的。在節約能源的一切措施中，最令我們感到與奮地也就是我們全國上下能同心協力的積極節約能源運動。在民間的響應節約能源方面，諸如各公司行號，商店大樓為了節省電力，現在已不使用冷暖調節器了，同時在白天，光線充足時，他們也不開電燈；又如臺北市理髮業界為響應政府節約能源，而縮短營業時間，自上午八時至夜晚十一時改為上午八時至晚上九時，縮短二小時，同時每月時、廿五全面公休。

由於政府措施的有效運用，及民間的熱烈響應，使「節約能源運動」能收到預期的效果，而對解決能源危機有所裨益，也由於國內上下一致的同心協力，更證明了臺灣政治及經濟的穩定，對於外人的投資事業有絕對性的安全保障。

三、維持經濟穩定成長

有鑑於此，在能源的危機聲中，我們國家的經濟建設乃能秉持「維持物價穩定前提下，力求經濟之迅速成長」；從 1963 年到 1972 年的 10 年內，使我國平均每年的經濟成長率達 10.4%，超過預定 7.1%的目標甚多。進出口貿易值自 1969 年至 1973 年間，其中 1969 及 1970 年我們國家還處於入超，自 1971 年後，我們便開始由入超國家轉變為出超國家。來華觀光旅客大增：由於臺灣所受到能源危機的壓力較輕，顧自世界各地湧至臺灣的觀光客，在近來更是有顯著的增加。證明我們國家雖然遭受能源危機的壓力，卻仍能創下高度的經濟成長率，博得舉世的稱讚，成為開發中國家的楷模。

四、結論

由國民生產毛額，國民所得進出口貿易質比較和來華觀光旅客四項統計資料中，便可知道五年來，我國在經濟上的成長，乃為世人嘆為觀止。當然我們無法避免受到能源危機的影響，但由於我政府採取適當有效措施，和全國人民上下的熱烈響應，使得我們國家的經濟生長，在能源危機的風暴中，受害減低至最輕，而創下在國際上的聲譽，也替外國廠商來臺投資事業提供了最有利的環境和條件。[4]

猶記得那份工讀的時間，是我於 1974 年 3 月 22 日起開始到《中外產經月刊社》的兼職編輯工作，我得以正式接觸校園之外的生活世界。雜誌的處所位在臺北市，它的編輯室就在一處頂樓加蓋的房間，我認真的每次依老闆規定的時間到編輯室整建資料和撰寫文稿。

我除了在那年 4 月份出版的期刊裡，發表了這篇〈挺立於能源風暴中的臺灣〉的文章，主要是因為當時臺灣必須面對剛剛爆發「以阿戰爭」所帶來的能源危機。5 月的「五一勞動節」，雜誌社交給我的工作是要我寫一篇有關勞工議題的文章，我在寫好交出〈勞工的真正問題在哪裡？〉之後，社長和總編輯決定將該文作為當期雜誌主題的勞動節獻言。該專文〈勞工的真正問題在哪裡？〉：

工業文明帶給現代人生活的享受和舒適，而工業文明是機器的產物，但機器的操作卻假手於工人。假若工人不以勞力帶動工業文明的話，有很多現在文明必然不會產生；現在文明無從產生，我們人類的生活必然不能獲得改善。

故人類今天能享受到此現代文明，工人實扮演舉足輕重的腳色。當然我們不能說現在文明完全是工人的產物，但我們可以說現在文明以工人的

[4] 陳天授，〈挺立於能源風暴中的臺灣〉，《中外產經月刊》第 19 期，(1974 年 4 月，2019 年 2 月 24 日修改)。

功勞居其首。

產業革命以前，也許我們可以忽略工人在社會所佔的地位，我們可以將其生活置之於不顧，但產業革命以後，則大大不相同，不但工人在社會的地位受重視，而且工人的教育程度、生活水準也大大地提高起來。

假若僱主與工人之間的關係不能獲得改善，其問題的複雜性，絕不是產業革命以前的方法所能解決，不但產品不能生產，所謂工人意識、工人罷工的運動，更會接踵而來。然而勞工問題，並不是絕症，並不是沒有藥方可以治癒的，只要我們找出病症的所在，對症下藥，勞工問題必然能解決。

一個人最怕的是，當他有小病的時候不去醫治，等到成大病時，卻已不可救藥了；同樣地，一個政府，假若漠視社會小問題的存在，等到問題鬧大實，卻已不可收拾。尤其是最具有爆炸性的勞工問題，更是值得有關當局深切研究的。

一、「多」「少」的不協調

勞工問題首當其衝的就是工作時間和工資的問題，工作時間的長短與工資的多少可成正比，但工作時間的長短與工作的數量並不一定成正比。換句話說；只要你工作時間長的話，你所領的工資也就愈多，但工作時間愈長，工作的效率並不一定就增加。

但我們總不能因為工作時間愈增加，可以領得更多的工資，就可以要錢不要命。雖然有時候人被生活所迫，不得不加班，但工作也不能超過體力的負荷，假若我們在工資與工時之間維持在很理想的狀況下，勞工的問題也許可以獲得一部份的解決。

然而僱主與勞工之間卻是永遠不能取得協調的，不是勞工要求更高的待遇，便是僱主無理的剝削勞工。尤其在開發中的國家，「低工資」、「長工時」，更是勞工問題最普遍的現象，我國自不例外。

勞工專家丁幼泉先生曾運用各項資料和方法，經過比較分析後，得到幾個具體的事證，顯示我國勞工的工資所得偏低的：第一、是工資指數較

勞動生產指數為低。第二、是工資的支出與生產價值的增加不成證比例。第三、是依「工作時間成本」計算，每小時的工資所換取的食品，遠較其他工業國家為少。所以勞工要求多一點的工資，未嘗不是必需而合理的。

依據內政部 1972 年編印之工廠檢查報告，在檢查工廠 3,153 家中，每月工資以 1,000 元至 1,499 元者最多，佔 34.09％；600 元至 999 元者次之，佔 25.80％；1,500 元至 1,999 元者又次之，佔 20.38％；其他依次為 2,000 元至 2,999 元，佔 11.30％；2,500 元至 2,999 元，佔 4.60％；3,000 元以上，佔 3.42％；600 元以下，佔 0.41％；以上平均每月工資在 1 千 5 百元左右。

以當時物價，每月收入在 1 千元以下，實在難以養家活口；而有四分之一以上的勞工，每月工資為 600 元至 999 元，能說工資不低嗎？工資偏低，勞工們為了維持最低的生活，乃不顧身體的健康，接受僱主加班的要求，裨可多得工資，彌補生活費用之不足。實際工作時間，每天恒在 10 小時以上，星期例假日亦多照常工作。依據工況檢查報告，在受檢查的工廠中，延長工時者達三分之二；其中延長一至二小時者，佔 29.52％；延長 3 至 5 小時者，佔 37.00％。

當然在開發中國家，勞工的工時較長，原屬難以避免的現象，但絕不能超過勞工體力所能負荷的程度，因而影響其健康甚至招致工作災害之發生，使勞資雙方及國家社會同受損失。所以勞工的減少工作時間，以及基本工資由 600 元提高至合理待遇，乃是值得我們重視的。

二、福利措施急待改善

假若在工資方面不能有所提高，而卻能在勞工的福利措施方面加強，則對於勞工的生活，必將獲得更大的保障。福利措施雖然不能使每位勞工有洋房住，有汽車坐，但起碼對於勞工的工作情緒有所提高，工作情緒的良好，對於工廠業務效率必然增加。

因為福利措施的改善，對於勞工的生活有了保障，勞工們必可不地為維

持最低的生活水準擔憂，雖然工資領得少，但日常的生活用品卻不欠缺，那當然可以安心工作了。在現有的福利設施中最普遍的是日用品的供應、食堂、浴室、理髮室、圖書館和康樂活動等的設置，其對居住場內之單身勞工，容有若干便利；但對散居四地之有眷勞工，一下班就要趕交通車回家，是很難加以利用和享受的。在當前情況下，勞工最需要的福利，莫過於勞工住宅的計畫興建。

因為在一個普通勞工的家庭中，以房租的負擔為數最為可觀，如能運用福利基金，協助勞工興建住宅，不僅可以使勞工的居住環境獲得改善，而且對其家計收支亦多裨益，工作情緒更可提高。有些公司採取「員工有其屋」的福利政策，是值得各工廠行號參考採用的，所謂「員工有其屋」，不外乎給勞工們有個「安樂窩」，讓他們能更安心地過生活而做他們的工作。

又據中央社 4 月 15 日報導：省市政府主管之公民營廠礦及其他企業單位，應依法提撥職工福利金，舉辦職工福利設施者 2,190 單位，以依法辦理者 947 單位，佔 43.65％，不足半數。要知道職工福利金對於勞工生活的改善，安定工作情緒，提高工作效率有著密切的關係，各廠礦及其他企業單位為提高生產起見，職工的福利金是不容被忽視的。

三、工作安全急待保障

「天有不測風雲，人有旦夕禍福」，一個人的生命何時結束，誠難以預料，也許現在活得好好，幾秒鐘過後便迥然不相同，任何人對於自己的生命，哪有不愛惜的道理，凡是對己生命沒有保障的工作，絕對沒有意願去做的，奈何現實的環境，迫使一些人不得不冒生命的危險而工作。因此，假若我們能在工作的安全方面做點保障的話，或許人們可以免除一些恐懼的情緒。

勞工由於長期的工作在潮濕、塵埃、輻射熱、原料氣味、空氣壓力、反常溫度、有害蒸汽、光線過強或過弱、震動與噪雜聲中，均足以影響身心健康，亦於罹患各種疾病。

據 1972 年勞工保險局初步統計，各業勞工因工業災禍而領取的各種給付，為 19,101 件，其中煤礦業的千人率為 354.71，也就是每百個礦工有 35 個多人因工傷亡；製造業的千人率為 20.94，也就是每百個勞工，有兩個多人因工傷亡，其比率自不可謂不高。

當然工作安全的措施，僱主是責無旁貸的，僱主不能保證勞工工作的生命安全，勞工們如何願意與僱主理想目標一致呢？除了僱主應該保證勞工工作生命安全的環境外，政府立法的實施，對於僱主保證提供給勞工生命安全的環境，有間接的督導作用，假若有法而不行，就等於無法；無法不如不要立法，免得貽笑大方。

近年來，政府已經若干有效措施，例如各項有關勞工法規的修訂，對於工業災害的防止有極大裨助。我們竭誠地希望政府當局除了要立法保障勞工的生命安全外，實行更是立法的目的，既然立了法，就得嚴格去執行。縱使僱主提供了勞工工作安全的保障，但那也不是對勞工生命安全的絕對保障。因為人不怕一萬只怕萬一，誰能保證勞工的生命安全永遠不會出問題。所以，勞工保險的創辦與改進是十分重要的，並使勞工遭遇意外事故時，獲得相當的保障。

我們時常在報章雜誌裡看到，不但希望勞工保險制度能夠符合勞工的需要而確立。更迫切地說，我們急需要為勞工因執行職務遭遇災害，而致身體蒙受傷亡或罹患職業病時，得向僱主要求補償的權利，與其勞工保險之基於危險負擔，訂定各項法律給予最大保障。

參加了勞工保險的勞工，繳納保險費與領受保險給付，是一種權利義務的關係；有關勞工各項的災害補償，則繫賴於政府政策以及僱主的良心、責任和經濟能力，我們實在不宜因勞工保險的實施，即不再負擔勞工其他的災害補償。

四、勞工教育與職業訓練

在尚未談及勞工教育與職業訓練以前，有一個問題必須先提出討論的，就是童工的問題，童工的問題，在開發中的國家，可是最令人頭痛的問

題。何以見得?(一)、童工的年齡尚小;(二)、童工因為年齡小所以工作的負荷量有限,否則便會影響到他們的正常發育;(三)、童工未能受理想的學校教育。

假若對於童工問題不能加以重視,則不但影響到國民的生活健康,也間接影響到國民的教育水準。

試想,一個國家,假若工廠裡的勞工盡是童工,那這個國家必然沒有前途可言。童工工作時間的限制,童工最低工資的保障,童工再教育的推進,都是一個有為政府所該面對的問題。我們不能只看到工廠產品的生產,而不顧慮國家未來棟樑的好好培育。

勞工教育的依據,光靠政府訂頒的法律規定,其約束性不大;當生產事業單位按月繳納較高之職業訓練金時,是否因而減少或停止勞工教育經費的撥付?同時,當各事業單位自辦職業訓練時,又是否會影響勞工補習教育之實施?是值得事先加以研究的問題。

年輕的勞工,對勞工補習教育是十分關切的,因為可使他們取得同等學歷,進入大專業校深造,無論如何,勞工教育的進度,有其必要性。何況教育是百年大計,一套教育制度的實施,固然不容易推行,同樣地,也不能輕易改變。如果輕易的做決定,和輕易地做改變,絕非勞工的良好教育制度,執政當局,該引為深思的。

補習教育有助於勞工的再教育,職業的訓練更能給勞工帶來專門的技能,職業的訓練,不但使勞工們熟知他們的工作操作,更使他們能了解整個工作操作過程,對於工作的順利進行和更新的創見有非常大的貢獻。當然職業的訓練也不是每一僱主所能負擔得起的,大的公司,對於職業訓練的問題,當然能順利推行。但對於較小的工廠,資本較少的僱主,職業訓練的問題便難以解決了。

所以對於職業訓練金的統籌,是得費一番苦心的。有職業訓練金的成立,勞工們的職業訓練方案乃能進行,沒有職業訓練金的成立,對於勞工的職業訓練變成空談,所以希望政府當局對於職業訓練金及其有關法

令的實施，是應該注意的，應該經常檢討缺失，速謀改進，不要讓良法美政，流為具文。

五、結論

工人是神聖的，工人每日操勞，勞動生產，促進社會工業化，增進國家的經濟繁榮，改善了人民的生活；然而，工人的生命也是可貴的，沒有工人的活衝勁、高明技術，國民的生活水準就不可能獲得改善，所以我們可以說工人的存在，也就是國家繁榮的表徵。

我們不能只希望要國家繁榮，而不重視勞工的存在。若此，誠如緣木求魚一樣地荒謬與無知。然而勞工的教育水準是低落的，通常的習性，他們只默默地工作，而將滿腹的辛酸往肚吞，不知利益是必須靠人去爭取的，不去爭取就是被吞滅；勞工的生活如果只想依靠僱主自動地來改善，是絕對不可能實施的。

工人們應該基於自己的立場，對於合理的工時、工資，工作安全的保障、災害賠償、勞工保險制度、勞工教育與職業訓練，假若僱主未能主動為勞工們設想者，工人們應該團結起來，透過工會的組織，去向僱主爭取。在工人們作合理的要求之後，僱主們或許尚能清醒：他們的金錢是來自於工人身上，沒有工人替他們賣命，他們確實動彈不得，也就毫無利益可言。尤其勞工所負的使命，不但是在替僱主賺更多的錢，而且可以來改善大眾的生活水準，推動社會的工業化，促進國家經濟繁榮而努力。由此可見勞工的使命是神聖的，偉大的。

因此，對於勞工問題，無論是政府有關當局，或公民營企業僱主本身，甚至任何一個國家，都不容予以忽視。換言之：重視勞工問題，謀取勞工福利，應是我們共同的目標，也是我們責無旁貸的首要課題。

欣逢勞動節，我們特地提出以上看法，一來就教於方家學者，並呼籲國內企業家及資本家，切勿漠視勞工問題，同時，更提醒所有勞工，自己

本身應得利益，不容被無理剝奪。[5]

上述兩篇在校外雜誌針對當時評論國際與國內政經所發表的文章，凸顯恩師當年對我的深切期望，無非是在「閱讀與書寫」和「讀書與報國」的人生道路上，不斷地希望我保持一份對國家的熱忱，和要繼續保持對於知識的追求，不要因為遭遇眼前一時的橫逆而畏縮，一定要堅持努力地走下去。

今天我在「閱讀、學思與書寫」的學術道路上，如果能夠累積出來一點點成績的話，當感謝恩師的啟蒙與殷殷教誨。

三、恩師藍乾章及其掌理南港中研院傅斯年圖書館

恩師藍乾章（1915-1991），湖北省武昌市人。1938 年畢業於武昌文華圖書館專科學校。曾先後在武漢大學、浙江大學等校圖書館服務，及擔任國立中央圖書館編輯。來臺後，曾服務於臺灣大學圖書館和任教於圖書館學系，和擔任中央研究院歷史語言研究所傅斯年圖書館主任，1971 年轉任我們圖書館學系主任。

（一）恩師的圖書館學專業

1970 年代圖書館學算是熱門科系，當時只有臺灣大學設圖書館學系，臺灣師範大學社教系設圖書館組，我們輔大我是第一屆學生。恩師藍乾章講授「中文參考」、「中文分類與編目」，師大王振鵠老師講授「圖書館學概論」、「圖書採訪與選擇」等圖書館學的專業科目。

受到恩師曹昇和藍乾章的鼓勵和影響，除了積極參與學校社團活動和學生保釣運動的遊行之外，1972 年我在輔仁大學三年級時，擔任圖書館系學會會長(總幹事)，在舉辦各式活動中，我印象最深，也自覺最有意義的就是舉辦書展、

---

5 陳天授，〈勞工的真正問題在哪裡？〉，《中外產經》第 20 期，(1974 年 5 月，2019 年 2 月 24 日修改)。

出版刊物，和在《輔大青年》、《輔大新聞》的發表作品了。

在恩師藍乾章的指導下，我主編了《輔大圖書館學刊》的創刊號，當時我豪情壯志氣的寫下〈我們的方向─走進圖書館〉發刊辭：

> 國內圖書館事業的發展，乃近幾十年之事。況此期間，國事多變，戰亂頻繁，舉凡政治、經濟、教育、學術文化，障礙重重，致未能盡全力以發展圖書館事業。民國以來，雖有袁同禮、劉國鈞、杜定友諸人的極力提倡，然其成效甚緩，尚停留在半生不熟的階段，只以藏書為功用，而未能將其巍然的建築變成一座極具機動性的工廠，主動接近民眾，負起社會再教育與闡揚文化的重責大任。
>
> 二次戰後，歐美大力推展圖書館事業，究其原因乃緣於國家政策設計委員會鑑於資料的運用與管理，對國家長期文化科學之發展有重大關係。近三十年來，誠可謂「知識爆發的時代」，各類圖書資料，源源不斷地推出，科學知識，日新月異，如何尋找資料，如何應用資料與如何管理資料，以便供應「造福人生」的需求，在在便牽涉到圖書館學的領域。輔大圖書館學系成立已二年，圖書館學會創立也近周歲，在這一兩年中，我們已體認出圖書館事業在台灣的發展處境，也預知它應走要走的路向。所以，篳路藍縷的精神是吾人所最需；好高騖遠、幻想成果絕非吾人所欲；量人量己、察情體勢是吾人所最悉；固執原則、抱持成見是吾人所最忌；而「走進圖書館」、「利用圖書館」是吾人所最要循。圖書館是知識的寶庫，人類思想的泉源，民族文化命脈之所繫。
>
> 國父說：「革命基於高深的學問」，「學問為濟世之本」，要救國家，要改造社會，萬賴於斯，而不走進圖書館便不能將圖書館扛活了，更大失掉探究知識寶庫奧秘的機會。
>
> 吾人是將來圖書館事業發展的中堅鬥士，是國人與知識寶庫的中間橋樑，道遠任重，能不惕勵？緬懷五千年的歷史文化與西近科學的文明都提供了足夠資料給吾人應用，能不深自期許？「翻舊書、看新書、寫書

評、作提要」，更是吾人在大學時代〈我們的方向—走進圖書館〉的最大課題。[6]

當時除了主編《輔大圖書館學刊》之外，還有一件最值得記述的事，就是在圖書館學系創辦了《耕書集》。《耕書集》創立的宗旨是希望提倡學生讀書風氣，和鼓勵同學撰寫書評。當時我們系主任已由首任魏欽一神父改由藍乾章教授接任，藍主任之前職務是中央研究院傅斯年圖書館館長(主任)。當我向他報告我有此構想，他馬上同意並在經費上支援，同時題下《耕書集》這三個字作為刊頭。

（二）恩師的鼓勵編輯刊物

我非常感謝恩師藍主任對我的支持，《耕書集》出刊後，每期分由二位同學輪流負責邀稿和校對。輪到我的這篇〈胡適留學日記底透視〉已經是第 8 期了。《耕書集》在我卸任會長之後，還繼續辦下去。我每次只要遇到輔大圖書館系的學弟妹，儘管現在已不屬於文學院的改隸教育學院，並改系名為圖書資訊學系，但我總愛問起《耕書集》的刊物還在嗎？

受到恩師曹昇鼓勵的學術思想研究與關心國際情勢，和恩師藍乾章啟蒙的圖書館學專業訓練，當時我在《輔大青年》也連續發表了文章。諸如 1972 年 5 月我在《輔大青年》第 7 期，我發表了我在輔大的第一篇文章，篇名〈從三院圖書館到聯合目錄編製之芻議〉，這是我進入圖書館系二年來的讀書心得，談論有關連結學校的文學院、法商學院和理學院等三座圖書館，如何透過編製聯合目錄的方式，以嘉惠學生的功課研習和論文的撰寫。

恩師後來擔任這三座圖書館總館長。回溯在那電腦資訊科技尚未如現在進步的年代，這篇文字或許對當時校方的行政改進措施還有一點點參考價值，而現在只存留是我自己的歷史文獻了。該文〈從三院圖書館到聯合目錄編製之芻議〉：

---

[6] 陳天授(陳添壽筆名)，〈我們的方向──走進圖書館〉，《輔大圖書館學刊》創刊號，1972 年 6 月)。

一、分立的三院圖書館

輔大三院圖書館藏書量在國內的私立大學中，已居第一位，當然我們的 15 萬冊，比不上臺大的 1 百萬冊和美國國會圖書館的 5 百萬冊。在美國大學圖書館有 1 百萬卷書以上已達 1 百座。但是以輔大人文科學圖書館為例，每年的購書率 3 萬 5 千冊而言，三院圖書館每年將超過 10 萬冊，10 年後的藏書量將是可觀的。

不幸的是三院圖書館有一個現象，似乎未能採取開放，將三院圖書館整合為一體，致使自然科學圖書館（理學院圖書館）的中文書 4 千冊，西文書 2 萬 8 千冊，社會科學圖書館（法商學院圖書館）的中文書 2 萬冊、西文書 8 千冊、人文科學圖書館（文學院圖書館）中文書 8 萬冊、西文書 1 萬冊，不能融和活用，而發揮圖書館的真正功用。

譬如在借書方面，能由學院統一借書證，在三個學院圖書館中可自由借用，不必法商學院的學生，要到人文科學圖書館借書又得重新申請借書證，這是何等不方便。我們知道社會科學圖書館是採用英國式的借書袋，而自然科學、人文科學圖書館是採用借書證。

虔誠地希望學校能將借書方式統一，在「館際互借」的效率下，將三學院圖書館的 15 萬冊，發揮極限，達到建立圖書館的真正功效。學生借書方便，心情愉快，讀書風氣提高，這是必然現象。

二、總圖書館的建立論

三學院圖書館的分立，學生借書不方便，遂有人高唱總圖書館的早日設立，我們對於這偉大的創舉，舉雙手表示贊成。因為一個現代化的圖書館，它必須是有總館、分館、支館的設立，但是我們不得不考慮到如何建設一個現代化圖書館的經費、建築、設備等諸問題。

輔仁大學的建築物不建則已，一建則必要列於世界一流，在世界各大學中，能夠叫得出去。所以在此我們願意對一個一流現代化的圖書館建築設備（building equipment）作一個探討：（1）館址的選擇：館址要設在交通便利，高敞軒爽的地方，太喧鬧地區式的美國圖書館和太偏僻地區

式的中國圖書館，是少人去問律的。館址的面積也當預先計及二十五年後的發展，要求其廣大，以解決飽和危機。空間的分配也須注意到讀者和藏書的容量（readers capacity and books capacity），計畫面積的標準大約閱覽室每人 20 至 25 方尺，藏書室每放 5 百冊約 36 方尺。預留未來 25 年的圖書館發展，須要分析過去 10 年間增加量的平均數，估計未來 25 年增加量再加 20%，以及現存書量。例如美國哈佛大學圖書館則以架呎來計算，以每一架呎可置 6 本書，再算每一書架有多少層？有多少架呎？又以一平方呎可容十五冊量，增加 5%的空間。

（2）配合工作需要：根據不同型態之經務，而有不同形式圖書館的建立。如美普林斯頓大學則書人合為一處。通常最便利最有效力的配合則是服務人員的所在位置居於四方的中間，以提供最方便、最迅速的服務。

（3）館舍的配置：該注意到給讀者（readers）閱覽上的便利，藏書的容量，圖書館人員工作場所流量活動空間。遂有書庫、閱覽室、特別室、附屬室的設備。尤其在現代科學化的時代裏，美國的圖書館都存置有視聽資料，放映幻燈，收聽錄音和廣播，影印機只要買投入五分錢鎳幣，在一、二秒鐘就印出來，不必考慮版權的約束；公共集合場所提供演講和展覽。甚至於在附屬裏，都儲藏日用品、廚房、食堂、工役室、研究室等等。解決了食住問題，給讀者們可日夜停留，自由看書，成一自足的社會。

（4）設備和用具：書架、出納臺、閱書架、閱書椅、雜誌陳列架、日報夾和日報架、目錄片盒等等的設備構想，均以符合讀者盡善盡美為原則。

（5）參考部（reference）的設立：這是現代圖書館中的重要一環，均由各學科的專家擔任，將無限的資料，幾百萬卷書刊作成良好的編目、分類、索引、摘要、書目、統計分析、資料系統等，以答覆讀書詢問的問題。

上述的幾項，我們把一個要建設成現代化的圖書館大略敘說了。我們覺

得輔大並沒有建總圖書館的必要，一則是三院圖書館已略具規模，二則是校園面積並不很大；三學院的距離並不太遠，只要我們三學院圖書館在組織上統一，借書手續簡便，再加上我們呼籲三院圖書館聯合目錄的編製，就可不用發費冤枉錢，而將這筆大錢，用於建設迫切需要的女生宿舍，不是很好嗎？

三、三院圖書館聯合目錄的編製

在未討論聯合目錄的編製以前。我們須要將一些圖書館學上的術語概念作個解說：古代對圖書館的觀念，只知是藏死書，認為只是一附屬機構，從沒有獨立教育性質。怎麼分類，怎麼庫藏，就是從前圖書館的事，純粹是一種技藝，而不能稱一門科學。但是現代的圖書館已不僅是要藏書，而且主要活用圖書，以最少的努力獲得最大的效率（The knowledge and skill which written or printed records are recognized collected organization andutilization ），這是現代圖書館應有的任務，但要達此目的，目錄學就是重要一項工具。

因為，目錄學主要是將繁雜的書籍編成簡明的目錄，使讀者據目錄以尋求書籍，從書籍以研究學問，否則有書而無目錄，不知讀何書好，有目錄而編不好，不但不知書在何處，而且不知書的內容是什麼，讀者進入圖書館，只覺滿目琳琅，不知所擇。而所謂三學院圖書館的聯合目錄，就是將三院圖書館中的全部藏書聯合起來，透過目錄的功用，而呈現於讀者面前，達到圖書館的功效。

至於圖書館目錄編製形式，最常見的有書本式目錄與卡片式目錄兩種。書本式目錄是將各種書籍，依一定規則記錄在總冊上，印刷成冊，分送各處。讀者欲借閱圖書，不必親自到圖書館，可檢查目錄，就知悉館藏內容。缺點是在編印期間，如有新增圖書，則無法增入，導致目錄與書籍的量數不能一致，加上容易印刷錯誤，書籍更動，難改其款目。書本式目錄雖然美觀，但每冊只容一人翻閱，且書本式目錄在編印手續繁多，印刷校對費財費力，不合圖書館編製目錄的原則。卡片式目錄則是

將一部書的各種不同款目,依一定的規則,分別著錄於不同的卡片上,然後按照所採用的排列方法排列起來,並以指引卡片將各組卡片分開而組成的目錄。

這兩種目錄的著錄法,以卡片式目錄法為現代圖書館所採用。因為這種形式的目錄可以隨時添插與撤銷,有所更改,僅更動其中一張,而不致影響其他卡片,一部卡片式目錄,分裝數屜內,同時可供數人檢閱。所以提議聯合目錄的編製,以卡片式目錄為宜,而且對學校亦有下列好處:(1)購書:在現代圖書館學中,買書亦一專門學問,書之均衡和讀者須要成正比。如國內大學圖書館購買書標準是 l×30+30000,美國是 l×45。買書的方法依各館實際情況運作,可以考慮成立各種委員會或小組,避免單獨選書(pooled judgement)。我們聯合目錄的編制完成,不論書本式目錄與卡片式目錄,使得三院圖書館彼此了解藏書情形,對於買書內容有所選擇,不致流於重複,以廣購其書。

(2)經費的善用:聯合目錄作成後,買書不成問題,連帶地在經費上則能發揮效率,達到以同樣的金錢,買得較多種類的書籍。在美國圖書館的經費中,人事費佔 70%,購書費佔 20%,雜費佔 10%。依這情形來看來,在整個圖書館的經費中,購書費並不多,若不能妥善利用,那這圖書館又有何前途可言。

(3)學生的受益最多:學校裏的種種設備,是以學生受益為最大前題。聯合目錄作成,更是學生救星,學生可依聯合目錄,而達到作學問的心願。良好圖書館設備,對學生讀書風氣,是有莫大的影響。

這一點是我們呼籲學校作聯合目錄最心切的理由。何況聯合目錄在目前已不是創舉。早在 1876 年杜威建議美國各圖書館互助流通格式統一,後經美國圖書館學會(ALA),以及各大圖書館一致參與,編成有全美國家聯合目錄(The National Union Calalogue),1935 年有洛杉磯山區目錄中心(Bibliographical Center for Rocky Mountain),國內有 1958 年由國立中央圖書館印行,昌彼得教授所編的《臺灣公藏宋元本聯合目

錄》，和正中書局印行的《臺灣公藏方志聯合目錄》等。

四、工作計畫

現在我們將製作聯合目錄的實際工作，以我個人意見提供校方參考：

（1）材料方面：卡片、抽屜箱、西文打字架、中文打字柴、鉛線。但是現在我所需的材料，只要卡片和抽風箱罷了。

（2）地點：聯合目錄作成之後，處放地方的問題，可有兩種方法：一是三院圖書館各放一聯合目錄，不過這較行不通，因所耗財力、人力及地點較困難。另一方法則是成立一聯合目錄中心，將三院圖書館共編製成的目錄，存放在三院圖書館中任一個較可放的地方。學校三院圖書館各棟大樓，讓出小小地方，定不成問題。

（3）人手問題：編製聯合目錄是一件瑣繁至極的工作，絕不是目前在圖書館工作的人員所能勝任，何況他們又非全部受過圖書館學訓練，對他們來講，更是一個負擔。但是有一感興奮的是本校去年圖書館學系的成立，專培養圖書館學的工作人員。每年寒暑假，學生均須在圖書館中實習，學校可利用這機會給他們作個實地練習，然後由教授從旁指導，免得只懂一大套理論，以後出了社會，連一張編目卡都作不好。

（4）費用：人手問題解決，給費用減少很大負擔。學生實習乃是理所當然之事，無需另付其他費用，所剩的只是材料費用而已。這太不足微道了，學校有意實行，定能克服也。

（5）聯合目錄的分類方法：分類法可分中文與西文。西文分杜威十進分類法 與美國國會圖書分類法。中文常用的分類法是劉國鈞原著，賴永祥新訂的中國圖書分類法，和何日章編的中國圖書十進分類法。

聯合目錄的分類法，吾人以為中文仍延以前所用中國圖書十進分類法，至於西文書則以美國國會圖書分類法。因為我們將輔大的西文藏書，懷有遠大美景，尤其在現代大圖書館中，都有延用此分類法的趨向，我們希望學校在未來能配合實際的需要。

五、結語

圖書館學的躍飛，乃不足為奇，時代使然，環境使然，對人生的貢獻，正如英儒 Richard Bury 在論圖書館與人生有密切不可分離的關係上所指出，它教我們不用鞭苔，不用規章，不罵人，不遷怒，無需衣服，無需金錢，假使你走進它的身旁，它們是清醒的。

假使你去向它們問訊，它們將無隱藏，肝膽相照，假使你同它發生誤會，它們決不生氣，假使你太過愚笨，它們又不會嘲笑你。所以，圖書館的寶庫，是較任何東西更富有，更有價值，而無他項事物可以並美。在文化上、學術上、教育上更有它不可抹滅的功勞。

圖書館的設備良善與否？是評定一所大學的最先決條件，學生的讀書風氣更與圖書館息息相關。我們虔誠希望聯合目錄的完成，使學校更凝為一體，讀書風氣更為熾盛，則學生是幸！輔大是幸！[7]

之後，又發表在《輔大青年》的另外一篇〈論大學教育與大學圖書館〉：

二十年前，我們政府為了厚植國力，加強對大陸的反攻，於是大事鼓勵生產報國，除了在軍事上、政治上、經濟上特別加強外。對於人口的繁殖生產鼓勵，更不餘遺力。二十年後的今天，我們遭遇了難題，這些在鼓勵之下所產生的大批幼苗，現大都受畢高中的教育。而更深進一步接受大學的教育。由於彼年代的人口特殊澎漲，又生逢臺灣社會架構的巨變，於是首先面臨的就是教育問題。

試看近年來，由主掌教育最高當局首長的屢次更迭，再論到大學與專科的分開招生。以及專科學校的禁止增設，……等等，無不因是教育的問題，為着適應現實環境的需要而迫使改變。而其中要以大學教育的問題，最為社會人士所詬病。

教育政策的不能循正軌發展，致使教育的真正功用，未能收着預期的效

---

[7] 陳天授(陳添壽筆名)，〈從三院圖書館到聯合目錄編製之芻議〉，《輔大青年》第 7 期，(1972 年 5 月，2017 年 6 月 9 日審修)。

果。高中的教育是通才的訓練，它所前進通往的道路，也絕不應止於大學之門。然而由每年的大學招生盛況，就不難印證出「升學主義」的競爭激烈場面，為了遷就解決現實的問題，各大學不得不廣增科系，各科系的人數，由二、三十人的小班制，增為八、九十人的大班制，對於大學教育方針、教育本質、師資的栽培、學校的設備，就不能不給予重新的估價了。

尤其是大學生素質的普遍降低，更使得大學教育尚停留在背講義、啃教本的封閉階段，而無法進入專業的訓練，和學術思想的研究。

在尚未涉及本文主題：「大學圖書館對大學教育所負之使命」以前，在此我們得對大學教育的主要功能，作一個扼要性的解說：

(1)大學教育是知識的保存和文化的傳遞，知識文化之所以能綿延不止，得賴於大學教育的傳播。

(2)大學教育是專業技能的訓練，有別於高中的通才教育，從許多大學的課程安排。科系的設置，不難得知，大學教育是走向培養專業人才的途徑。

(3)大學教育是特重於學術的研究，美國學者克爾(C.ker)在其所著「大學的用處」一書中，指出在多元大學中有各類不同的學術社區，諸如大學生有大學生的學術社區、社會學家有社會學家的學術社區、自然科學有自然科學的學術社區。均從事於高深學術理論的研究。

(4)大學教育是培養獨立的判斷力和領導能力，大學生受完大學教育之後，必進入社會的大熔爐，而在這複雜的社會裡，受完大學教育的諸位大學生們，要擔負改造建設社會的責任，而在這過程當中，培養是非的獨立判斷力和領導能力，是特別重要而且不可缺少的一環。

無疑地，我們大學教育未能收著預期的效果，其原因並不止於一端。所以在本文所探討的對象，則純以大學圖書館對大學教育的關係，其所負的任務、使命，而申論大學圖書館如何輔助大學教育，以步入正軌。

所謂「工欲善其事，必先利其器」，大學既然是學生接受深一層的專業教育、研究學術思想的寶庫，而大學圖書館又如何來幫助大學，完成其

教育理想呢？吾人以為：

(1)大學圖書館館長，該立於超然地位，而直屬校長；大學圖書館館長乃是一個圖書館中的樞紐人物，他不但要被允許參加校務會議、行政會議等學校重要會議，還得時與總務長、各院院長、各系系主任、各系教授、各系學生保持聯繫，以了解經費的撥發，任何資料的被推薦，任何資料的大量採購，以補充圖書館藏書，而供應實際需要。

又對圖書館裡的工作人員，聘用要嚴格考核，須聘任受過專業訓練(professional training)的圖書館人員，如科目專家(subject expect)圖書館專家(library science expect)。

(2)大學圖書館須準備資料，以便教學研究與推廣(expect resources for instruction research and extension)。大學圖書館準備資料，配合學校當局的整體教育計畫，例如學校將新開科系，則該系所用的書目(bibliography)學報(journals)，和有關科系的學報及報紙和縮影等(newspaper and microfilmetc.)透過各院系系主任、教授商討擬訂，而由圖書館負起準備、採購以利於教育的研究合推展。

(3)大學圖書館該加強參考服務(reference service)，負責解答讀者的疑問，不論是本科生(undergraduate)研究生(graduate)教授(professional)，當在書本上或論文的撰寫、資料的蒐集、書本的借閱，遭遇困難時，圖書館裡負責參考部門的圖書館人員，該幫助其解決問題。

此一問題絕非易克服，到底誰有資格和能力來負起參考部門，而幫助讀者解決問題，此又不得不牽涉到圖書館人員的聘任，以及圖書館人員的教育訓練諸問題。通常一個圖書館參考服務的多寡，與一個學校的學術研究有著非常密切的關係。

(4)大學圖書館該整理資料以便應用(organization materials for use)，在大學的教育中，鑑於節省教師講授時間和養成學生讀書習慣，培養學生獨立研究的能力，教師必須負起指定參考書(reserve book)的責任。教師將參考書(reference book)的書名、作者、出版地、出版時間以及參考書的

借用期間、參考書所須的數量，在大學圖書館方面，須早日準備，並作特殊安排，以配合教師指定參考書、學生借用參考書、閱讀參考書等的方便，共同負起大學教育的責任。

奈何在目前臺灣的大學教育中，教師指定參考書的情形並不樂觀，教師授課一年，從未指定過學生閱讀任何參考書者，比比皆是；若有，仍只限於形式上，並沒有認真考核學生閱讀指定參考書的情形。

譬如：教師查看學生閱讀指定參考書的卡片；或在課堂上，教師要求學生提出口頭或書面報告；或是在考試時，加考指定參考書之內容，諸如種種，教師必須負起指定學生閱讀參考書，大學圖書館更須密切配合，方能使大學教育收著效果。

(5) 大學圖書館中，必須有適應的空間和設備（adequate space and equipment），學生或教授在學術研究的過程中，圖書館所盡有的設備，應提供給學生或教授們使用，譬如書籍借閱的不限冊數，學生或教授的研討室、研究室、乃至於圖書館中的影印室、珍本室、複印機等，均能開放使用，至使學生或教授們在研究過程中，不必遭遇其他困難，而圖書館也負有幫其解決問題的責任。

由上所述，我們是針對大學圖書館，在理論上應如何來配合發展大學的教育。為使讀者更瞭解臺灣目前各大學圖書館的使用情形。

換句話，也就是為使讀者更瞭解臺灣目前各大學圖書館，對於配合大學教育的發展，到底作到何種程度。在此我們願對目前臺灣各大學圖書館的情況，作深入一步的探討。

(1) 在各大學圖書館中，工作人員未能普遍地受過圖書館學的專業訓練，所謂圖書館學的專業訓練，可包括畢業於各大學的圖書館系學士班、或碩士班、博士班，和未畢業於圖書館系者，但曾參加過短期的圖書館學講習會者。

當然在後者的素質上要比前者的素質來得低些。有關臺灣目前各大學圖書館的工作人員編制，讀者可見 ABC 表：

A 表：畢業於圖書館系者

項目＼圖書館名稱	專科	學士	碩士	總計
臺灣大學	0	18	0	18
師範大學	1	7	1	9
東吳大學	0	4	2	6
逢甲學院	4	0	0	4
輔仁大學	0	2	1	3
政治大學	1	1	1	3
東海大學	2	1	0	3
成功大學	3	0	0	3
清華大學	2	1	0	3
師範學院	0	2	0	2
中興大學	0	1	0	1
中央大學	0	0	1	1
高醫學院	0	1	0	1
中原理工	0	1	0	1
文化學院	0	1	0	1
交通大學	0	0	0	0
大同工學院	0	0	0	0

註：所謂的專科圖書館系學生，乃指 1910 年武昌文華大學所創設的圖書館學科，原系大學三、四年級，修習圖書館學，嗣後文華大學改稱華中大學，圖書館學科於民國十八年經政府立案而獨立成校，招收各大學三

年級轉學生，肄業兩年，以後，又因教育部決定專科學校為五年制，於
是改為文華圖書館專科學校，前三年為高中程度後兩年修習大學課程。

B 表：受過專業訓練者

項目　　　圖書館名稱	受過專業訓練者
臺灣大學	14
師範大學	11
東吳大學	9
逢甲學院	6
輔仁大學	5
政治大學	12
東海大學	4
成功大學	7
清華大學	6
師範學院	0
中興大學	3
中央大學	3
高醫學院	0
中原理工	5
文化學院	13
交通大學	3
大同工學院	1

註：所謂受過專業訓練者，乃指中國圖書館學會所舉辦之暑期專門班，自 1956 年暑期起，招收各館工作人員作短期之講習，極獲各方好評，嗣後自 1957 年以迄 5 年，由美國國際合作總署駐華安全分署與教育部合作，在美援僑教經費項下撥款委託該會繼續辦理。1962 年因美援停止，曾一度中輟。1963 年學會各方之請求，恢復辦理，由參加學員繳納學雜費用，支應各項開支。

C 表：工作人員但未受過專業訓練者、工友、工讀生。工友和工讀人數較難統計，因工友及工讀生需視臨時的實際需要，人員的編制上，難免有所更改。

項目 ＼ 圖書館名稱	未受過專業訓練者	工友	工讀生	總計
臺灣大學	78	26	10	114
師範大學	9	10	3	22
東吳大學	2	4	5	11
逢甲學院	13	3	17	33
輔仁大學	13	5	46	64
政治大學	28	12	11	51
東海大學	8	0	59	67
成功大學	2	0	13	15
清華大學	0	3	6	9
師範學院	4	1	12	17
中興大學	11	2	17	30
中央大學	2	2	2	6

高醫學院	3	1	1	5
中原理工	1	1	2	4
文化學院	7	11	3	21
交通大學	2	2	0	4
大同工學院	7	0	1	8

註：ABC 三表的資料來自第一次全國圖書館業務會議記要，1972 年 7
月。中央圖書館印行，以及全國大專院校圖書館概況一覽表，1972 年
11 月印行兩者加以整理而成。

由 ABC 三表，讀者不難知道，目前臺灣各大學圖書館的工作人員，在
素質方面有待提高，今天我們的大學教育能步入常規的話，以目前的各
大學圖書館工作人員素質，亦沒法來配合整個大學教育的發展。

(2)在各大學圖書館中，藏書數量與學生人數比率，換句話說：各大學圖
書館的藏書數量，不敷學生的借書需求。見 D 表：

D 表：各藏書數量與學生人數比率

項目 ＼ 圖書館名稱	學生人數	藏書冊數	標準冊數	備註
臺灣大學	10,927	1,006,073	357,810	○
師範大學	5,439	283,369	193,170	○
東吳大學	2,734	58,131	112,020	X
逢甲學院	5,107	71,254	183,210	X
輔仁大學	4,128	153,340	153,840	△
政治大學	5,158	264,524	184,740	○
東海大學	1,199	120,976	45,970	○

成功大學	4,762	149,473	172,860	△
清華大學	831	29,447	54,930	X
師範學院	1,053	22,740	61,590	X
中興大學	5,167	182,430	185,010	△
中央大學	746	26,021	52,380	X
高醫學院	1,555	30,194	76,650	X
中原理工	3,366	22,350	130,980	X
文化學院	6,674	209,476	230,220	△
交通大學	815	32,796	54,450	X
大同工學院	1,544	40,363	76,320	X

註：此表學生人數單以日間部為主，錄自中華民國教育統計資料，1972
年出版。

藏書數量則止於 1972 年 3 月之統計。所謂標準冊數，依大學圖書館法
規：大學圖書館應有之基本藏書量 3 萬冊，每有學生 1 人，另增加 30
為標準。

由 D 表，我們可將目前臺灣各大學圖書館的藏書量，分為三類：第一類
打〇記號者，藏書數量合於標準，大抵為全省最聞名的大學，如臺大、
師大、政大、東海。

第二類打△記號者，藏書數量雖未達於理想，但數目離標準數相去不
遠，如輔大、成大、中興、文化學院。

第三類打 X 記號者，為只顧招收學生，而不顧藏書量者，如東吳、逢甲
學校。圖書館裡的藏書豐富與否？對學生求知欲望的滿足，有非常密切
的關連。

又依大學圖書館法規定：每年藏書增加冊數至少應有藏書總數百分之
三，我們輔大的圖書館藏書，現正直起猛追，每年增加冊數高達原總數

的百分之十三，相信不久將來，輔大圖書館的藏書，數目將為可觀。

(3)能善用圖書館資料者不很踴躍，有問題不知利用圖書館資源而解答。此一方面表現出圖書館的參考服務不臻理想，另一方面則表現出學生的讀書風氣太差。見 E 表：

E 表：圖書館答覆參考問題人數

項目　　　　　　　　圖書館名稱	平均每月答覆參考問題人數
臺灣大學	352
師範大學	40
東吳大學	?
逢甲學院	?
輔仁大學	66
政治大學	175
東海大學	100
成功大學	110
清華大學	50
師範學院	20
中興大學	?
中央大學	5
高醫學院	20
中原理工	50
文化學院	60

交通大學	106
大同工學院	?

註:打問號記號者,表資料缺。

由 E 表,讀者可以看出,對於龐大數目字的大學生們對圖書館的利用,可見一斑。

(4)所收之於學生的圖書費,未能充分利用於充實圖書館。見 F 表:

F 表:圖書館預算經費

項目 　　　　　　圖書館名稱	六十一年度預算經費
臺灣大學	6,343,192
師範大學	2,000,000
東吳大學	2,099,400
逢甲學院	?
輔仁大學	3,200,000
政治大學	1,900,000
東海大學	894,500
成功大學	1,429,000
清華大學	2,141,900
師範學院	120,000
中興大學	1,385,000
中央大學	700,000
高醫學院	1,236,900
中原理工	700,000

文化學院	4,201,000
交通大學	518,600
大同工學院	1,600,280

註：預算經費總計包括人事費、設備費、購書費、裝訂費、其他費用、業務費，辦公費等等。

由F表，每所大學圖書館，六十一年度的預算經費總計，讀者若依D表，各校學生人數，每人乘於三百五拾元計算，則讀者可比較出學生所繳的大量圖書費，一部份莫名其妙的消失。也難怪最近教育部下令要各所大學，不可將收之於學生的圖書費挪為他用。

（5）各大學圖書館對讀者的約束過多，如書假未能全面採用開放式，又如對學生限借用圖書冊數過少。見G表：

G表：圖書館開放式與借書冊數

項目 ＼ 圖書館名稱	開架式	閉架式	兩者併用	借書冊數
臺灣大學			V	10
師範大學			V	3
東吳大學			V	3
逢甲學院			V	10
輔仁大學			V	5
政治大學			V	6
東海大學	V			11
成功大學			V	3
清華大學	V			3

師範學院			V	3
中興大學			V	2
中央大學			V	2
高醫學院	V			2
中原理工			V	2
文化學院			V	5
交通大學	V			2
大同工學院	V			4

其實所謂「兩者併用」就是閉架式，只不過在平時允許有限量的學生進入書庫而已。至少限制學生借書冊數，部份學校居然只允許學生一次借書兩本，我真懷疑該校學生，如何來作學術研究了。

由上前，我們提出了五點，有關於目前臺灣各大學圖書館所存在的問題，在此我們除了呼籲教育當局重視這些問題的存在外，我們也為了更使大學圖書館能輔助大學的成功。

更盼望：在各大學的一年級課程中，開授「圖書館學概論」「圖書館之利用」等課程，教導大學生們如何來使用圖書館之資料，以助學生們的自我教育。以及成立圖書館研究所。培養高級圖書館學之人才，和加深對圖書館學的理論研究。

附記：本文之寫成，得力於趙來龍教授的啟蒙頗多，又系主任藍乾章教授和人文科學圖書館的梁主任，提供給我不少資料，在此特別謝謝他們。也感謝兩位可愛的助教，給我精神上的鼓勵。[8]

此外，我也在 1980 年代臺灣解嚴的前後，陸續發表多篇有關於評論圖書館

---

[8] 陳天授(陳添壽筆名)，〈大學教育與大學圖書館〉，《輔大青年》第八期，(1973 年 3 月，2019 年 2 月 24 日審修)。

學方面的文字，諸如 1987 年 9 月 11 日刊於《臺灣新聞報》的〈淺談資訊服務〉：

> 立法院內政、司法兩委員會舉行聯席會議審查〈藥物藥商管理法〉修正
> 草案的聽證會時，開放給業者們旁聽；另外，執政的國民黨中央政策會
> 邀請部分黨籍立委，協調〈刑法〉修正草案時，也可以讓國會記者進入
> 會場採訪，使整個「黨政關係談話會」的經過能讓外界瞭解。
>
> 這兩件事都是與所謂的資訊公開或資訊服務的性質相關。因為，惟有在
> 一個民主社會資訊化的國度裏，才夠資格談資訊公開或資訊服務，而且
> 愈是高度發展的先進國家，愈是重視資訊公開的服務工作。
>
> 我們國家正邁向高度發展和民主化，在這過程中，能夠關注資訊服務，
> 這是一等國家、一等國民的高品質表現。不過，資訊服務到底要達到怎
> 麼樣水準，也是我們國人不能不加以探討的。
>
> 一、 確立資訊服務觀念
>
> 凡有人和事的地方就有活動，有了活動就有經驗和記錄。經過印證後的
> 經驗和整理過的紀錄，就是資訊。諸如：新聞事件、學術研究文獻、科
> 技發展成果、統計資料、軍政策略計劃、圖書出版和檔案等資料，經過
> 處理後的結果，統稱為資訊。所以情報和知識，也都是資訊，而將資訊
> 供應給需要的人，即是資訊服務。所以，資訊服務的過程中，具備四個
> 基本要素：
>
> （一）消息傳遞者，指傳播訊息的主人，如政府部門發言人，學術企業
> 機構公關部門主管，或演說者、著作者、藝術家等；
>
> （二）訊息，指傳遞者所要傳達的事物或概念，即所謂「資訊」；
>
> （三）傳遞的方法，即媒體資料，如圖書、雜誌、論文、會話、電視節
> 目、廣播節目等；
>
> （四）接受者，指聽眾、觀眾、讀者或其他由別的方式得到訊息的人。
>
> 所以，資訊的直接功能是提供了個人、團體和國家對事件的認識，作為
> 研究發展、規劃、決策及評估的憑藉；間接功能則是影響了社會風尚及

塑造了社會的形態。也因為資訊在整體社會進步和國家建設中扮演了如
此重要的角色，所以，資訊服務的工作觀念，更要確立深植在每一位國
人的心目中。

二、成立資訊服務單位

簡單說來，我國主要資訊服務單位，可約分為三類性質，就是行政部門、
議會系統和學術機構三種。

（一）行政部門：政府制定政策的過程，不論是問題之認定、政策方案
之規劃、政策合法化、政策執行及政策評估都與資訊有非常密切的關
係。因為高效率的資訊處理能力使政策制定者亦於取得快速、正確而且
經過整合、分析的資訊，以協助政策之制定。

政策的制定過程也因為資訊的服務功能，使得政策的制定更為合理化和
制度化。政府有鑑於此，正朝向完成全國行政資訊體系的目標，使全國
行政資訊體系能確實支援國家決策及長、中程規劃，進而達成資源之合
理分配。

（二）議會系統：民主政治又稱為議會政治，由於我國人口及各種建設
的急遽成長，各級議會之議案數量快速增加，同時，提案複雜多樣，不
同提案分別來自民意代表、政府部門和人民請願者，面對眾多的案件，
單靠人工作業，不僅耗時費力，也難做好追蹤管理工作，而在監督功能
上必然無法發揮，只有進行規劃資訊化的工作。

例如立法院整體資訊計畫，包括了「法規文獻全文資訊系統」、「委員
質詢及資料檢索資訊系統」、「議案及行政管理系統」、「政府預算系
統」、「辦公室自動化系統」、「國外立法參考系統」等，冀望提升議
事功能。

又如臺北市議會不但業已完成「議案管理資訊系統」及「質詢管理資訊
系統」，未來更希望完成「重大服務」與「管理」兩大系統，也期望藉
由議堂的資訊化服務，能提升議事品質，在資訊化的程度上跨出一小
步，來換取民主化的一大步。

（三）學術機構：1979 年 12 月國際電信局開闢了衛星傳播資訊網，為國內拓展國際百科資料庫這項電腦輔助資訊服務以來，國內有銀行、私人團體、公營機構、資訊中心和圖書館連接上這項服務。

國科會科資中心為提供資訊服務，先後完成「理工科技人才資料庫」、「科技研究報告資料庫」、「西方科技期刊資料庫」、「科技簡訊刊物系統」，另外也進行「科技期刊論文摘要」、「科技碩博士論文摘要」等資訊系統。農委會農資中心的「農業科技索引典」、「農業科技人才資料庫」、「農業科技研究計畫資料庫」、「農業科技文獻資料庫」。中研院史語所的「史籍自動化」，已完成史記、漢書的全文輸入工作，將廿五史六千多萬字全部輸入其中，為世界研究漢書的學者提供學務資訊服務。

近年來，我們經濟快速成長，資訊在商情上的提供服務，更是締造經濟奇蹟的主要因素。未來工作應該朝向：

三、培植資訊服務專才

資訊服務專才的培植，是資訊服務成敗的關鍵。關於資訊服務專才，依據圖書館學與資訊科學家麥爾(R.S.Meyer)指出，資訊服務專才必須具備有：

（一）爽朗的、禮貌的和友善的態度。

（二）良好的記憶力。

（三）富有想像力。

（四）完全而徹底地利用參考書籍。

（五）保持資料記錄能摘取有關文獻等正確無誤。

（六）對於問題的處理應貫徹始終。

（七）觀察以獲取意想不到之線索。

（八）善於判斷，評估所獲資料與所費時間，並能適時將讀者轉介於他人。

這八點是麥爾認為一位擔任資訊服務工作者，所應具備的條件，也唯有

如此，才能圓滿達成資訊服務的目的。

四、重視資訊的服務網

資訊服務政策誠然屬於國家資訊政策一環，而資訊政策範圍很廣泛，幾乎沒有一個國家有「一個總資訊政策」或「單一資訊政策」。先進國家擬定資訊政策略可分為：

（一）自由競爭模式，以美國為典型的代表，資訊政策是在民主與自由企業經濟的意願形態下，任由市場發展，政府只扮演支援與服務的角色。

（二）公用事業模式，以日本為典型的代表，資訊政策是由一個強大的機構下發展計畫，擬定策略及執行政策與監督。

（三）國有化模式，以西歐各國為典型代表，電信事業皆屬於自然獨佔，各國大都以提供國家通訊網路與電信服務刺激與符合有效率的新的服務需求。所以我國資訊政策的訂定，實以符合當前我國環境的客、主觀因素而訂定。

例如成立國家資訊化委員會，進行國家資訊政策的訂定、執行與管理，能夠確立國家資訊化的總體目標，發展的優先順序，並設計符合國際標準規格的標準化作業，以及資訊人才的地位、人員訓練，資訊服務的品質，並教導社會大眾使用資訊服務的習慣養成，此皆與我國資訊的發展密不可分，有助形成資訊服務體系。

五、結語

目前離我國行政體系資訊系統，各資訊中心與全國各大圖書館自動化等構成全國資訊網的完成，雖然尚有一段距離，不過，政府對資訊服務的工作特別重視，尤其政府預計達到鄉鄉有圖書館的目標，這對於全國構成資訊服務網有很大的幫助，達成資訊為全民服務、資源為全民共享的最崇高理想，亦為期不遠。[9]

1970 年代在輔大研讀圖書館學期間，由於在《輔大青年》連續發表〈論大

9　陳天授，〈淺談資訊服務〉，《臺灣新聞報》，(1987 年 9 月 11 日，2019 年 2 月 26 日修改)。

學教育與大學圖書館〉、〈從三院圖書館到聯合目錄編製之芻議〉等文章，除了給我在輔園帶來些微知名度之外，讓我最感到興奮的還是豐碩的稿費。這稿費對於一個每個月必須仰賴家裡從南部寄生活費上來的窮學生而言，是何等的難得和具有鼓舞閱讀與書寫特殊意義。

我幾乎是把投稿領到的稿費，全部花在購書上。諸如現在我看到我書房擺著 1972 年 11 月與 12 月由世界書局出版的《新校資治通鑑注》(精裝全十六冊)與《新校史記三家注》(精裝全五冊)，我就感觸特別深，心中充滿一份讀書人的喜悅，和非常得意的回味。

我現在檢視《新校資治通鑑注》(精裝全十六冊)的基本定價是陸拾圓整；《新校史記三家注》(精裝全五冊) 的基本定價是貳拾伍圓整。我查了現在網路的售價，2007 年 2 月版《新校史記三家注》(平裝全五冊)的定價 NT 3,900 元；2009 年 5 月版《新校資治通鑑注》(平裝全十六冊)的定價是 13,000 元。

我想我在 1970 年代買的《新校資治通鑑注》(精裝全十六冊)和《新校史記三家注》(精裝全五冊)這兩套書，也許準確售價的數字已不是那麼重要，留在我內心深處的是，當年我是怎麼存了足夠的錢？我是怎麼買書之後帶回住處？以後這兩套書又是如何隨著我的飄泊生活？這才是我努力閱讀與書寫的美好回憶。

也因為後來我在《輔大圖書館學刊》、《輔大新聞》和《輔大青年》陸續發表評論性的文章。突然有一天，當時的《輔大新聞》社長蔡傳志(化學系)、總主筆周玉山(筆名茶陵、社會系)、總編輯蘇逢田(哲學系)、採訪主任蔡建仁(歷史系)、總經理葉景成(經濟系)等人，突然到文學院宿舍找我，邀請我加入《輔大新聞》的編輯群。

我們雖來自不同科系，但是大家有志一同，更是滿腔熱血地發表高論。我的被邀請加入當時由蔡社長、周總主筆和蘇總編輯所主導的《輔大新聞社》，讓我有機會實地參與了報紙編輯的經驗，這可是在我生命的「閱讀、學思與書寫」旅程，極為珍貴的一段回憶。我也因為有這次在《輔大新聞社》的機會，得以認識了周玉山(筆名茶陵)總主筆，日後我更從與他的交往中學習很多。

　　1973 年 5 月 12 日《輔大新聞》98 期出刊的拙文〈不為也，非不能也！〉，就是在我接任第四版編輯之後，以王弄筆名針對學校文學院圖書館的使用情形，所發表的評論文章，卻引發了 5 月 25 日第 99 期由本報記者楊孟華的回應文章〈不為乎？不能乎？〉。該文前還特別註明：「本報九十八期，有位王弄同學曾以「不為也，非不能也」為題，對本校圖書館做了一番針砭之言。

　　該文作者自述曾就拙文中所提出的各點，訪問了人文科學圖書館館長錢公博神父，他對「不」文中所提之意見，認為還算中肯，惟某些情況似與事實頗有出入，他很高興能趁此之便，答覆王同學幾個值得商榷之地方。

　　當時拙文〈不為也！非不能也！〉：

　　　　輔大讀書風氣，久為人所詬病，究其原因，則一言難盡；然而我們若能
　　　　深加思索，則學校圖書館的種種措施，亦是輔園讀書風氣不好的原因之
　　　　一。

　　　　基於「愛之深，責之切」的愛校動機。在此，我們願意建議學校，針對
　　　　圖書館裡所存在的問題，提出討論。我們相信學校在人力、財力允許的
　　　　範圍內，必能妥為改善，俾有助於輔園的讀書風氣，則輔園是幸，輔大
　　　　人是幸。

　　　　一、期刊閱覽室的設立

　　　　在《輔大新聞》第九十三期和九十四期，連續出現兩封有關建議學校圖
　　　　書館設立期刊閱覽室的讀者投書，我們不曉得學校是否注意到這個問
　　　　題。看報紙是每位同學每天所必需要的課程，學校圖書館對於報紙的處
　　　　理，依我們的觀察，並不很重視。

　　　　自然科學和社會科學兩個圖書館，我們姑且不去談它，因為至少這兩個
　　　　圖書館對於報紙的處理，要比人文科學圖書館來得好些。人文科學圖書
　　　　館根本就沒有報紙，文學院的學生看報紙，並不是在圖書館，而是在文
　　　　學院二樓的走廊上，白天倒是無所謂，沒有燈光的問題。但是我們若認
　　　　真地去追究，文學院二樓所放置報紙的時間，只止於下午五時。

換句話說，文學院的學生晚上看不到報紙，而且學校也沒訂晚報，縱使訂了，文學院二樓晚上也不適合學生在那兒看報。堂堂一所大學，居然圖書館裡連一份晚報也沒有，那來談「期刊閱覽室」呢？

由於人文科學圖書館，報紙是分設在文學院二樓，沒人整理看顧，往往在下午抽空去看報紙的同學，不但發現有些報紙已被撕破，有些壓根兒不見蹤影。由這個問題，我們又牽引出報紙的蒐藏問題，同學有時寫論文或查資料，有賴於過期的報紙引證，但有時求助於圖書館却不可得，同學無不苦惱萬分。

我們知道學校圖書館有蒐藏整套的報紙，但那是以一年為單位，譬如今年是民國六十二年，圖書館裡所收藏的報紙也只能止於民國六十一年，至於查民國六十二年所發生的事情，則有其難題矣！

過期報紙沒法適當處理，同樣地，過期的雜誌亦遭受同樣的下場，由於沒有「期刊閱覽室」，人文科學圖書館的現期期刊雜誌，也只好屈身於專門放置參考書的參考室。

至於過期的期刊則「居無定所」，部份流於地下室書庫，部份流於人文科學圖書館三樓。同學若想翻閱過期的雜誌，亦與想翻閱過期的報紙，遭受同樣地困難。

基於這個原因，我們希望學校能速設立「期刊閱覽室」，將現期的報紙、期刊雜誌，和過期的報紙、期刊雜誌放在一起，如此一來，同學們看報紙，翻雜誌，寫論文，查資料則方便多矣！

二、娛如室的構想

Browsing room 乃目前美國圖書館事業中，最為人所重視的問題之一。所謂 Browsing room 在臺灣尚無好譯詞，暫譯為「娛如室」，乃負責供應飲料點心，提供讀者休息、談論的場所。

我們不敢奢望學校圖書館有「娛如室」的設立，享受買飲料、點心和休憩的方便，但我們却迫切希望學校圖書館，能有「討論室」的設立；雖然人文科學圖書館有點類似「娛如室」的構想，如在圖書館的地下室設

有研究生活動中心，使研究生能夠自由地談笑、撞球，比賽桌球。

但我們在缺乏有「討論室」的前題下，我們很嚮往圖書館裡能將剩餘的空間，設立「討論室」，讓在圖書館看書的同學們，在發生問題之餘，能至「討論室」開懷討論問題，解答疑問。

以人文科學圖書館為例，在圖書館的二樓，有部份是剩餘的小空間，我們則可利用此空間，提供給同學們，作為討論功課的場所。以免使同學們因在自修室裡討論問題，而影響到其他同學的看書情緒。

三、書庫開放

對於學校圖書館書庫的開放，學校可說已盡力給同學方便了。但是在此，我很願意又提出幾個有關同學進入書庫的小問題，給校方作為參考，譬如人文科學圖書館，對於學生進入書庫看書的人數，限制最多只能 29 名，假若超過這個人數，想進入書庫看書的同學，則得等書庫裡那看書的同學，其中有一名出來，其他同學方能依次遞補之。

以人文科學圖書館書庫的空間來說，大可不必有此限制。又進入書庫的同學，非以學生證為憑不可，想憑借書證進入書庫看書的同學，通常是不被通融的，我們認為此措施，頗為不當，同學們上圖書館看書或借書，通常身上只帶了借書證，而忘了帶學生證。我們不知人文科學圖書館，是否能夠考慮放寬進入書庫人數的限制，和憑學生證進入書庫的約束。又如社會科學圖書館，本來就是採用開架的方式，同學進入閱覽室，也就等於進入書庫，對於進入的同學，就可不必憑學生證了。人文科學圖書館進入書庫之所以要憑學生證，乃因進入人文科學圖書館的書庫，路徑較為曲折，不得不繳給學生證，至於社會科學圖書館，既然為開架式，則可不必多此一舉了。

四、借書冊數太少

第八期的《輔大青年》，有一篇拙作〈論大學教育與大學圖書館〉，其中一表格是列臺灣目前各大學圖書館允許學生借書的冊數，我們輔大圖書館，規定學生最多可借五冊，其實不然，文科學圖書館言之，學生允

許借書一次只限三冊。若法、商、理、外語等學院學生的話，則只能借
兩冊。試問一個大學生，平時借書限制三冊倒無所謂，但若遇到要寫論
文報告，勢必得向同學借借書證，而後上圖書館才能借超過三冊以上的
圖書，此對學生讀書寫作的情緒，大為影響。學校是否可仿效臺灣大學，
學生一次借書最多，可至十冊。

又學校圖書館規定借書期限，只能為二星期，而且續借只能一次，時間
限一星期，總共時間不過三個禮拜。假若有心研究一個學人的思想，認
真地去寫一篇論文報告時，很顯然三個禮拜的時間是不夠用。

借書期限為二個禮拜，頗為適中，但嚴格規定續借只限一次，而且又縮
短期限為一個禮拜，則未免大過矣！我們建議學校，是否能考慮將借書
的冊數增多，和將續借的期限增長。

五、代購圖書

無疑地，學生是最窮，却是又最喜愛買書；更可悲的是，書的價格又高
的嚇人。為了滿足學生買書的慾望，和解決學生金錢的危機，我們建議
圖書館，是否能幫忙學生代購書籍，為什麼我們會有這個建議呢？是基
於兩個理由：一是學校圖書館與出版商較多接觸，對於書的價格方面，
可與書商殺價；二是學校圖書館對於出版界出版新書的消息，較為靈通。
假若學校圖書館願意幫忙學生代購圖書的話，則同學們不但可以買到好
書和新書，而且價錢也又公道，對於讀書風氣的提倡，不能說不是一助
力也。我們對圖書館方面，作以上五點建議，希望學校在量財、量力、
量時的原則下，考慮其所建議的可行性。當然輔圍裡讀書風氣的不理
想，並不是只在圖書館一方面，同學的不好自為之，乃是最大的問題。
本校圖書館學會曾於去(1972)年 11 月間，在人文科學圖書館做過整整一
個月的文學院學生借書情況調查。依調查統計資料所示，以歷史系學生
借書的冊數比率最高，但仍不很踴躍，在一個月內，平均一個人才借書
一冊至二冊。

其他系更不用談。學生不努力看書，當然借書的比率就低，借書比率低，

當然顯現輔園的讀書風氣有待加強。

六、結語

我們為了輔園的讀書風氣好，除了圖書館在各種措施方面，能儘量給與學生方便外，我們更希望學生自己本身，如何把握在這短短四年內，好好利用學校圖書館裡藏書，努力充實自己，以因應大時代的來臨。[10]

本文刊出後的下一期有篇由署名楊應華的回應文章〈不為乎？不能乎？〉，全文附錄如下：

本報九十八期，有位王弄(筆名)同學曾以〈不為也，非不能也〉為題，對本校圖書館做了一番針砭之言。筆者曾就此訪問了人文科學圖書館館長錢公博神父，他對「不」文中所提之意見，認為還算中肯，惟某些情況似與事實頗有出入，他很高興能趁此之便，答覆王同學幾個值得商榷之地方。

一、期刊閱覽室

原來學校計劃在法學院與中美堂之間的廣場，建立一座全校圖書館，除辦公室、研究室外，將就科學、文學、語文……等科目分設期刊閱覽室，供閱讀及裝訂成冊，以供研究。無奈該館因種種原因未能成立，於是花了大筆訂金的期刊，涉及專門性的，就分散給有關各系的系辦公室，各系分別就新刊加以介紹並接受同學索閱，不論本系與外系；並要求裝訂成冊，並妥為保管，特別是有研究所的文、史、哲三系，則各由研究圖書館保管。至於一般性雜誌，由於空間的不敷運用只得暫存二樓參考室，分類上架。

由於同學的不自愛，在月底雜誌尚完整如初者十中未有一二。因此，為顧及用功同學的參考利益，有價值的期刊仍置書庫中。但有時亦可通

---

[10] 王弄(陳添壽筆名)，〈不為也！非不能也！〉，《輔大新聞》第 98 期，(1973 年 5 月 12 日，2019 年 2 月 24 日修改)。

融，若真需要，可於當日下午關門前一小時借出，並於次日上午九時前歸還。

至於報紙的問題，錢神父看了本報後曾至文學院二樓巡察，也認為確實不理想。報紙一向由總務處或訓導處管理，該館已向二處要求接管。並希望在下年度能利用文友樓的一間教室，或該館一樓大廳為報紙閱覽處，派有專人管理避免遺失與撕頁。但錢神父強調，站着看的，他認為花一二小時看現在那些專門誇大社會新聞、敗壞風氣的報紙，是不需要的。

另外，報紙的保存是每月一冊而非每年一冊，目前只保留中央日報，因為國內新聞來源大致相同，存一分足矣！何況法商學院也另存有經濟日報；而且報紙的紙質最怕陽光與濕氣，露天之下不要五天即化，故仍保存書庫中。

二、討論室的構想

錢神父向總務處交涉的結果，業經答應將已赴美的李慕白教授在該館二樓前面之研究室空出，並擺上桌椅作為同學開懷討論的場所。這問題可望於下學年解決。但他特別叮囑同學們要自重，該室並非供諸位「談情說愛」之處，盼同學在自己的要求達到後，能真正的好好利用。

三、書庫開放

一所大學圖書館的基本價值，是使書籍與讀者之間的距離，愈短愈佳。也因如此，自由使用書架的方式，就必須具備與維持；然而自由使用書架，還意味着有錯放書籍的危險。如果一本書放錯了，就原來的書架而言，相對的可視為它已遺失了，除非有所註明。圖書館裏有什麼書？及書在哪裏？這是一種確實知識，如果目錄和記載只供人用以無謂猜度，那便是時間的巨盜－這是圖書館最難有效控制的問題。

還有該館藏有不少珍版線裝書，並非市集購之即得。錢神父說，開架式始於美國，歐洲至今未曾採用，這是因為前者藏書多為今本，且為多處及用多種方法如影片、顯微膠片來收藏，不虞缺失；而後者那些古老文

化中好不容易輾轉手抄，搜集來的書本、珍本書籍，則不願意冒着被偷去估以高價或被破壞的危險。據陳紀瀅先生參觀美國國會圖書館的中文善本書庫時曾寫下：「如同保存國寶一樣，鐵門重鎖、防守嚴密。」因為種種原因，促使該館必須確實控制進入書庫學生的系別及人數。有好幾次，管理員便曾發現有人正將書置於窗台上，準備出去後由窗外拿走；甚至有由樓上丟下者。因此了解該時間內有那幾位同學在庫內，以及失書的性質，則不難判斷出犯錯的同學是誰？一方面也希望如此使同學們自己能有所警惕。君不見理學院圖書館已發出二大張密密麻麻的失書通輯令，要求同學找回，「否則將考慮再回復閉架式」。這是誰的過失？

至於憑借書證入書庫並非不准，只要求上面貼有持用人照片。因為用別人遺失了的借書證也是弄走該館不少圖書的原因之一！

四、借書冊數與時間

錢神父強調限制借書三本之目的，在促使書籍能迅速流通。就以目前最頭痛的硬幣問題來說明：錢是很好的，每人都存上十個，那麼坐車只好用郵票，餐廳也只好蒙上私鑄錢幣的冤名了。書也是很好的，每個人都借上十本，若為寫論文或報告，相信貴班須要這些書的人也還多。咱們書不像台大多，而東海的學生都住校，其本身就是流通的。假若再加上若一借就一個月，那該有多少人看不到這些書而誤了多少事？

寫論文，作報告，須要很多的書，很長的時間；可否請移駕書庫？內設有桌椅，並且陰涼舒適；今天看不完儘管放在桌上，只需留個條子，或放於附近空書架，自有管理員歸架。錢神父又特別要告訴同學：外圍一圈特別空的書架即為此，但未嘗有同學利用，胡亂的把書插回去，真不知造成管理上多少的麻煩！

至於一本書三個星期看不完，這應該自行負責，因為「反正還久」，「明天再看」的惰性極可能是此事發生的主因。錢神父並呼籲同學，愛護公家財產，不要在書上作眉批，加五色線條，甚至於代改錯字。每學期交

三百元並未意味着有權在書上留言傳校，更不應有拿幾本值回票價的心理。

五、代購圖書

或許因為收支需向總務處報賬的關係，使該館在這種情況下造成賬務的困難。但代購圖書的事實確是存在的。如歷史系之小型音樂圖書館，則曾託之購進部分的藏書，相信大傳、中文系很多同學也曾託圖書館買書。至於圖書館買書較便宜，並非絕對正確的觀念，因為一所圖書館的藏書應隨學校科系的擴充而擴充，故需主動向書商買書，缺少某部分的藏書是圖書館的恥辱，既然非買不可，則書商又何必便宜賣出呢？館方較高價的購書是靠交情的，如大中國、中華就很好說話，但大陸、愛樂書局就鐵面無私。不過利用圖書館代購書籍，倒也的確是可行的辦法。

當您真的在追求知識時，期刊室的有無，借書的多寡，期限的長短等問題都不存在，這些只是包在救世主之外的一層糖衣而已。當陳紀瀅先生訪問美國國會圖書館時，他寫道：「這裡靜悄悄的，聽不見一點聲音，那些讀者埋頭苦讀，對遊客從少理睬，其專一態度與珍惜時間的精神，令人欽佩。」只要您願意看書，圖書館永遠為您開着。[11]

　　1980 年代後期臺灣社會為因應解嚴後立法院在問政結構上的氣勢，提高立法效率及品質，如何從「粗糙立法」邁入「精緻立法」，實乃今後立法院應該加強的方向。1987 年 8 月我發表〈立法資訊與議事功能〉：

近年來，執政黨採取多項重大革新措施，而獲得內外一致讚賞，尤其是解嚴及國家安全法的制定實施，更是把我國民主政治的發展邁向嶄新的里程。而立法院是主要民意匯集的場所，在國家政策制定上扮演極重要的角色。

立法院第七十九會期已經結束。綜觀這會期至少具有下列二點特色：

---

[11] 楊應華，〈不為乎？不能乎？〉，《輔大新聞》第 99 期，(1973 年 5 月 25 日)。

一、政黨政治雛型：雖然說不能完全符合兩黨政治在國會的競爭規範，但是大體上符合政黨政治運作的原則。對執政黨而言，不論是與在野勢力的溝通，或在行政、立法部門之間，都已經建立起兩黨協商和黨政運作的良好模式。展望未來民主政治的發展，預期可在相互容忍、和諧的氣氛中進行，慢慢走向以「政策取向」的競爭，來獲得民眾支持。

二、立法書面諮詢及主動制定法案或修正案的件數，都比往年會期倍增。根據統計資料顯示，本會期立委們的書面質詢總計達 1 千 9 百餘件，比三年前新當選增額立委進入立法院的七十三會期還多出 1 千餘件。

主動立法方面，例如《人體器官移植條例》、《軍事管制區禁建限建條例》(草案)、《環境保護基本法》(草案)等相關法案，都是立委主動立法的成果。

至於修正案，例如非軍人受軍事審判受刑人的減刑、復權，以及國安法制訂將治安單位修正為警察機關來負責出入境管理，是經立委們充分溝通而順利達成。

從上二項特色中，我們不難看出，不論是政策取向或是法案件數，未來的立法院議事運作，除了維持政黨和諧競爭的環境，我們都必須有一個基本共識，就是對於立法效率及立法品質的提昇已到了刻不容緩的時候了。

先進民主國家，為求國家快速成長，莫不重視立法效率及立法品質的後勤支援工作。

壹、參考先進國家作法

美國在 1970 年將立法參考局更名為國會研究服務處，隸屬美國國會圖書館，主要提供下列六種服務：

一、立法資料研究服務，對國會議員感興趣的主題做政策分析和研究，包括背景分析、正反論證、科學的、經濟的、立法分析及立法沿革。並將其中許多報告刊載於國會刊物及儲存於國會資訊系統中的電腦之內。

二、立法參考服務：提供統計資料、引證資料、各類指南、文章報導及

特定主題的背景資料等，並為 538 個國會辦公室做專題的選粹服務
(SDI)。

三、自動化資訊服務：美國國會圖書館系統可以透過統成為史考匹奧資
訊檢索系統(SCORPIO)檢索法案文摘資料庫、國會紀錄摘要資料庫、國
會研究資料庫、美國國會圖書館圖書目錄資料庫、公共政策論題引述索
引檔及全國諮詢中心參考檔等六個主要資料庫。

四、圖表及翻譯服務。

五、討論會、研習會及國會職員講習會：透過討論會提供資料給國會議
員及職員，並提供職員如何從事立法研究、生活環境調查及其他工作的
訓練。

六、出版刊物服務；定期的有問題簡報(Issue Briefs)、法案摘要(Bill
Digest)、國會主要立法彙要(Major Legislation of Congress)、國會研究服
務處評論(CRS Review)。另外不定期的有 UPDATE、INFO PACK、CRS
REPORTS 等刊物。

美國國會圖書館的國會研究服務處為了處理這麼龐大的立法研究及資
訊服務，在組織編制上，特別設有美國法律研究服務、經濟服務、教育
及公共福利服務、環境及自然資源政策服務、外交事務及國防服務、政
府服務、科學政策研究服務等七個研究組，和二個圖書服務組及幾個特
種辦公室等部門暨小組負責各類型參考、研究問題，為國會議事提供後
勤支援工作，以達成立法效率及提升立法品質的任務。

日本國會圖書館也為了協助國會議員審議國政，特別成立有「調查及立
法考查局」，下屬十三個調查室及十四個課，提供國會議員各類問題之
研究、調查資料，並應議員之要求，分析及起草議案。

同時，對於館內外資料整理蒐集，真相現況調查，以及聽取學者專家和
研究機構的意見等，皆是為提升立法品質而所做的立法資訊服務。

由於美日國會圖書館在立法研究及資訊服務上發揮了立法功能，所以吸
引世界各國的議員及學者前往參觀研習。我國立法委員和政治學者也曾

利用休會或休假赴這二個國會圖書館做研究，以學習他們的優點，並帶回國內以提升我國的立法品質。

貳、提升立院議事功能

基於以上論點，我國立法單位應尋求如何透過各種資料媒體，以及各種實質的資訊，以供立法過程中各項決策的參考，應注意下列幾點：

一、確立資訊服務的觀念及原則：不論是資料或是經電腦處理後的資訊，都必須要有為國會議員、委員會、助理人員及其他有關職員服務的觀念。而且研究分析和資訊服務應予中性立場不偏頗任何黨派的原則，以支援國會立法的功能。而且更要有「資訊公開」就是資訊服務的觀念。

二、成立國會圖書館：依據大法官解釋，我國立法院、監察院及國民大會等三個中央民意機構相當於外國的國會，其實立法院的立法議事工作佔了國會工作的大部分。

立法院圖書館若想能像美國國會圖書館發揮立法研究及資訊服務的功能，應該考慮將目前的圖書館、法律資訊中心及歷史文化研究室，甚至於包括監察院圖書室、國民大會圖書室及中央各部會圖書室合併成立國會圖書館，而下再設立類如美國國會圖書館的國會研究服務處，或日本國會圖書館的調查及立法考查局，以提供立法研究及資訊服務。並辦理新進議員之講習。

三、加強資訊服務專業人才的培植：立法研究及資訊服務的工作，需要法律、電腦及圖書館三種專業人員的配合，才能做好資訊服務，所以資訊人才的專業性，需要從教育、法規編制上建立制度，以扮好立法過程中所需進行的意見溝通角色。

四、完成資訊系統服務網：立法院目前立法資訊系統先期規畫只有「法規文獻系統」及「立法委員質詢答覆系統」二種，應加速腳步完成「行政管理資訊系統」、「預算案、決算案系統」、「辦公室自動化系統」、「國內外立法參考資訊系統」等工作，並付諸實施。

尤其是「國內外立法參考資訊系統」，除了以國際百科資料庫提供資訊

檢索服務外，也可考慮檢索最近日本技術情報中心所發展出來的 JOIS
系統，以充實立法內容。並與行政院正推動中的各種資訊系統相結合，
免被譏評為「行政院立法局」的窘境。

参、結語

為了應付解嚴後立法院在問政結構上的氣勢，為提高立法效率及立法品
質，雖然我們不敢說立法研究及資訊服務工作是它成功的唯一要件，但
是借鏡美日先進國家的國會議事工作，我們實在應該先加緊充實這方面
的工作才是，早日從「粗糙立法」迅速邁入「精緻立法」的時代，也為
我國解嚴後民主政治帶來新氣象。[12]

　　臺灣解嚴前後的言論自由尺度已經大開，許多政府設置的公立圖書館也都
開始因應社會鼓勵大家閱讀的風氣。例如我應臺北市立圖書館之邀，於 1987
年 6 月 15 日在其出版的《臺北市圖書館館訊》發表〈從管理觀點論圖書館組
織〉：

壹、組織系統的構成

人，不能離群索居，需要過群體生活，組織就是人群為全體共同目的的
結合，同時也為了達成組織成員共同的目的，所以組織亦對每一位成員
具有統制力。因此，組織的構成至少要含有下列四項要素：

（一）目的：任何組織必然有其目的，目的是人員工作行為的準則，如果
缺乏此項因素，組織人員的工作行為失卻了憑藉，無所遵循，形成一片
散沙。

（二）目的必須為全體人員所同意：假如一個組織所追求的目標不為人員
所同意，或被認為毫無價值，那麼人員便不會為達成這個目的而全力以
赴。

---

[12] 陳天授，原名〈立法資訊的補給站〉，《黃河雜誌》第 7 卷第 1 期，(1987 年 8 月，2019 年 2 月 26
日修改)。

(三)人員必須予以適當的調配：否則組織人員成為一群烏合之眾。

(四)權責必須合理的分配：這也就是合理的分工制度，不但使人人有責，更須有權這樣才能運用自如，有效而如期的達到目的。

一、組織理論

組織理論（organization theory）乃就有關組織的各種問題，提出一套有系統的看法；也就是組織的各種現象與事實加以搜集資料，並對這些資料從事歸納比較分析，或提出解釋、或提出預測，並從而設法予以控制。坊間對於組織理論闡述的專書不少，如美國的戴思樂（Gray Dessler）將組織理論分為古典組織理論與當代組織理論來敘述。

卡斯特（F. E. Kast）及羅森威（J. E. Rosenzweig）將組織理論分為傳統的組織理論時期（1900-1930's）、行為科學的組織理論時期（1930's-1960's）及系統理論時期（1960's～）等三個時期來敘述：（一）傳統時期：可分三學派：1.科學管理學派（Scientific Management School）以泰勒（F. W. Taylor）、郝德威（Horace Hathaway）等人為代表；2. 行政管理學派（Administrative Management School）以費堯（H. Fayol）、古立克（L. Gulick）、雷利（Allen Reilly）等人為代表；3. 官僚模型學派（Bureaucratic Model School）以韋伯（Max Weber)為代表。此一時期的組織理論比較偏重於靜態的組織研究，是以經濟及技術（economic-technical）的觀點來觀察組織。

（二)行為科學時期：此一時期的代表學派是人群關係學派（Human Relation School)，其主要代表學者有梅堯（Elton Mayo）、李克特（Rensis Likert）、麥克格羅（Douglas McGregor）、班尼斯（W. Bennis）及阿吉里士（Chrir Argyris）等人。

他們是以動態的觀點來建立組織理論，認為組織不僅是經濟及技術的，而且也是一種心理及社會的系統(Psyclro-Social System)，他們研究組織中「人」的問題，以實證的（empirical）研究來證明人的行為對於組織的影響及彼此的關係；也就是一種以「人性」（humanistic）對抗「機

械性」（mechanistic）的理論，與傳統的組織理論有了顯著的不同。

(三)系統理論時期：傳統的組織理論與行為科學時期的組織理論，兩者皆有所偏，所以 1960 年前後，就有一些學者主張採用兩老之長，認為既不能純以靜態的觀點來研究組織，也不能只從動態或精神上來分析組織，除了這些條件，還要注意組織與外在環境的關係，組織為適應的需要，往往要改變其內部組織與工作程序，所以組織不應再被視為「封閉型的系統」（closed system），而是一種「開放型的系統」（opened system）。換言之，即視外界環境以及組織成員的需要來決定合適的組織內部結構。

二、組織設計法則

由組織理論的發展，其設計法則首先是靜態（static），如：明確的指揮系統、命令統一、控制幅度適中、明確授權、完全授權、職權和責任相等、對績效負責及專業化等，這些法則可以幫助管理人員設計組織結構，但它們並不很完整，由於它們完全忽略了人性的構面，如激勵、工作滿足、知識的差異和恐懼等等。所以，演變為動態（dynamic）的組織設計法則，如：職權和知識結合、集權和分權平衡及組織與地位彈性的維持。由於靜態和動態的設計法則，各有其適用性，因此，為使得組織結構能適合工作任務、技術特質和環境變遷的需要，於是將兩者結合運用，就是時下所稱的權變理論（contingency theory）。

三、組織型態

傳統典型的組織型態是猶如一個小球直立在一個大橄欖球之上，小球代表擁有所有權的管理人群體，他們主宰著整個組織，同時對組織中重要的事情做決策。組織中專業幕僚和中層管理人員不多，介於管理人員和員工間的連線是指這個階層的人，工人們都沒有專門技術，他們的一舉一動都受管理人員的指揮，他們的一生中幾乎都做完全相同的工作。

組織的結構隨著經濟的發展、規模的擴大、技術的創新和管理人員教育的提高而不斷的演，組織型態由傳統式的結構轉變為理性科層制度

（rational bureaucracy），組織結構成金字塔，由於這種組織型態常見於龐大的、現代化的組織中。

所以大多數的現代組織仍視金字塔式的組織為一理想的組織結構，因為事實上並沒有更好的方法可以來訂定組織中各個職位的權責。同時，沒有任何一個組織型態可以適應所有的情況。

組織型態隨著任務、技術、環境和組成份子而改變。某些組織仍適合古老的傳統式結構，某些則配合科層制度，或是傳統式和科層式的混合體。預測未來的組織型態可能是：

(一)組織又重新極端地集權於一個相當小的羣體中，這個羣體是由受過高等教育的管理人員和專業人員所組成，他們往往揚棄了中層管理人。

(二)專家人數遽增，他們取代了組織中白領和藍領階級的地位。

(三)組織民主化代表管理人員須向部屬負責，在這種組織型態中，部屬權握有正式的權力與政策決定。

貳、圖書館組織

一、圖書館組織特性

組織因隨內，外在主、客觀因素的改變，而必須調整組織結構，使組織在整個社會的變遷中，能發揮具有的功能。

一般性組織是如此,圖書館組織（libray organization）亦復如此，誠如印度圖書館學家藍甘納山（S. R. Ranganathan）所說的「圖書館是一個在成長中的有機體」（Library is a growing organism）。

由於是成長中的有機體，所以圖書館組織特性也隨社會的、政治的、文化的、及經濟的發展，而做調適，使其有機體生生不息。圖書館遂由純粹靜態的「藏書樓」時代，演變為適應新時代的「知識的水庫,學術的銀行」。

二、圖書館組織通則

上述我們提到一般組織的構成，有其靜態與動態的設計法則，而就圖書館組織而言，亦可依其技術性、服務性、總務性等不同工作性質而組織

不同的部門。簡而言之，可依：

(一)依功能：分採訪組、編目組、閱覽組、參考組、出版組、總務組等，這種依功能相同的組織方式，為現在一般圖書館所採用。

(二)依讀者：這是以讀者性質而設組，尤其是公共圖書館，由於利用對象來自各階層，所以組織也就隨著讀者不同而設置兒童組、青少年組、成人組、老人組、盲人組、婦女組等不同組別。

又如設置中、高校學生組、大學生組、社會青年組、政府公務員組、大學教授組、企業家組等以職業分別來設置。

(三)依主題：這是依資料的主題而組織，相同的主題資料整理在一起，讀者可以依研究的主題而接近自己需要的資料，其設置如人文科學組、社會科學組、自然科學組、醫學組、工學組、農學組等不同部門。

(四)依資料：資料性質不同，而分別設置如期刊組、視聽資料組、善本書組、學位論文組、地圖組等不同部門。

(五)依地域：由於不同地域出版的不同語言之圖書，混合排列，容易造成讀者利用資料的不方便，為方便讀者起見，如美洲地區、東亞地區、非洲地區，依地域而設置部門。

除了這五項通則外，我們也因組織在管理上的不同，而分為集中管理式與分散管理式的型態。集中管理式如私立東海大學在 1955 年創校，由於所設院系不多，故圖書館經營方式採集中制，即全校只設一所圖書館，各院系均不另設院館或系館，無論圖書館的技術服務、閱覽參考、乃至經費開支，均做到精簡節約的地步。

又如早期伊士曼‧柯達(Eastman Kodak)的組織亦是典型的集中管理組織。分散管理式如國立臺灣大學設有 1.總館下設採編組、閱覽兩組。2.研究圖書館下設參考股、編輯股、典藏股。3.法學院圖書館下設編目股、閱覽股、典藏股。4.醫學院圖書館下設編目股、閱覽股、典藏股。5.文學院聯合圖書室。6.工學院聯合圖書室。7.農學院聯合圖書室。

又如美國鋼鐵公司(U.S. Steel Corp.) 的組織亦是典型的分散管理組織。

參、我國圖書館組織的概況

我國圖書館組織，依其設立宗旨司分為：

一、國家圖書館：中央政府所在地應設立國立中央圖書館，各地區並得視需要設立地區性國家圖書館。國家圖書館應依法典藏本國圖書文獻、編製國家書目，並輔導全國圖書館事業。目前我國的國家圖書館僅有國立中央圖書館一館及其臺灣分館。

二、公共圖書館：各級政府機關在各地區普遍設置公共圖書館，並以所在地區民眾為服務對象，結合地方文化資源與機構，推展地方文化教育事業，並辦理各項社教性，及推廣性服務。例如臺北市立圖書館等。

三、大專院校圖書館：大專院校設立圖書館，並以本校師生為主要服務對象，支援教學、研究並舉辦推廣活動。例如國立臺灣大學圖書館、國立臺北工專圖書館等。

四、中小學圖書館：中小學設立圖書館，並以本校師生為主要服務對象，支援教學、教師進修並輔導學生利用圖書館。例如明道中學圖書館等。

五、專門圖書館：專門圖書館是以其所特定之人員為主要服務對象，提供專門性圖書資料及服務。例如中山科學研究院圖書館、農業資料中心等。

六、私人圖書館：凡私人或民間社團所設置之圖書館。例如王雲五圖書館、貫英圖書館等。

七、圖書館專業組織：目前國內唯一圖書館專業組織是中國圖書館學會，成立於 1953 年 11 月 12 日會員制，其設立主要以宏揚中華文化，研究圖書館學術，團結圖書館從業人員，發展圖書館事業為宗旨。該會其下並設置有法規、出版、公共關係等委員會來推動工作。

肆、綜合建議事項

一、頒佈《圖書館法》

法是組織的根本，圖書館法的訂定與頒佈關係著圖書館事業的發展。歐美各國已頒佈實施多年，臨近日本、韓國也分別於 1950 年及 1976 年頒

佈。目前我國圖書館法草案(該法已於 2001 年 1 月 17 日立法通過，2015
年 2 月 4 日修正。該法的通過，解決了長期以來所存在的幾個問題：

(一)專責法定機構的成立：為促進圖書館之均衡及健全發展，應設立全
國性圖書館發展委員會。以往督導我國圖書館事業的法令依據是《教育
部組織法》和《社會教育法》由社會教育司掌理圖書館等社教機構。
國立中央圖書館的督導單位屬於社教司，顯示出我國國家圖書館的地位
偏低，館長編制未能直屬教育部。如果委員會成立就可比美於美國國會
在 1970 年 7 月 20 日所製定圖書館及傳播學國家委員會的法案，特設立
此一委員會直接隸屬於衛生教育福利部（Department of Health,
Education, and Welfare）。
又依《社會教育法》的各級政府得視其財力與社會需要，得設立圖書館
或圖書室。各級政府所設立之圖書館與國立中央圖書館並沒有隸屬關
係，對於圖書館工作的推動，不無障礙，我們實在需要一個專責機構來
統籌管理。

(二)解決專業人員（Professional）的任用問題：草案第 7 條：圖書館職
員得分圖書館專業人員、行政人員及技術人員，各類人員之員額、資格、
職級，依圖書館種類及有關洗規定之。圖書館專業人員應採聘任，其員
額不得少於全館職員之三分之一。
依此規定就可以解決困擾多年的基層文化社教機構專集人員的任用問
題，同時對於相關職等適度提升，更有助於網羅專業人才在基層文化機
構服務，貢獻所學於桑梓。

(三)圖書館政策之制定：有了法定專責機構後，對於政策的擬定較能做
前瞻性、長期性的規劃。尤其近年來國際圖書館各界為因應當前資訊搜
集之快速發展情勢，提高服務品質，倡導建立「國家資訊系統」(National
Information System）。
此一系統因國而異，原則上將有關從事資訊轉移的機構、資源及一切活
動，納入一組織體系，作有計劃的發展，俾使負責政治、經濟、科技、

教育、社會以及文化活動之機關團體個人都能從該一系統中迅速獲取必需的資訊，進而對國家社會有更大的貢獻。我們對於國家的重大建設政策擬定，圖書館的資訊政策制定也是重要一環。

二、成立國會圖書館

我國國會方面，有立法院、監察院及國民大會(已廢除)等三個單位分別設有圖書館，似可仿效日、韓成立國會圖書館，讓現代科技與議事功能緊密結合。

立法院整體資訊計畫包括有「委員質詢及資料檢索資訊系統」、「議案及行政管理系統」、「政府預算系統」、「辦公室自動化系統」、「國外立法參考系統」，希望能順利完成，使我國國會的議事與資訊服務為我國圖書館事業開啟新的紀元。

三、加強圖書館內部的組織與管理

從一般性的組織理論明顯的指出，圖書館的內部組織一定要隨著內、外在環境的變遷，而做結構的調整，例如公共關係（public relations）在圖書館界扮演著溝通與服務的角色，我們在國家圖書館或公共圖書館應可增設此一部門，以加強圖書館與讀者之間的溝通工作，發揮圖書館應有的功能。

又如在管理上，不論是集中管理式或分散管理式，也應因資訊時代的來臨而有所調適，雖然有人認為圖書館工作是屬於服務性機構，由於管理者不具企業精神，而且缺乏優秀人才，未能把握目標與結果，以致無法發揮績效。

但是只要我們管理妥當，也必能發揮圖書館功能，尤其在圖書館自動化（library automation)後，對於科技管理（technical management）、高科技管理(high technical management)，甚至於危機管理(crisis management)等管理科學在圖書館學管理上的應用，更需要我們未雨綢繆。

四、積極協助圖書館專業社團的發揮功能

國內的圖書館專業組織主要單位是中國圖書館學會，多年來在諸先進的

努力下頗有績效，由於經費的關係，對於圖書館學術性的刊物無法以月刊方式出版，可否考慮鼓勵企業界人士參與，成立基金會以共同推動工作。

例如熱門的企業圖書館、中國圖書館學會應可接受企業界的委託，為他們規劃成立企業圖書館，為企業界提供服務，以商業資訊促進經濟的發展，讓國內有很多位卡內基（Andrew Carnegie）出現。

伍、結語

蔣總統經國先生曾劃切的提示我們「時代在變，環境在變，潮流也在變」，隨著科技的進步，人類文明正邁向第三波，誰能掌握資訊，誰就是這世界的主宰。

圖書館組織也因時代在變、環境在變及潮流在變，而調適其組織結構，因應社會需要，俾能發揮圖書館功能。

另外，我們若以國家年度總預算的提高教育文化經費，這對於當前我國圖書館事業的發展有很大助益。

更令人高興的是，當筆者以受聘「中國圖書館學會」公共關係委員會委員的撰寫本文時，得知苗栗縣一位鄭天慶鄉紳，其遺族捐出 5 百萬元節葬費，做為興建圖書館的經費，個人對其家族表示無上敬佩，相信我國圖書館事業在朝野人士攜手共同努力耕耘之下，必能綻放出燦爛美麗的花朵，讓我們一起努力吧！[13]

　　1980 年代後期我有機會應當時中國圖書館學會公共關係委員會主任委員，後來擔任國家圖書館館長顧敏，在他擔任主任委員期間受聘該會委員，我曾將在委員會的講稿〈圖書館的公共關係〉，整理成文字稿〈資訊共享〉：

　　　　隨著各縣市文化中心的落成啟用，給我們邁向「富而好禮」的書香社會，

---

[13] 陳天授，本文原名〈從管理觀點探討當前我國圖書館組織〉，《臺北市圖書館館訊》第 4 卷第 4 期，(1987 年 6 月 15 日，2019 年 2 月 26 日修改)。

帶來了一股清新的景象。

以下我們願從圖書館學的觀點，來談論公共關係，提供大家參考。

一、公共關係的界說

圖書館學與資訊科學百科全書上說：「公共關係是一個企業組織或其他機構為了將它融入其所生存的社區所做的有計畫的努力。」這是對圖書館公共關係最為切題、扼要的界說。

引而言之，圖書館的公共關係應該是：

（一）加強公共關係是為了提高社會教育的教導，促使社會教育的進步；是為了謀求社會大眾的利益，而不是為了圖書館人員本身的地位和利益。

（二）公共關係活動是為圖書館工作計畫中的一部份，是以全民為對象。

（三）公共關係室採取雙向溝通，不僅是希望社會能了解圖書館；同時，圖書館也應配合社會的需求，成為社會的資源，提供最完善的服務。

（四）做好公共關係是一種友誼的投資，不是缺匱的彌補；是事前的準備工作，而不是事後的補救工作。

（五）公共關係的進行方式應該是民主的，不因某些團體或個人佔有優勢，就特別奉承；反之則置之不理；也不能假藉政府或有力人士的名義，採用壓制方式，要脅對方非接受不可。

（六）加強公共關係應是連續的過程，不可一暴十寒，雙方的瞭解是經過長期的累積；平時也要多加舉辦各項活動，提供最好服務，才能和社會建立良好的公共關係。所以，圖書館的公共關係要邊講邊做，不能做了不講，或是講了不做。這都是圖書館在推動公共關係過程中所應該有的基本認識。

二、館內的公共關係

一般人總以為公共關係主要是與新聞界做好關係即可，而忽略了內部的溝通。館長與館員之間的上下縱線溝通、館員與館員之間的橫式聯繫，以及與圖書館的義工人員之間的相互支援配合，是館內公共關係的重要

工作。

有好的館內公共關係，才能提高並保持高度的工作情緒，凝聚全體工作同仁的力量，也才談得上有與館外公共關係的推展。

三、館外的公共關係

可分為幾方面來說：

（一）讀者：以公共圖書館為例，社區居民是圖書館的讀者，關係著公共圖書館的生存與發展；所舉辦各類活動，有時也可透過民意測驗，做好與社區居民雙向溝通的工作，對生活品質的提高，改善不良的社會風氣，有很大的助益。

（二）主管當局及議會：在行政體系中，公共圖書館屬教育行政機關管轄，預算編列由各管轄機關編制，而議會又控制預算之審核權。所以，圖書館與主管當局及議會之間業務的溝通了解，是非常重要的。有充足的人力、經費，圖書館的服務工作才能達成預期的目標。

（三）大眾傳播界：圖書館的公共關係最需要藉大眾媒介來做好溝通的工作，圖書館如能善用大眾傳播媒介宣導圖書館的利用與功能，或傳播所舉行的各項活動，讓讀者來共同參與；而且與大眾媒介的公共關係，也一定要在平時與讀者保持聯繫，維持良好的關係，並主動提供有關資料，作為其發布消息的新聞素材，以廣收溝通之效用。當然與出版界一起舉辦新書發表會等公共關係活動，也非常重要。

（四）其他社教機構及圖書館：圖書館必須經常與其他社教機構保持聯繫，並相互支援，尤其在館際合作與圖書館資訊網方面，以構成全面性的資訊服務網，彌補各館藏之不足。

（五）工商界：圖書館雖屬於社會服務業，但總比不上解決環境污染或交通擁擠的社會問題來得迫切。所以，經費來源往往不敷所需，若能與工商界做好公共關係，以成立基金會方式或鼓勵捐款贊助圖書館興建，來促進國家文化建設。

（六）科技界：圖書館的發展已經和科技相統合，為推動圖書館自動化，

必須靠科技界的支援。

（七）公共關係顧問公司：在歐美先進國家，已有私人顧問公司，專責圖書館與外界的公共關係；臺灣雖無圖書館公共關係的專門顧問公司，但是近年來，國內企業界所成立的顧問公司似可接受委託代理。

（八）學術界：現在是學術跨際會時代，圖書館也應與其他學科建立起良好的公共關係。

四、國際的公共關係

圖書館的公共關係對國家而言，猶如是國家的新聞局，負有與國際做好公共關係的重責大任。圖書館工作屬於國家建設中的重要一環；同時，我們也不能忽略了扮演國際文化交流的重要角色。

尤其是代表國家圖書館的國立中央圖書館，更是責無旁貸。另外，國內圖書館學界也應經常選派專家學者，參加國際性學術研討會，並有計畫地邀請國際友人來華訪問，以促進學術交流，建立與國際學術機構的良好公共關係。

五、未來發展的方向

建立起良好的公共關係，對個人而言，創造了自己事業的高峰；而對一個機關團體來說，不但凝聚了內部團結力，更拓展了對外業務，贏得讚賞。

瞻望未來，我國圖書館的公共關係，除了促進中文資料科學化管理及傳播，並協助與世界各圖書館館際的合作事宜，以建立良好的國際公共關係外，在國內，更要配合政府的文化建設方案，來達成資訊服務資源共享的目標。[14]

　　為推廣公共圖書館社區大學化，和教導青少年如何使用圖書館，我在當年剛改組完成的《現代日報》，於 1987 年 6 月 7 日-13 日特以〈開啟知識的寶庫〉

---

[14] 陳天授，本文原稿講於 1987 年 5 月 22 日中國圖書館學會第 34 屆公共關係委員會第 1 次會議，同年 9 月 11 日以〈資訊共享〉刊於《臺灣新聞報》，2019 年 2 月 26 日審修)。

為題連載：

壹、前言

驪歌初唱，又是考季來臨了，與青少年朋友最密切關係的莫過於圖書館了。

不論是準備考試的朋友，為了溫習功課，需要利用圖書館；或是不參加考試的朋友，在這夏季炎熱的時節裡，皆須好好利用圖書館，以充實自己。

也許，我們青少年朋友，都有過這樣的經驗；有時當捧著自己的考試用書，趕赴圖書館時，卻見人潮洶湧，求一桌一椅而不可得；有時當趁著休閒，想借一本書回家瀏覽，當踏入圖書館的那一時間，卻感到茫然，不知要如何來填寫借書單，不知要如何查閱目錄卡，借一本書真的是這麼困難嗎？

更惱人的是，有時候甚至於找不到一本真正適合心意，而想借的書，真是令人洩氣萬分。之所以會有這些困難的發生，起因於我們青少年對於圖書館的真正功能，認識不夠而造成。假如我們青少年朋友對於圖書館所扮演的各種角色，能有粗淺概略的瞭解，必然能達到事半功倍的效果。以下我們先從認識圖書館談起：

貳、認識圖書館

一、圖書館類型的認識

從外表所建築的硬體來看圖書館，幾乎每座建物都大同小異，但是從蒐藏圖書的館內軟體而言，卻有顯著的不同。一般來說，我國的圖書館可分為下列六種類型：

（一）國家圖書館：國家圖書館是設立在中央政府所在地，國家圖書館是依法典藏本國圖書文獻，編制國家書目，並輔導全國圖書館事業，它隸屬於教育部，如國立中央圖書館（今改名國家圖書館）及臺灣分館（今改名臺灣圖書館）。

（二）公共圖書館：各級政府機關應在各地普遍設置公共圖書館，並以所在地區為民眾服務對象，結合地方文化資源與機構，推展地方文化教育事業，並辦理各項社會性、推廣性服務。省立圖書館隸屬於省政府教育廳，縣市立圖書館分別隸屬於縣市政府教育局科，而鄉鎮圖書館則隸屬於鄉鎮公所。如省級有臺北市立圖書館，縣市級有嘉義縣市圖書館等。

（三）大專院校圖書館：大專院校應設立圖書館，並以本校師生為主要服務對象，支援教學、研究並舉辦推廣活動。依大學法及大學法規等規程設置。

如大學圖書館有國立臺灣大學圖書館、私立輔仁大學圖書館；學院圖書館有國立高雄師範學院圖書館；專科圖書館有國立嘉義農專圖書館（今和嘉義師專合併改稱嘉義大學）等。

（四）國中小圖書館：中小學應設立圖書館，並以本校師生為主要服務對象，支援教學，教師進修並輔導學生利用圖書館。依中小學規程辦理。

如高中圖書館有省立（今改國立）嘉義中學圖書館、私立輔仁中學圖書館；國中圖書館有梅山圖書館、北政國中圖書館；小學圖書館有臺北師專（今改國立臺北教育大學）附屬小學圖書館。通常我們將六歲到十二歲的兒童所成立的圖書館，特別稱為「兒童圖書館」。

（五）政府機關及專門圖書館：政府機關及專門圖書館以其所特定之人員為主要服務對象，提供專門性圖書資料及服務。我國目前各機關團體蒐集圖書資料，提供業務及研究之參考者甚多，但是設有專人管理，備有專用房舍，而構成專門圖書館條件者則僅侷限於規模較大，業務較專門的機關團體。包括有：機關議會、軍事單位、生產部門、研究機構、工商團體、金融事業及文教機構等單位。

例如中央研究院史語所傅斯年圖書館收藏的地方戲曲、方志、宋元善本，為研究歷史語言的最佳資源；故宮博物院圖書館收藏的文淵閣四庫全書、四庫薈要、宋元明舊刻及文獻檔案，更為稀世之寶；孫逸仙博士圖書館收藏以中國現代史資料、黨史及總理總裁言行傳記為主，為一收

藏豐富的黨政圖書館；中山科學院的科技資料、農發會的農業圖書資料，以及嘉義縣梅山鄉的能仁圖書館收藏佛書，皆顯示出專門圖書館的特色。

（六）私立圖書館。私人或民間團體經主管機關核准，可以設立財團法人圖書館，其服務對象及其內容，由其組織規程自訂之。近年來，我國私人及民間創設圖書館的風氣日漸普遍，如耕莘文教院圖書館、嘉義縣新港鄉奉天宮思齊圖書館、嘉義縣大埔鄉大埔社區圖書館、嘉義縣竹崎鄉真武廟圖書室等，皆以私立法人方式設立圖書館。

二、圖書館環境的認識

我們在了解圖書館有哪些類型之後，而圖書館內部有設置什麼部門呢？

（一）辦公區，是圖書館行政人員處理公事的地點；

（二）諮詢服務台，給讀者提供事務諮詢的服務中心；

（三）書庫區，典藏圖書專用；

（四）閱報區，排列當天報紙，提供閱覽；

（五）舊報刊區，保存過期報紙；

（六）期刊區，陳列當期期刊雜誌，及裝訂成冊的過期雜誌；

（七）參考區，專門陳列參用工具書，如字典、百科全書；

（八）視聽室，存放視聽資料；

（九）各科研究式，蒐集各科專用書刊；

（十）史地研究室，懸掛有地圖、掛圖之類專用輿圖；

（十一）自修室，提供讀者可以自己閱覽書籍的場所；

（十二）休閒室，讓讀者看書疲倦時，可以在休閒室休息紓解筋骨、或抽菸、喝咖啡聊天等。

以上是圖書館內一般的配置。當然還有其他項目，例如諮詢服務、圖書出借、非書資料的使用指導、資料影印以及特別在夜間集中晚自習，及專科教師之課業輔導等項目。

三、圖書館規章的認識

圖書館訂定有各種規章,如借書辦法、閱覽規則、開放時間……等規定,
還有提醒讀者注意公共秩序,愛護公物及保持環境整潔。尤其是對青少
年學生的要求,其目的在培養學生對於權利與義務的正確認識。

學生有權利利用圖書館、借閱報章雜誌資料,可是也要盡若干義務,遵
守圖書館規章,愛惜圖書館的設備與資料,每人限借冊數,借期限制,
都是青少年朋友應遵守的義務。

四、圖書資料的認識

(一)依圖書的結構有封面、正文前的頁數(包括書名頁、版權頁、序
言、目次)正文及附錄(包括腳注、參考資料)。

(二)非書資料包括有圖片、小冊子、地圖及視聽資料(含錄音帶、唱
片、錄影帶、透明圖片、幻燈片、影片、投影片)。

(三)圖書的分類,依賴永祥先生的中國圖書分類法,共分九大類:
(1)000-090 是總類;(2)100-190 是哲學類;(3)200-290 是宗教類;
(4)300-390是自然科學類;(5)400-490是應用科學類;(6)500-590是社會
科學類;(7)600-790是史地類;(8)800-890是語文類;(9)900-990是美術
類。這九大類是簡單的分類表大要,若是綱目表全部寫出,非本文所能
容,所以在圖書館的顯明處,都會有分類表公告,我們青少年隨時可以
做參考。

(四)書碼的組成,每本書由圖書館的分類編目專家編製書碼後,方便
讀者借閱,排列典藏之用。而書碼組成主要是由分類號、著者號及薄冊
號等三個號碼組成,將來讀者借書時,一定要將書碼填具在借書單裡,
圖書館人員才能迅速為您提供服務。

青少年學生,因為身心發展漸趨成熟、理解、分析能力逐漸加強,個別
性別與特殊才能也逐漸顯現,對知識的探求學習,由綜合的認知趨向分
析、深入,由單純的接受轉向質疑的自行探討。有時個人探索知識的求
知極為強烈,所以圖書館正可以提供給他們有益於身心的豐富資料,好
讓他們探討自學,不但能拓展其知識的領域,更能紓解由其升學壓力所

帶來的鬱悶，恢宏其心胸。

我們先介紹圖書館的類型、圖書館的環境、圖書館的規章以及圖書資料，讓青少年朋友有個基本認識，下回我們再從如何查閱目錄、如何尋找索引、如何查證參考工具書，來引導我們青少年朋友如何利用圖書館的方法，開啟知識的寶庫，讓我們青少年不會再入寶山而空手回的遺憾。更不能讓我們青少年浪費了政府這 40 年來，在三民主義的文化建設聲中，辛苦為我們青少年所提供最寶貴、最有價值的社會資源。

圖書館是「知識的寶庫，學術的銀行」，它蘊藏著豐富的學識源泉，等著我們去探尋、去發掘；只要有了開門之鑰，便能享有這無盡寶藏。這開門之鑰，就是利用圖書館的方法，它可使我們在學海無涯的浩瀚中，能探索宇宙的奧妙，去追求生命的永恆意義。

上述我們已談了對圖書館的認識。現在我們就從下列項目，談如何利用圖書館。

參、如何利用圖書館

一、閱覽期刊

舉凡按期繼續刊印之雜誌，如日刊、週刊、半週刊、三日刊、旬刊、月刊、半月刊、雙月刊、季刊、年刊、半年刊等，均稱為期刊。圖書館將期刊擺置在閱覽室，提供讀者閱覽。報紙上的資料，往往都是最新發生的消息，每日報導的國內外新聞，專題報導及副刊等，都能增長我們的見聞，擴大我們的知識領域。

雜誌的內容，更是包羅萬象，應有盡有，這些都是青少年求新知識，豐富人生的好伴侶。而且期刊最特殊的性質是，凡原始資料、新理論、新發現、研究之新心得均首先刊載於期刊，而後才見諸於書籍，其參考及學術價值甚高。

二、借出圖書

讀者向圖書館借書，是館內閱覽服務的延長，圖書館典藏的圖書，如果採開架式，讀者固然可以入書庫自由地翻閱瀏覽，但總不比在自己家裡

閱讀，來得無拘無束，更何況目前我國圖書的管理，大多數採閉架式，讀者想看書的話，只有辦理借書了。如何才能查閱到自己想要看的書，那就必須懂得查目錄。目錄就是圖書館中所有書籍的總稱，或各書的記載。

以形式論，有卡片目錄與書本目錄之分；以內容論，有書名目錄、著者目錄與主題目錄之分；以排列法論，有字典式目錄與分類目錄之分。

目錄的編製過程是圖書館將徵集來的資料，按每件資料的內容，依照圖書館所採用編定的圖書分類系統，予以歸類；這些資料在各予歸類之後，隨著分類系統表所標記的類屬自然形成一種有組織的學科序列，因此我們對這種組織資料的工作，稱之為圖書分類。

其次，資料儘管已經予以組織，但圖書館如何使這些資料能夠供讀者利用？

組織資料的紀錄，不能僅是一種分類的紀錄，而且就算是編製分類紀錄，也需記載這件資料的名稱（即書名）、著者，並且進而記述本件的稽核事項（一冊書的面數、冊數、圖解、長寬等）；所以，圖書館就需要編製一張目錄卡。

如果要讓讀者對一本書能夠從分類、著者、書名等各種角度去找到他需用的書，那麼，圖書館就要分別編製分類目錄、著書分錄和書名目錄，這種整理資料的工作，稱之為編目。圖書的分類編目是圖書館學者重要的技術性服務工作，我們讀者只要懂得查閱目錄之後，對於要找自己想看的書，也就不難了。

另外，國內各圖書館也編製聯合目錄，讀者透過館際合作方式，也可以借閱。

三、使用非書資料

歷來圖書館對於圖書資料，為了便於整理與利用，都將之分為書類資料與非書資料。凡事以書本形式呈現，並以處理書本的法則而加以分類編目的，都是書類資料。

此外，不以書本形式呈現，都是非書資料。非書資料又依其性質與製作方式之不同，而分為印刷資料與非印刷資料。凡以印刷方式印出的資料，稱為印刷資料，如叢刊、官書、小冊子、剪輯、圖片、地圖等；而利用現代傳播媒介製成的資料，是為非印刷資料，又稱為視聽資料，如縮影資料、錄音資料（唱片、錄音帶）、放映性資料（透明圖片、幻燈單片、幻燈捲片、電影片、錄影帶）。

（一）印刷資料

(1)叢刊：指陸續分次印行的出版品，它通常有一定的出版間隔時間，而且也都有意無限期地繼續印行。它包括有期刊、年報、回憶錄、會議錄以及社團的活動紀錄。叢刊的種類很多，每一件都要登錄入卡，以便檢字，然後依其性質，分類保管，以便利用。

(2)官書：官中發行的政治法律諸書。現在因為政府的行政事務已深入民間，與人民的生活息息相關，不僅要適時闡明政策，推行政令，更要兼顧到社會福利，指導人民如何改善生活，因而現代官書，係泛指一切由政府開支印刷的各種資料。我國中央及地方政府出版的公報、法令計畫、報告、統計等，皆稱為官書。

官書的典藏性質特殊，不同於一般書籍，雖然也是印刷資料，但常常出之於不同的裝訂方式，其形態自書本至單頁圖表都有，所以圖書館典藏官書，則另闢書架，或另闢地區，與普通書籍分開存置。

另一種典藏方式是認為官書也是供讀者利用研究的資料，而在某些政治社會的專題研究上，更需要和一般論著參證查考，為便利讀者，所以官書也和普通書籍合併保存。我國由於各級政府出版品不多，各級圖書館多採合併保存方式處理。

(3)小冊子：凡不滿五十頁之書刊，零星出版之印刷品，皆稱為小冊子。小冊子出版期限不定，任何機構社團都可以視本身的需要與興趣之所在，隨時出版各種小冊子。

所以圖書館通常參酌圖書分類法則，編訂類目，並書寫在左上角。每一

類目設置一個以上的立式木盒，盒沿貼有類目標籤。類目編定的小冊子，都依類順序放入木盒，存置於特闢的書架或其他地區，以備隨時可以檢取利用。

(4)圖片與剪輯：圖片是以圖書照片來報導或說明事實或動態；它的主旨在於以實際的形象給人以具體的概念，而不必完全依賴文字來闡釋它所含的意義，因之在知識的傳播上，具有一些特殊的價值。

剪輯則是圖書館依據資料蒐集政策，社區的需要以及讀者的需要，自報紙雜誌剪下有關於某些特定的問題的文字報導或論述。由於圖片與剪輯的篇幅大小不一，而且是零星蒐集，易於散失，圖書館大都採用立式案卷來處理。

各宗立式案卷的各件資料，皆依蒐集日期的先後，在正面的下沿，或背面編號，順序存入案捲。每宗案捲之前列一目錄表，再逐一記下各件資料名號，讀者可資查考案卷內容。

(5)地圖：依據某種投影法及比例尺，表明地球表面的全部或一部分的面積及相關位置的圖片。圖書館中列為特殊資料的地圖，是單幅的地圖，至於裝訂成冊的地圖集，則作為書籍處理。

地圖可分自然地圖、商業地圖及政治地圖三種，由於各種地圖有大小幅之分，大幅地圖都是卷軸式，可集中存置於特定處所；小幅地圖多半是單頁式，或單頁折疊式，一張一張的平放在特定的地圖抽屜內。

（二）非印刷書料

(1)縮影資料：指印刷品、文件或其他物件的攝製在膠片上的複製品，經過高度縮小，以便於傳佈與儲存，且能重新放大。可分為縮影捲片、縮影卡片及縮影單片等。

所有的各型縮影資料，都在印製時就已在各件的特定位置，印有書名、作者及出版等項，以及通用的分類號碼，乃至索引代字、序列編號等。

文件資料經處理為縮影資料後，字跡纖細。必須要有閱讀機才能讀。

為迎向資訊化的社會，國內圖書館正引進利用光碟機和光碟片來儲存更

大批的資料，這項圖書館與科技的結合，比經電腦越洋連線電信資料來得進步，未來必能為讀者提供更迅速、更方便、更經濟的資訊服務。

(2)錄音資料：凡是將原始聲音紀錄下來，供人透過聽覺去學習、了解、比較與研究的資料，都稱為錄音資料。圖書館主要蒐藏有唱片和錄音帶。國內典藏方式，都採帳簿式，將唱片和錄音帶分為兩類，各依資料到館的先後，分別依序逐件登錄，再依正常編目作業。

(3)放映性資料：凡是利用光學器材，將資料的影像擴大放映到螢幕上，供多數人同時利用視覺，或利用視覺與聽覺去閱讀和學習，均稱為放映性資料。可分為透明圖片、幻燈片和電影及最近熱門的錄影帶。

放映性資料的登錄方式與錄音資料處理完全相同，圖書館為了促進方便使用，皆編製有卡片式目錄及書本是目錄，以利讀者檢索。

四、參考工具書

青少年由於課業繁重，受升學壓力的影響，平時看課外讀物的時間較少。其實只要每次利用到圖書館的機會，稍微留意參考部門的提供服務，對於自己的「自學」「治學」都會有很大的幫助。

一般人對參考書，容易被誤認為是「國中社會總複習」、「升大學歷史總複習」之類以教科書為範圍的參考書。在圖書館學中所指參考書的意涵，是指蒐集若干事實或議論，依某種方法排比編纂，以方便於檢索為目的的圖書。

此類圖書蒐集資料的範圍很廣，作為解答讀者疑難問題之用。讀者依它編排體例，就可以很迅速地查尋到自己需要的資料。

主要分為一種可以直接提供答案的，例如字典、辭典、百科全書、年鑑及年表等；另一種是不直接提供答案，卻能明示答案出處的，例如書目、索引及摘要等。說明如下：

（一）書目：以書為目，是關於書籍或各種著作品之表目，供檢索圖書內容用，可分為圖書目錄及非書資料目錄，例如「研究中國古典詩的重要書目」、「中國郵票目錄」等。

（二）索引：把圖書及非書字料中包括的人、地、物等名及概念名稱，提做款目，再將各款目按一定的方法，如筆畫、字順、四角號碼等排檢法，有系統地排列組成。各款目並且註明其頁數、段落或其他符號，以明其出處，這種有系統的表，稱為索引，或稱為引得。可分為索引的索引、期刊索引、報紙索引、書籍索引及文集索引等五種。

（三）摘要：指對某種文獻，做一簡潔而正確地說明，不加任何評論或注釋，使閱者僅閱讀簡短的內容，即可充分得知原著的大意。例如「教育論文摘要」、「鳳梨文獻摘要」等。

（四）字典、辭典：專以解釋文字之形體、聲音、意義及其用法的書，稱為字典；解釋二字以上之詞者，則稱為辭典。可分為普通字典及辭典、特殊字典及辭典、語文字典及辭典等四種。

（五）類書、百科全書：類書是把很多古籍中的原文，包括詩賦文章、麗詞駢語或其他資料，加以摘錄和匯集，再依其內容，予以分類，或按韻排比，為讀者提供古代的事物、典故的參考工具。
可分為檢查事物掌故事實的類書、檢查事物起源的類書、檢查文章詞藻的類書籍檢查典章制度的類書。而百科全書是指廣泛蒐集各學科或某一學科或主題之重要學說、資料，用簡明文可載述，依特定方法排列，以便檢索之參考工具書。類書與百科全書性質相當，類書在我國已有悠久的歷史，但百科全書的編印，則是民國以來的事，雖然皆以「百科全書」為名，但與西洋式的百科全書略有不同，可分為普通百科全書和專科百科全書。

（六）傳記參考資料：人、地、時、物為歷史演進的要件，其中又以「人物」最為重要，所以是圖書館參考工作的重心，也是圖書參考資料的主力。可分為一般傳記資料，以古今中外的著名人物傳記為主；追溯性傳記資料，以僅限於業已故去的名人傳記為主；現時性傳記資料，收錄以當代名人傳記為範圍。

（七）地理參考資料：地理資料是所有參考書中最不穩定、最複雜的一

種資料，與政治、經濟、社會、歷史、文學等各種學科皆有密切關聯。
地理參考工具書，如地名辭典、地名索引、地圖、沿革表、旅遊指南等，
為查尋地理資料的專門工具書；地理總志、正史地誌、方志等記載地理
資料也極為豐富，查尋雖不如工具書便捷，惟仍是重要之地理參考文獻。
至於各類型普通工具書，如書目、索引、辭典、類書、年鑑中亦涵蓋地
理資料，可做為補助檢索之用。

（八）年鑑、年表：年鑑是匯集一年間各種大事及統計之屬，以便觀覽
之書也。分世界年鑑、中國年鑑、區域年鑑及專題年鑑等四種。另國外
出版的百科全書通常編有年鑑的出版，並且逐年補編，以保持資料的更
新，並供日後修訂增補之用。至於年表是指列表以年為次，分隸史事於
各年下，謂之年表。可略分為史日對照表，大事年表兩種。

（九）其他：除上列各類參考書外，另如曆證、曆法、統計資料、名錄
（指南）、手冊（便覽）及法規等皆屬於圖書館參考工具書的範圍，因
受限範圍，只能做簡單介紹，無法一一舉例說明。

對於查閱參考工具書的要領，簡單說來，重要的檢查法有部首查驗、注
音符號檢查、四角號碼檢查、專有名詞檢查，及外語典字檢查等，讓讀
者在初期使用時，也許會有生疏之感，多用心查閱幾次後，也就能迎刃
而解。

肆、結語

現代圖書館的管理，不若往昔的，圖書館為求充分服務讀者，所以也經
常舉辦有展覽、演講、電影會、音樂會以及巡迴車服務等多項推廣性活
動。青少年均可選擇適合自己參加的活動，利用機會多學習多研究，充
分享用圖書館的資源。

總而言之，在人一生的成長過程中，青少年時期最重要的階段，在心理、
生理上都必須保持平衡與正常發展，圖書館應如何與青少年之間互相配
合，以發揮社會教育功能，使之成為青少年心目中的「社會大學」、「民

眾大學」或「社區大學」應是努力的方向。[15]

四、胡適 1970 年代前後重要著作的文化記述

我的構思撰寫《近代學人著作書目提要》，既然接受恩師的推薦，選擇了胡適作為我撰寫對象的第一人。當時蒐集胡適之先生的著作並不很難，因為畢竟當時 1970 年距胡適 1962 年的過世不到 10 年，而且在南港中央研究院已有胡適紀念館可以提供資料，於是我就大瞻地使力列出一份計 47 本有關胡適之先生著作的書目，準備撰寫提要。

在這份書目中，我開始依序閱讀，除了特地從新莊輔仁大學輾轉搭車到南港中央研究院胡適紀念館，購買當時已由胡適紀念館出版的《中國中古思想史長編》、《白話文學史(上卷)、《神會和尚遺集》等書之外，其中遇到最困難的是有些書僅列書名，但沒有註明出版處，當然更無法查閱其內容。

例如《盧山遊記》、《人權論集》、《胡適言論集》、六藝版《時論》一集等著作，我只能在 1971 年 8 月 15 日去函請教胡適紀念館。而且很快的不到二星期時間，就在當月 26 日我收到了王志維秘書函覆我的一封長信。同時，我就依據所列胡適的著作目錄，進行購讀、整理與書寫，並完成〈胡適之先生著作書目提要〉。這信完整內容，和我完成並發表於 1972 年 6 月輔大《圖書館學刊》的〈胡適之先生著作書目提要〉，我都已經寫在《臺灣政治經濟思想史論叢(卷三)：自由主義與民主篇》一書。[16]

以下，我補述當年購讀胡適重要著作的文字記述：

（一）【文星叢刊】版胡適的《胡適選集》(全 13 冊)

當時我除了用盡辦法想買到文星書店出版【文星叢刊】的《胡適選集》(13 冊)之外，我的更瘋狂行徑就是發動系上同學，大家分組撰寫當時【文星叢刊】

---

[15] 陳天授，〈開啟知識的寶庫〉，《現代日報》，(1987 年 6 月 7 日-13 日，2019 年 2 月 26 日修改)。

[16] 陳添壽，《臺灣政治經濟思想史論叢(卷三)：自由主義與民主篇》，陳天授主編，【臺灣政經史系列叢書 03】，(臺北：元華文創，2018 年 8 月)，頁 24。

已經出版約 200 種著作的提要，並刊於 1972 年 6 月《輔大圖書館學刊》的創刊號，也登載包括當時我特別挑選【文星叢刊】編號 105-117《胡適選集》(13 冊)的提要。

2017 年 6 月 10 日我將《胡適選集》(13 冊)提要的內容，加以審修如下：

> 曾經引起版權糾紛的 13 冊《胡適選集》，是在胡適之先生死後的第五年，由文星書店的文星叢刊從胡適之先生生平的作品，或曾發表過的文章選錄而成。分述學、考據、人物、年譜、歷史、政論、序言、雜文、日記、書信、詩詞、翻譯、演說，共 13 集。
>
> 一、述學：述學一詞即今之哲學。此集有〈莊子哲學淺釋〉（選自《東方雜誌》），勸人不要因莊子一書文字難懂，遂將其哲學看得太玄妙。有〈戴東原的哲學〉（即後來商務《人人文庫》的《戴東原的哲學》一書）記戴氏思想變遷的痕迹，和其受顏元、李塨的影響；以及敘述其主張以才質為根據的人性善，和如何攻擊宋代理學。有〈元稹、白居易的文學主張〉（收入《白話文學史》一書）。有述〈陸賈的思想〉。有〈無為與有為〉（選自《淮南王書》）及〈淮南王的政治思想〉。有〈王充的哲學〉，記其生在最迷信儒教的時代，如何著論衡一書來破除迷信。有〈說史〉、〈關於江陰南菁書院的史料〉、〈論初唐盛唐還沒有雕版書〉（皆選自《大陸雜誌》）等篇章。
>
> 二、考據：胡先生有考據癖，尤其晚年對於《水經注》的考據尤為賣力。此集有〈跋定遠方式所藏岳忠武奏草卷子〉（選自《中央日報》）。有〈兩漢人臨文不諱改〉、〈讀陳垣《史諱舉例》論漢諱諸條〉（選自《圖書季刊》）。有〈《易林》斷歸崔篆的判決書〉（後來由臺北藝文印書館印成單行本）。有論《水經注》的〈關於《宋明刊本水經注》〉、〈所謂《全氏雙山房三世校本》水經注〉與〈記趙一清的《水經注》的第一次寫定本〉。有〈跋中央研究院歷史語言研究所藏的《毅軍函札》中的

袁克定給馮國璋手札〉（吳湘相收入《中國現代史叢刊》）。有〈跋金門所發現《皇明監國魯王誌》」（選自《新聞天地》）。有〈京師大學堂開辦的日期〉、〈考據學的責任與方法〉（選自《民主潮》）。最後有〈所謂《曹雪芹小象》的謎〉、〈跋《乾隆甲戌脂硯齋重評石頭記》影印本〉。

三、人物：傳記性質的有〈中國第一偉人楊斯盛傳〉、〈康南耳君傳〉（康南耳大學校長）、〈差不多先生傳〉、〈朱敦儒小傳〉（後來收入《詞選》一書）、〈高夢旦先生小傳〉（曾有意提拔胡先生為商務印書館所長）。記友人文章性質的有〈林琴南先生的白話文〉、〈老章（章士釗）又反叛了〉、〈追悼志摩〉、〈記辜鴻銘〉、〈追悼曾孟樸先生〉、〈丁在君這個人〉、〈丁在君與徐霞客〉、〈丁文君留英紀實〉等。

四、年譜：此集有〈葉天寥年譜〉、〈羅壯勇公年譜〉（此二文選自《人間世》、《崔述年譜》和《齊白石年譜》）。《崔述年譜》出自《崔東壁遺書》（民國二十五年上海亞東圖書館出版）。崔述祖籍大寧衛小興州，後遷於大名之魏縣，出身於書香之門。曾祖崔緝麟為康熙庚午舉人，祖崔濂為武才，父崔元森少時隨祖緝麟讀書，17 歲受作文法於泰安趙國麟，可惜他在雍正丙午至乾隆丙辰之間，王試順天鄉試，皆不中，遂學程（二程子之父）、朱松（朱子之父）把希望寄託於兒子。崔先生生於乾隆五年，4 歲先君即教述識字，15 歲與弟崔邁同至大名府應童子試，16 歲至 23 歲在朱家讀書凡八年，受益匪淺。24 歲中舉人，25 歲入關迎娶成孺人。30 歲有志作考信錄，45 歲與舉人成諟、舉人晉尚易、廩生徐淶參與大名縣張維棋所發起修大名縣志的工作，46 歲《大名縣志》補成，同年納妾周氏名鹿娥，49 歲花時 8 年的《五服異同彙考》成書，52 歲成《洙泗考信錄初稿》，翌年因選官事至北京，遇刻《崔東壁先生遺書》的陳履和，57 歲《唐虞考信錄》甫脫稿，65 歲作《竹書紀年辨偽》，隔年 36 卷的《考信錄》成書。嘉慶 21 年卒，享壽 77。其年譜前半部至嘉慶 3 年為胡適先生所作，後半部由嘉慶 3 年以後至道光 5 年（即崔述

先生死後 9 年）由趙貞信先生補寫而成。《齊白石年譜》由黎錦熙、鄧廣銘以胡適之初稿補訂而成。齊氏同治 2 年 11 月 22 日生於湖南湘潭縣南百里之杏子星斗塘老屋。幼時，祖父常以指畫字於膝上，或用爐鉗畫灰上，教他認字。8 歲從外祖周雨若讀書于白石鋪楓林亭，未一年因家貧，遂輟學。12 歲娶妻陳氏春君。16 歲從周之美學雕花木工，27 歲事師胡沁園陳少蕃學詩畫，遂喜山水人物畫，尤擅鄉里寫真，輒得酬金以供仰事俯畜。37 歲禮王闓運為師此後；遊於各處，以畫為生。55 歲避亂寄居法源寺，業畫及篆刻。遂止北平，於藝術學院、藝術專科學校教授數年。86 歲他在南京時，中華全國美術會舉行白石作品展覽，上海亦有之。《年譜》所記止於 88 歲，然而我們對於此木工出身，一躍而為近代藝術界臣擘的成就已可窺見一斑。

五、歷史：有〈中國公學校史〉（胡適母校）、〈逼上梁山〉、〈中國新文學小史〉、〈紀念『五四』的第二十八週年〉、〈史達林征服世界戰略下的中國〉（分析帝國主義對中國之威脅）、〈日本霸權的衰落與太平洋的國際新情勢〉、有選自《丁文江的傳記》討論辦《努力週報》、《獨立評論》的經過等十篇文章。

六、政論：此集大抵選自胡先生主辦之《獨立評論》和《自由中國》。有〈內田對世界的挑戰〉、〈日本人應該醒醒了〉、〈敬告日本國民〉、〈東亞的命運〉、〈中國政治出路的討論〉、〈一個代表世界公論的報告〉、〈我們可以等候五十年〉、〈國際流言中的一個夢魂〉、〈建國與專制〉、〈一年來關於民治與獨裁的討論〉、〈從民主與獨裁的討論裏求得一個共同政治信仰〉、〈兩種根本不同的政黨〉、〈民主與極權的衝突〉等 28 篇。

七、序言：自作序、記而散見於諸書者為：《去國集》、翻譯的《短篇小說》（一、二集）、《藏暉室劄記》、《新青年》、《胡適留學日記》、《齊白石年譜》、《胡適文存》（合印本）、《四十自述》（自由中國版）、「胡適留學日記（臺北版）、《中國古代哲學史》（臺北版）、

《丁文江的傳記》（校勘後記）、《淮南王書》（手稿影印書）。為他人著作作序的有：《歐戰全史》（梁和鈞、林奏三合著）、《赫爾回憶錄》（美民主黨領袖）、《傅孟真先生遺書》（臺大出版）、《克難苦學記》和《中年自述》（沈宗瀚著）、《梁任公先生年譜長篇初稿》（丁文江主編、趙豐田助編）等等。

八、雜文：值得教育界作為借鏡的如：〈我們對學生的希望〉、〈從私立學校談到燕京大學〉、〈誰教育青年造假文憑的〉、〈爭取學術獨立的十年計劃〉；力倡學術言論自由的有：〈自由主義是什麼？〉、〈《自由中國》的宗旨〉、〈共產黨統治下決沒有自由〉、〈寧鳴而死、不默而生〉、〈容忍與自由〉。

亦討論到庚子賠款及小學生是否讀經書的問題。該集中最重要者為〈南遊雜憶〉一文（錄自《南遊雜憶》），記胡先生在 1935 年 1 月 1 日作第一次西南之旅，1 月 5 日接受香港大學法學博士，暢遊香港名勝，並與香港教育界人士論教授文言文、白話文問題。1 月 9 日到廣州，原定在中山大學和嶺南大學，並對第一女子中學、青年會、歐美同學會講演，後因報載其香港講詞引起誤會，遂取消。胡乃趁機往遊學海堂及廣雅書院，並至七十二烈士墓園弔其中國公學同學的饒可權墓，1 月 11 日抵梧州，拜謁其師馬君武博士（廣西大學校長），翌立下午往南寧（邕寧）再遊於鳴、桂林、陽朔等地，飽賞了廣西名勝，故將廣西風景描寫得淋漓盡致，先後在南寧講演 5 次，柳州 1 次、桂林 2 次。25 日趕回香港登輪北返，結束了這次的南遊。

九、日記：胡適在 1939 年曾出版了《藏暉室劄記》，此即其留學日記，將他在美七年經過包括求學及思想變遷、影響都有詳細記載。此集所錄者有：康南耳大學農學院的日記（19 年 1 月 23 日至 10 月 23 日）、康南耳大學文學院的日記（1912 年 9 月 25 日至 12 月 28 日）、波士頓遊記（1914 年 9 月 2 日至 11 日）、再遊波士頓遊記（1915 年 1 月 18 日至 24 日）和紐約旅行記（同年 2 月 13 日至 14 日）。並記他先後參加

二次國際政策討論會，最後一部份即其學成返國的〈歸國記〉。這些只是藏暉室劄記的一小部份。

十、書信：共集 73 封與友人的信。其中有與梁啟超信、與顧頡剛論偽書考信、與其學生羅爾綱信、與潘夏、蘇雪林等人論紅樓夢考證信，及與胡健中、雷震討論《虛雲和尚年譜》等等。

十一、詩詞：胡適倡作白話詩，坊間收錄其詩詞出版者為數不少，如胡適紀念館出版的《嘗試集》、《嘗試後集》、商務印書館出版的《胡適之先生詩歌手迹》，平平出版社的《胡適詩選》（文曾編）而此集所收錄者均為《嘗試集》所沒有，但與其餘三本內容極為相同。有寫景色的〈霜天曉目〉、〈謝皐羽西台〉、〈大明湖〉、〈煙霞洞〉、〈南高峯看日出〉、〈秘魔崖日夜〉、〈江城子〉、〈遊白鹿洞〉、〈寄題相思嚴〉、〈車中望富士山〉。記友人的有〈題章士釗與胡適合照〉、〈亡友錢玄同先生成仁週年紀念歌〉、〈悼葉德輝〉、〈哭丁在君〉、〈給周作人〉、有訴離合哀思的〈秋日夢返故居〉、〈十月題新校合影時公學將解散〉、〈別離〉、〈也是微雲〉、〈舊夢〉……。

十二、翻譯：胡適在 1919 年、1933 年先後出版了兩集翻譯的短篇小說，此選集即本此。選自第一集中的有：法都德的〈最後一課〉，以一小學生之語氣寫割地之慘，心激揚法人愛國之心。〈柏林之圍〉，記圍城中事，處處追敘拿破崙時的威烈，盛衰對照以慰新敗之法人而重勵其愛國心。英吉百齡的〈百愁門〉，寫一嗜鴉片之印度人，其佳處在於描寫「昏惰」二字。俄泰來夏甫著的〈決鬥〉，寫一極野蠻的風俗而以慈母嫗煦之語氣出之，遂覺一片哭聲透紙背而出。法莫泊桑著的〈二漁夫〉、〈梅呂亮〉、〈殺父母的兒子〉。俄契可夫著的〈一件美術品〉。瑞史特林堡著的〈愛情與麵包〉和意卡得奴勿著的〈一封未寄的信〉共十篇。從第二集選出的有：俄契可夫著的〈苦惱〉，寫一馬夫喪子而失去生活趣味。美國亨利著的〈戒酒〉。美哈特的〈米格兒〉三篇。餘者，選自胡適留學日記的〈樂觀主義〉、斐倫〈哀希臘歌〉、〈大梵王〉和愛麥生

的〈康可歌〉等翻譯詩。

十三、演說：此集講詞共 30 篇。應大學邀請的有：在北大開學典禮的
〈教育提高和普及〉，南京東南大學的〈研究國故的方法〉、〈書院制
史略〉，上海光華大學的〈五四運動紀念〉，武陵大學的〈中國歷史的
一個看法〉，燕大的〈究竟在這二十三年裏做了些什麼〉，和在臺大的
〈大學生活〉。應學會機關邀請的有：在神州學會演說的〈武力解決與
解決武力〉、少年中國學會的〈少年中國之精神〉、北京社會實進會的
〈研究社會問題底方法〉、蘇州青年會的〈科學的人生觀〉、自由中國
社講的有〈《自由中國雜誌》三週年紀念會上致詞〉、〈從《到奴役之
路》說起〉、〈美國的民主制度〉、〈延爭取言論自由談到反對黨〉、
〈容忍與自由〉。[17]

（二）【商務印書館】版胡適的《胡適留學日記》(全 4 冊)

當年我為什麼會選擇《胡適留學日記》(4 冊)作為我書寫的題目，主要是因
為我從高中在南部念書的時期，我就已是一位標準的「胡適迷」。當年這套書
和《胡適文選》、《胡適四十自述》等書，在我上臺北念書的時候，我都還特
地從臺南老家帶上來，不時的拿出來重溫，感受讀書的樂趣。

我現在除了常翻閱《胡適文選》、《胡適四十自述》，和其書背面還留有
我寫的「陳添壽藏書購於(嘉義)明山書局 1967.9.20 夜」的註記文字之外，當年
我買《胡適留學日記》的書背後也還留有「陳添壽藏書 購於臺南南一書局
1970.4.12.NT97.00 共四冊」的註記。

該書原書名《藏暉室劄記》，1947 年由亞東圖書館出版。胡適在〈重印自
序〉說：

[17] 陳添壽，〈胡適選集提要〉，《輔大圖書館學刊》(創刊號)，(臺北：輔仁大學圖書館學會，1972 年 6
月)，頁 41-42。收錄：陳添壽，《文學、文獻與文創——陳天授 65 作品自選集》，(臺北：蘭臺，2016
年 2 月)，頁 59-65。

我向來反對中國文人用某某堂，某某室，某某齋做書名的舊習慣，所以我自己的文集就叫做「胡適文存」「胡適論學近著」。這個法子可以節省別人的腦力，也可以免除後人考訂「室名」「齋名」的麻煩。「藏暉室」本是我在四十年前戒約自己的一個室名。……因為紀念一個死友的情感關係，我就沿用了「藏暉室劄記」的名目。現在回想起來，我頗懊悔這件太遷就舊習慣的舉動，所以我現在決定改用「胡適留學日記」的標題。[18]

儘管魯迅批評胡適的日記是準備寫給人看的，但我對於胡適留學美國的學思歷程還是充滿無限遐想與敬佩之意。1973 年 2 月 16 日我寫成〈《胡適留學日記》底透視〉一文，刊於《耕書集》第八期，2019 年 2 月 24 日我將其修改之後的全文：

前言
研究一個人的思想，絕不是單憑一篇文章就能包括得了，何況對這位「歷史性的問題人物」更易感到棘手。楊承彬先生光是對胡適的政治、哲學思想的探討，都已各成一本書。
所以若說我對胡適做整個的探討，則我豈敢。因此我不得不聲明，這篇文章只是試圖從《胡適留學日記》裏尋出他在留美期間的畫像，以及他日後所受的基本影響。《胡適留學日記》乃是胡適留學於美國時所記，1969 年 1 月臺灣商務印書館印行，共 4 冊。
一、中國古代哲學方法之進化史
胡適留美期間（1910 至 1917）所寫的日記，最容易使我們感受到是「讀書勤」，汲汲於學問的追求，若是一天不看書，他「反覺心身無着處，較之日日埋頭讀書尤難過也」。（該書頁 3）
他盡力走進洋人的心靈，讀英文、德文、拉丁文，還學朝鮮文，發憤非

---

[18] 胡適，《胡適留學日記(一～四)》，（臺北：臺灣商務印書館，1969 年 1 月）。〈重印自序〉頁 2。

懂得日文不可。但他更努力作個「中國人」，他可沒有讀「洋書」，就忘了左傳、荀子、老子、隋書、易經。所以七年努力結果，終於寫成一篇不令人失望的博士論文〈中國古代哲學方法之進化史〉，或者稱〈先秦名學史〉。

胡適這篇博士論文，對他在 1919 年 2 月出版的《中國哲學史大綱（卷上）》有非常大的幫助。這一本以西方科學方法來寫的中國哲學史為中國學術界開一新紀元，影響了學術界人士，而登上哲學史中的「開山」地位。雖然有人批評這本書錯誤頗多，只有墨子一篇較為精密。

梁任公有云：「講墨子荀子最好，講孔子莊子最不好，總括一句，凡關於知識論方面到處發現石破天驚的宏論，凡關於宇宙觀、人生觀方面，什九很淺薄或謬誤」。

不過他卻又讚美道：「我所批評的，不敢說都對，假令都對，然而原書的價值並不因此而減損，因為這書自有他的立腳點，他的立腳點很站得住，這書處處表現出著作人的個性，他那敏銳的觀察力，緻密的組織力，大膽的創造力，都是不廢江河萬古流的。」

由此可知胡適的留學時代，對古今中外學問的專研，總歸沒有白費。不管《中國哲學史（卷上）》寫得理想不理想，錯誤不錯誤，能以西方的科學方法來寫中國哲學史，做中國哲學史的先鋒，這偉大的功勞是不可被抹煞的。

二、文化上的世界主義者

現代大部份人一談到胡適便與「全盤西化」連想為一，這是一個很大的問題，胡適主張中國須要改革為民主、科學、現代化這是無法否認的，但他是否完全反禮教、反儒學則有待商榷。

胡適留美期間在思想上頗受韋蓮司·艾迪斯（Edith Clifford Williams）的影響，他使胡適領悟出思想是沒有國界的，沒有「東方」和「西方」的差別。所以，這使以後的胡適對於中西文化所持的見解，是為金耀基先生所稱的「文化上的世界主義者」。

我個人對於胡適的認知，也認為胡適不是個「完全西化」者，而只是一個「充分世界化」者。他在工業、科學、政治制度方面則主張「全盤西化」，但是對於中國文化問題則不然，他主張將中國傳統文化給與「重新的估價」，擷取精華，適合時代潮流，以融和西方文化，而產生一種「世界性的文化」。

三、康南耳傳

胡適當「洋學生」時，對教育問題極為注意，他拿中國的教育與外國作一比較，對於我們教育的不如人，頗多感慨，有「吾他日能生見中國有一國家的大學可比此邦之哈佛，英國之康橋、牛津，德國之柏林，法國之巴黎，吾死瞑目矣」（該書頁 566）之語。

這對中國的高等教育是寄與極大的期望，而他也並沒有只在作「夢想」這偉大日子的來臨。他指出了中國「其習工程者，機械之外幾於一物不知」（該書頁 462）和「放棄官能之教練，誦讀習字之外，他無所授」（該書頁 856）的教育缺點，而對他幼年音樂，美術興趣的被抑制，而感到惋惜。所以，他認為「教育之宗旨在發人身所固有之材性，目之於視，耳之於德，口之於言，聲之於歌，手之於眾技，其為天賦不可放廢之材性也，豈可一概視為小道而聽其荒殘廢哉」（該書頁 857）。

他也注意到教育方法「首在鼓舞兒童之興趣，今乃摧殘其興趣，禁之罰之，不令發生，不可謂千古一大謬哉」（該書頁 857）。以後的日子，他一心一意要作教育的改革，希望看到一所「像樣」的大學，以爭取「學術的獨立」。所以，他在大局動盪的 1947 年提出了「爭取學術獨立的十年計畫」。後因局勢紛亂而未受人注意，以至無法付諸實施。但是我們由此即可了解胡適對於中國教育前途的問題，一直寄予莫大的關切和期望，無怪乎他願意替獻身教育的康南耳先生作傳了。

四、世界主義

在此我必須宣稱胡適所主張的「世界主義」，乃是與國父孫中山同路線的「民族主義的世界主義」，而不是「變相」的世界主義，他曾為自己

的世界主義作一界說：「世界主義者，愛國主義乃柔之以人道主義者也」
（該書頁 140）。

他也念及「羅馬所以滅亡，亦以統一過久，人有天下思想而無國家觀……
乃至於羅馬之滅亡」（該書頁 110）。

雖然胡適一生中很少從事於真正的政治生涯，但是他始終關心政治，他
認為關心政治是他的責任，是他的義務。國家需要他時，他總是要挺身
而出，幫助國家和人民作一抉擇。是常道者諍友，是百姓的發言人。

胡適一生崇尚自由，成為民主的鬥士，這不得不歸功於留學期間所受休
曼（Jacob Gould Schurman）的「大同主義」（該書頁 426）、威爾遜
（Woodrow Wilson）的「民族自決」，和易卜生（Henrik Ibson）「世
界主義」政治觀的影響。這影響一直左右了他後來對政治的態度。

《留學日記》最使我感動莫過於胡適的關心政治和愛國的熱忱，他絕不
願意看到自己祖國遭人惡意中傷，或無理批評。他充分表現出身為中國
人應有偉大愛國情操。他寫中國社會風俗真詮，針對洋人所著的中國風
俗制度一書作為辯護（該書頁 103）。並致書康南耳大學圖書館館長 Harris
君，論添置漢籍事（該書頁 83）。對於不關心國事者，罵得體無完膚（該
書頁 114）。

五、新思潮

我之所以用「新思潮」這三個字，是因為胡適曾為「新思潮」作一定義，
他說：「新思潮的根本意義只是一種新態度，這種新態度可以叫做「評
判的態度」。評判的態度，簡單說來，只是凡事要重新分別一個好與不
好。仔細說來，評判的態度含有幾種特別的要求：

（1）對於習俗相傳下來的制度風俗，要問：「這種制度現在還有存在
的價值嗎？」

（2）對於古代傳統下來的聖賢教訓，要問：「這句話在今日還是不錯
嗎？」

（3）對於社會上糊塗公認的行為與信仰，都要問：「大家公認的，就

不會錯嗎？人家這樣做，我也該這樣做嗎？難道沒有別樣做法比這個更好，更有理，更有益的嗎？」

我覺得他這種態度可用來為他在留學期間對中國「舊的社會還沒破壞，新的時代尚未建立」的社會作一寫照：他為冬秀放棄「三寸金蓮」而感到興奮，並希望他能在家鄉提倡放足運動，為全鄉除此惡俗（該書頁390）。又批判中國家庭制度以嗣續為中堅，而造成六大流弊。公然主張「無後」，及「遺產不留子孫」（該書頁392）。持「無後」之說，是希望沒有妻室來連累，而能勉盡自身最大力量，對社會有所貢獻。持「遺產不留子孫」之說則在革除兒女依賴父母之惰性，使之能有獨立作為。

這種主張在當時中國傳統社會無異是一聲晴天霹靂。要是胡適不當「洋學生」的話，或許對於中國傳統社會的改革，就沒有那麼大的貢獻了。

六、價值

《胡適留學日記》共 4 冊，前小半部純粹是日記性質，而後則為劄記性質。是一個中國青年留學生七年的私人生活、內心世界、思想演變的赤裸記載。

他自己記他打牌；記他吸紙烟；記他時時痛責自己吸紙烟，時時戒烟而終不能戒；記他有一次忽然感情衝動，幾乎變成一個基督教信徒；記他一個時期常常發憤要替中國的家庭社會制度作有力的辯論；記他在一個男女同校的大學住了四年，竟不曾到女生宿舍訪過女友；記他愛管閒事，愛參加課外活動，愛觀察美國的社會政治制度，到處演說，到處同人辯論；記他友朋之樂；記他主張文學革命的詳細經過；記他思想信仰的途徑和演變的痕跡（該書自序頁 5）。

所以，我們可由此 4 冊的《留學日記》的價值得一歸納：

(1)具有史料價值：在日記裏，胡適共花去十張紙，記宋教仁被刺案中秘密證據（該書頁 200 至 221）、記日英盟約全文（該書頁 349）、記歐洲的大戰禍（該書頁 324），這不都是屬於有價值的史料嗎？

（2）啟發作用：胡適之所以成為偉大的哲學家，外交家，這成功決不是出於偶然，而是磨練出來的。在《留學日記》裏，我們處處可以看到胡適參加演講，聽人演說，主持「世界學生會」、「國際政策討論會」、「政治研究會」，這些形形色色的社團活動，對他往後的工作裨益甚大。最顯明的例子，是對我們現代青年光是胸懷遠大抱負，而不善參加社團活動，具有極大的啟發作用。

(3)創作「劄記」之風氣：胡適一生中以勸人寫「傳記」出名，可是他自己却只有一部《四十自述》，雖然這不能算是一部成功的傳記。直到現在我們仍無法看到一部真正成功而完整的中國偉人傳記，我們深信不久的將來會有，但是我不得不提醒一個想寫一部好傳記的人，學學胡適平時記劄記是不可缺乏的。

現在我引用胡適的一句話作為本篇文章的結尾，以互勉我們現代的青年能多記劄記。胡適說：「要使你所得印象變成你自己的，最有效的法子是記錄或表現成文章。」[19]

　　回顧我在1970年尚未考進輔大學的這年4月間，當正準備大學聯考的前二個月，我還有那不緊張壓力下的輕鬆心情，在臺南南一書局買了這套《胡適留學日記》，可想像當時的我是多麼嚮往大學和前往國外留學。但是現在我慶幸那一年的順利考進輔仁圖書館系就讀，以及多年後自己也能圓滿達成出國進修的心願。

　　我想起當年自己的志大才疏，為了不辜負老師的期望，雖然我又陸續蒐集和閱讀了梁啓超、陳寅恪等人的著作，但最終因自己沒毅力，加上後來因為工作性質的關係，而迄今未能完成這項閱讀與書寫的計畫。迄今耿耿於懷總覺自己愧對兩位恩師的殷殷期望。

---

[19] 陳天授，〈《胡適留學日記》底透視〉，《耕書集》第八期，(臺北：輔仁大學圖書館系學會，1973年2月16日)。收錄：陳添壽，《文學、文獻與文創——陳天授65作品自選集》，(臺北：蘭臺，2016年2月)，頁16-22。

2018 年 12 月 17 日我讀到一篇令人興奮的報導：

> 中央研究院胡適紀念館，特別選在胡適 127 歲誕辰的紀念日出版了這套《胡適全集》，對於海內外研究胡適思想者提供了完整的資料文獻，也有助大家對胡適的生平事蹟有更進一步的認識。
>
> 這次胡適紀念館首先出版的是由潘光哲館長主編的《胡適全集：胡適時論集》8 冊，及《胡適全集：中文書信集》5 冊，未來的陸續出版，預定到 2023 年能出齊 60 冊。
>
> 胡適紀念館出版這套新版《胡適全集》的緣由，主要有感於胡適資料一直分散在中國大陸、美國和臺灣，長期受制於缺少人力和經費。直到 1996 年大陸安徽教育出版社展開《胡適全集》的編纂計畫，並於 2003 年完成字數 2 千萬字，裝訂成 44 冊的《胡適全集》。
>
> 根據胡適紀念館指出，由於政治因素，胡適故鄉的安徽版《胡適全集》並無搜羅胡適政論文字、1949 年離開大陸後發表的反共言論，以及擔任中央研究院院長時，對臺灣政治、教育、社會以及文化領域的建言。
>
> 而胡適紀念館新版《胡適全集》檔案主要為胡適紀念館藏，及中國社會科學院近代史 1949 年以前的胡適檔案數位檔，並兼蒐羅自報紙、雜誌、出版品、網路等資料彙編而成。

中央研究院近代史和胡適紀念館有魄力的出版這套，屬於臺灣具有中華文化主體性特色的《胡適全集》，我們要為他們而喝采。尤其對一位 50 年前就開始接受胡適思想薰陶和受其影響的我而言，更要對參與這項編輯計畫和負責出版單位的表示敬意。

回溯自己青少年時期在臺南老家和在嘉義唸書的兩地，經常為了要買和閱讀有關胡適出版的著作，勤找於各大小書店而忘了自己還要面對大學聯考的壓力。儘管迄今並不後悔，但是對於始終關心我生活和學業的家人，難免要有幾分的愧意。

大學階段我完成撰寫〈胡適之著作書目提要〉，乃至於大三暑假的實習課程，也在當時圖書館學系主任藍乾章老師的貼心安排之下，讓我選擇在中央研究院區胡適紀念館附近的國科會科學資料中心實習，讓我更有機會到胡適紀念館查閱資料，和貼近學習近代以來這位備受崇敬的學人思想與其治學精神。

1973 年暑假我們學生在藍乾章主任的指導下，分組採訪了各縣市立圖書館，我還特別將報告整理成〈有待加強的臺灣公共圖書館事業〉一文，刊於 1973 年 6 月《輔大圖書館學刊》第 2 期。1974 年 9 月《大學雜誌》第 77 期改以〈臺灣公共圖書館事業發展的障礙在哪裏〉為題轉載：

※我相信沒有任何學術上的成就，對世界文化的貢獻，可以流傳後代而能與你們祖先的圖書館相比擬。※——Luele M. Morsch

一、前言

1973 年的暑假，輔仁大學圖書館系學生，分組採訪了全省各縣市立公共圖書館。使我有此機會，奔馳其間，而與各地圖書館負責人有所接觸。在眼觀耳聽之下，我的心情是夠沉重的。開學後，圖書館學會又召開了座談會，要同學發表採訪後的感想，以俾益同學們以後努力發展的方向。同學們無不痛心急呼，對臺灣的公共圖書館事業感慨萬千。在此我將我自己和同學們採訪心得，綜合作一披露，願有關當局能重視當前臺灣公共圖書館事業的問題。

二、對圖書館功用的誤解

無可否認的，對圖書館真正功用的誤解，乃是臺灣圖書館事業發展中的最大阻力。他們不知道以保藏圖書館為主的時代已經過去，他們摸不清楚所謂的「現代化圖書館」，到底是個什麼玩意，壓根兒他們就是不曉得建圖書館是用來幹嗎？依臺北市市立圖書館五十九年度閱覽人數統計和圖書館借閱統計，均以六月份的比率占最高，約為平時的五倍。我們知道每年七月，是考試競爭最為激烈的時期，換句話說，平時上圖書館的人數少之又少，但逢考期，則大擺長龍。可見在臺灣的大部份學生，

仍然滯留於上圖書館，只是為了看自己的教科書，而不了解現代化的圖
書館，已經成為一個活的教育機構、文化活動中心、知識傳播中心、學
術發展中心，和社會服務中心。

更令人感到憤怒和迷惑不解的是，今年中央當局為了裁併機構，而將圖
書館併入社教館，成為社教館中的一部門，膚淺地認為圖書館教育只是
社會教育裡的小部份。我們知道，在歐美圖書館事業先進的國家，他們
已將圖書館成為一種獨立的體系，不僅以掃除文盲，增進常識為目的，
而且開拓了新的境界，除了提供圖書館資料和其他資料外，還透過各種
電腦、電視、電影設備，舉辦音樂、戲劇、美術、攝影、講演、參觀等
活動，普遍深入社會，負起教育兒童、青年、成人、老人、殘廢、病患、
盲啞、監犯的責任。使圖書館成為啟發思想，開拓新知，休閒活動，和
增進人類幸福的場所。我們真不解政府當局此一開倒車的措施，只虔誠
希望政府當局能重視圖書館對促進社會進步的功能。

三、經費的困擾

人，最大的痛苦，莫過於人與人之間思想的不溝通，和彼此間的誤會和
不諒解。政府漠視圖書館的存在，連帶著產生圖書館事業發展的不理
想。而最先面對的問題，則是經費困擾。公共圖書館的經費來源，主要
來自各縣市政府的編列預算。依公共圖書館標準，編列預算應依公共圖
書館所服務之人數至少每人新臺幣三元，而每年的編預算期，圖書館負
責人，總要遭一番波折。

曾聞彰化縣某議員，公然在大庭廣眾，大言不慚的說：「圖書館可有可
無，何須撥與經費。」

在此惡劣情況下，經費的妄想增加，有比登天還難，經費不是被削減，
就是被駁回。現以彰化縣縣立圖書館六十一年度的經費為例：該館人事
費有三十一萬八千三百六十二元，辦公費有三萬六千元，圖書費有十三
萬一千二百三十元，設備費有九萬七千六百八十三元，修建費有九千六
百元。其中辦公費、圖書費與設備費，六十二年度將大大削減，除人事

費照舊支付外，其餘辦公費、圖書管理費、設備費等係照六十二年度預算減一萬五千元後的三成支付。結果館方每月報紙、雜誌費只剩三百六十元，每份報紙平均以四十元計，連三分館在內，每月每館僅分得二至三份報紙，這如何能滿足眾多讀者的需要呢？

又據嘉義縣縣立圖書館代理館長楊樺山先生的訴苦：「現在政府將加班費取消了，這有如在圖書館人員頭上挨了一悶棍。」圖書館的開放時間，普通均至晚上九時或十時，本來圖書館裡的工作人員已夠缺乏，他們不得不熬夜加班，現在加班費取消，無形中工作人員也就懈怠了，每人所持心情均認為，反正加班也沒加班費，何必太過於認真。如此一來，工作情緒低落，圖書館的服務工作何能順利展開？。

我們除了籲請政府當局，經費能給予有幅度的增加外，更要喚醒存在臺灣社會中的資本家，希望他們能縮減奢侈費用，成立發展圖書館事業基金會。我們知道政府的編列預算，絕對是不能滿足要求的，此乃世界上每一角落普遍的現象，在美國亦不能例外。所以在美國如紐約市公共圖書館、洛杉磯區公共圖書館，都是因為政府預算的不敷支出，而有社會熱心人士所組成的圖書館發展基金會，很希望在臺灣不久的將來有此機構設立。

四、人手不足

「有錢能使鬼推磨」，推展圖書館事業經費在此窮境下，施展不開，不能有所作為。當然對圖書館人員的問題，一定態到人手不足。依照臺灣省各縣市圖書館組織規程規定，公共圖書館得分四組：總務、採編組、閱覽組、推廣組，辦理事務。惟經費有限，人手不足，各圖書館也就管不了組織規程的規定了。如南投縣縣立圖書館僅設館長一名，幹事一名，助幹二名，工友一名，根本就沒有四組之分。又如彰化縣縣立圖書館雖然名目上有四組之分，但實際採編組、推廣組，乃由閱覽組兼行之。又如花蓮縣縣立圖書館只設總務組及採編組，總務組主任由幹事一人兼任，採編組由館長兼任。經費既缺，編制人員無法請到，又只得主任兼

職員、工友，而且請到的又非專門人員，只好從國小、國中調教師來幫忙，可是國小國中教師也不是專門人員，只不過多認識幾個字罷了！據賴永祥教授圖書館週在輔大所作的講演：「目前在公共圖書館服務者，無一是在臺灣唸圖書館系畢業的學生，師大圖書館組畢業生大多數從事於教育工作，臺大圖書館系畢業生不是往國外跑，便是留於專門圖書館或大學圖書館。」如此一來，臺灣的公共圖書館事業發展，怎麼會有前途呢？雖然教育部有舉辦圖書館工作人員講習班，中國圖書館學會也有舉辦暑期圖書館工作人員研習會。但是期間不長，收獲不多，又參加人數有限，人數不敷日後臺灣各公共圖書館的需要。如中國圖書館學會舉辦的暑期圖書館工作人員研習會，時間甲組的為六週，繳費須新臺幣六百元，乙組的為期四週，繳費需新臺幣四百元，學員的資格又限制只能以各圖書館保送為原則，且年齡又須在三十五歲以下。我個人認為繳費以及限制年齡，此二項對公共圖書館人員的負擔，有重新考慮的必要。我們除了希望講習會的繼續和擴大舉辦外，更希望就讀在臺大、師大、輔大、淡江等大專院校的圖書館學系學生，能體認圖書館事業在臺問的篳路藍縷，畢業後能致力於各縣市、鄉鎮公共圖書館的艱苦工作，注入行列，以所學所長，報效社會。

五、設備簡陋

臺灣公共圖書館的分佈，並非各地皆有。於臺北市的有國立中央圖書館、臺北市立圖書館（有分館四所）、省立臺北圖書館及陽明山管理局圖書館，省立臺中圖書館設於臺中市，省轄市公立圖書館有三：計有基隆市(設分館一所)、臺南市及高雄市。縣立圖書館十七所，設於臺北、桃園、新竹、苗栗、臺中、彰化、南投、嘉義、高雄、屏東、宜蘭、花蓮、澎湖及金門。鄉鎮立三所，若加上縣立分館，共計有三十九所。這個數目真是太少了，假若與美國八千個公共圖書館，一萬七千個圖書站比起來，真是小巫見大巫。當然我們有不同的地理環境，人口背景，但我們至少須維持每一縣市有一公共圖書館。截至當時為止，臺中市、

臺南縣、雲林縣、臺東縣、等四縣市均沒有公共圖書館的設立。以臺南縣而言，擁有九十七萬人口的大縣，居然沒有一個公共圖書館的設立，這是何等的可悲和可憐啊！依公共圖書館標準：凡人口滿二萬人之社區，應設立社區圖書館，在人口未滿二萬人之地區得設借書站。若以臺南縣之人口比率，應該設有多少個圖書館和圖書站呢？

四個縣市沒有公共圖書館的設立，雖算可憐，但其他縣市有公共圖書館者，亦未見功能。南投縣縣立圖書館在民國四十八、九年遭水災，水浸館二尺餘，圖書部份被損，不得已遷至公園內，館舍依木造平房，佔地只八十七坪，房齡已越五十載。又如臺中縣縣立圖書館占地不夠六十坪，閱覽室、辦公室雜匯一處。又屬最幸運的嘉義縣縣立圖書館，雖然是新廈落成，但座落半山腰中，地位未能適中，不合乎現代圖書館的建築要求。近幾年來，臺灣各縣市的公共圖書館紛紛改建，諸如六十年落成的嘉義縣縣立圖書館；今(1973)年剛落成的省立臺中圖書館其規模不小，館舍內部裝置亦大為改進，如省立臺中圖書館是十層樓，內裝置有中央冷氣系統，電梯三座，一層至五層作為書庫及閱覽室、會議室、展覽室、辦公室等之用；六、七層為藝術教育中心；八、九、十層為科學教育中心；並設有屋頂花園於十樓陽臺上，供各項文教活動之用；又有中興會堂，可容納一千五百人，其內部設備獨具匠心，其建築之宏偉，設備之完善，燈光、音響、舞臺之裝置，皆獨步全省，即在東南亞地區亦鮮有此一巨構。譯意風之裝設，可同時翻譯成四種語言，供二百四十餘人使用，實為各種文化藝術活動之最佳場所。雖然沒有如 Browsing room 設備，但已可聊以自慰。(Browsing room 在臺灣沒有較適當之譯詞，暫譯為「娛如室」，即是供給飲料、點心並供給休息之場所）但此只限幾所特殊圖書館，我們總不能以此滿足，而自認為是文明國家。最近行政院的裁併機構，使我們感慨於正在茁壯的圖書館事業，又告夭折，有意建立新館充實設備的圖書館，其實現之日，則遙遙不可知矣！

六、藏書的缺乏

經費的困擾，人手的不足，設備的簡陋，致使藏書在各公共圖書館中呈現貧乏、雜亂和破舊不堪的景象。當我們採訪時，看到部份圖書館的滿目瘡痍，令人不忍目睹。嘉義縣縣立圖書館的楊代館長曾經訴苦說：「由於經費的不敷支出，雖然每年的購書費有預算，但都被挪為他用，真正用來買書的很少。」我敢肯定說：「此乃目前各公共圖書館共有的徵象。」書籍的增加有如蝸牛走路，甚至在整整一年中，不曾買過一本書，唯賴美國新聞處或各文教機構的贈書。

民國五十九年，臺灣省立臺北圖書館曾對臺灣地區縣市立公共圖書館概況作過調查，在館刊第三期刊出，其中有項調查是每年各館的購書冊數，部份的圖書館，因為每年買書的冊數難以見人，乾脆不填。經費的隨時被挪為他用，使得圖書館購書藏書不能有長期的計劃。如嘉義縣縣立圖書館在民國五十一至五十二年間，不曾買進一本新書十四年間亦同。又如在民國五十三年五十四年間亦同。

依公共圖書館標準，縣市立圖書館藏書數量按所服務地區人口計算，至少每五人一冊。現在我將民國六十年臺北市、高雄市、臺中縣、嘉義縣、澎湖縣等五縣市的藏書和人口之比率列表如下：

縣市別	人口	藏書數與人口比		備註
臺北市	一、〇八五、一〇三	一二八、〇〇〇	九人	①人口數字乃是民國五十四年臺灣人口研究中心編印的臺灣省人口統計資料。
高雄市	五六六、一〇三	七六、四七四	七人	
臺中縣	六七二、三四九	一四、〇〇〇	四十八人	
嘉義縣	七七七、七一八	二四、七三五	三十一人	
澎湖縣	一〇八、七五九	一三、六五三	七人	②多少人有書一冊，乃是大約數字。

資料來源：本研究。

從這五縣市所列表看來，在臺灣沒有一公共圖書館藏書量是合乎其標準的。圖書館裡藏書的不豐富，已令人不滿意。而藏書內容的不合需要，更令人受不了·目前的公共圖書館藏書大部份是日據時代所留下之日文書，內容均不適合現代一般民眾需要。公共圖書館的藏書內容，應配合所在地人民的教育水準，生活環境背景為原則，儘可能由專家負責採購。假若臺南縣縣立圖書館設立，則該館藏書該以農業方面為主；又如花蓮縣則該以漁業方面藏書為主，如此針對民眾教育水準，符合民眾要求，幫助民眾解答疑問。方能負起各公共圖書館教育該地人民的真正目的。

七、未能統一的圖書分類編目法

圖書的分類法未能統一，久為人所詬病。可是政府當局卻仍未能拿出魄力，研究出一套最完整、最經濟、最實用的分類法。目前公共圖書館使用的圖書分類法有：中國圖書分類法（賴永祥編訂）、中國圖書十進分類法（何日章編訂）、王雲五分類法、杜威十進分類法、中外圖書統一分類法、簡易西書編目法等六種之多。讀者上圖書館，時常被各館使用不同的分類法搞昏了頭。更妙的是有部份的圖書館，中文書和西文書。居然使用同一種分類法，真不知道館中的負責人，是否知道中文書和西文書在分類法上的不同。更絕的是，有些圖書館可憐到連書都沒有編目，只將書名抄錄於筆記本上，辦理出借。圖書分類法的不能統一，各館的我行我素，使得要公共編目，著編聯合圖書目錄，變得相當困難。我們急需政府當局能集合圖書館學專家，擬訂一套最完整、最經濟、最可行的圖書分類法，好讓各館共同使用。至於編目方面，現在世界各國均以著者編目為主，可是在臺灣的編目法，仍獨以書名項為主，實不符需要。今日世界何以編目以著者為主呢？主要原因乃是一書在出版前，須向政府當局申請著作權，以及主管當局在審查核準後，發給版權執照，均係根據該書者登記。復以許多國家的出版局設在國立圖書館內，

一書根據出版法呈繳出版局，即交由圖書館編目。更重要的是現時各種學科的研究發展，多已逾越傳統的本科範疇，而形成眾多的界限科學，在編目上時常搞錯。聽說最近中央圖書館已編製有印刷目錄卡片，而將編目法趨於統一，但不知其效果何如？

八、社教活動

此一項目，乃是目前臺灣各公共圖書館，辦得最有聲有色的一項活動。因為它所發的經費，所需時間，所佔場地畢竟不多。所舉辦的活動，不外乎是體育競賽、康樂晚會、論文比賽、史蹟展覽、書畫展覽，依一般反應，屬於康樂活動性質者，參加人數較為踴躍，屬於學術活動，則反應較冷淡。在此我們有個建議：希望各公共圖書館在舉辦活動方面，能注意到民眾的娛樂、興趣需要，提高民眾的知識水準，和加強對民主的精神教育。

九、結論

在本文裡，我從一般人對圖書館功用的誤解，而討論目前各縣市公共圖書館最明顯、最迫切需要改進的經費、人手、館舍、藏書、圖書分類、編目、社教活動諸問題。在各項討論中，為了避免流於雜贅，所以舉例有限，而不能將全國各縣市公共圖書館的狀況，一一述出。但相信讀者由文中的幾個例子，一定不難看出臺灣的公共圖書館事業缺點很多，圖書館事業的發展是有待進一步的努力。[20]

　　戰後我這一代在臺灣出生的青年學生，普遍知道胡適在很小的時候曾隨母親來臺東，探視當時來臺擔任全臺營務處總巡、提調臺南鹽務總局，後來受唐景崧之命補授臺東直隸州知州，以知府在任候補，當時已經 52 歲的父親胡傳(字鐵花，號鈍夫)，而胡適才年僅 3 歲，但胡適一直將臺東當作他的第二故鄉。[21]

---

[20] 陳天授，〈有待加強的臺灣公共圖書館事業〉，《輔大圖書館學刊》第 2 期，(1973 年 6 月，1974 年 9 月《大學雜誌》第 77 期，改以〈臺灣公共圖書館事業發展的障礙在哪裏〉轉載。

[21] 李敖，《胡適評傳》，(臺北：文星，1964 年 4 月)，頁 55-60。

　　胡適與羅爾綱曾於 1951 年 5 月合校編《臺灣紀錄兩種》(上下二冊)，交由臺灣省文獻委員會印行。上冊包括：序言(黃純青)、胡鐵花先生傳(代序，張經甫)、臺灣日記(卷一至卷八)；下冊包括：臺灣稟啟存稿(卷一至卷三)、編後校記(毛一波)。後來胡適又重新按照日期合編為《臺灣日記與稟啟》(三卷)，於 1960 年 6 月改由臺灣銀行經濟研究室出版。

　　胡傳還寫有〈學為人詩〉(一卷)，1969 年 2 月 24 日由胡江冬秀複製留存。胡適 1931 年 9 月的註記：

> 先父鐵花手寫他自己做的學為人詩一卷，是我三歲時他教我讀的，先母替我保存二十多年，先母死後，又已十三年了，裱裝成冊，含淚敬記　胡適　民國二十年九月。[22]

　　1958 年胡適回臺擔任中央研院院長，並在南港定居。1962 年因心臟病突發，不幸死於中央研究院院長任內，時年 71 歲。胡適的死和《胡適全集》的出版，讓我對於自己人生有不少的感觸，當科技與人文、醫療與生命關係的隨著年紀的增長，越來越顯得重要的時刻，提醒我的「閱讀、學思與書寫」工作變成有如和時間賽跑。

　　在追求知識的道路上，胡適的考證癖最為大家所熟悉，也常被引用的是胡適強調的「大膽的假設，小心的求證」，與「有幾分證據，說幾分話，有七分證據，不能說八分話」的治學精神，這是值得大家學習與思考的方法。

　　1959 年(民國 48 年)1 月 7 日胡適在應國立臺灣大學華僑同學會的演講會中，曾經談到他當時已經 68 歲的年紀了，在他的生活體驗裡，他認為最值得對年輕人談的，就是知識的快樂。雖然人類要追求的快樂範圍很廣，例如財富、婚姻、事業、工作等，但是一個人的快樂，是有粗有細的。

　　胡適說：

---

[22] 胡傳，〈學為人詩〉(一卷)，(臺北：中央研究院胡適紀念館，1969 年 2 月)。

> 自他懂事（有知）以來，認為人生的快樂，就是知識的快樂，做研究的快樂，找真裡的快樂，求證據的快樂。從求知識的慾望與方法中深深地體會到人生是有限的，知識是無窮的。以有限的人生，去探求無窮的知識，實在是非常快樂的。[23]

這種快樂就好像古希臘的一位數學家阿基米德（Archimedes），有一天，他被國王請到宮裡，要他計算一頂金製王冠，有沒有參雜加入銀或鐵。阿基米德一時無法計算，他每天從早到晚，不停地想。過了幾天之後，他到一家公共澡堂洗澡，當他跳入水中，被水淹了時候，他有了領悟，一時高興得不得了，便赤裸身體從澡堂跳出來，沿著街道跑，口中直喊著：「我找到了！我找到了！」這也就是說明知識的快樂，一旦發現證據或真理時的快樂，真是無法形容。

（三）【胡適紀念館】版胡適的《神會和尚集》

繼續談到胡適常講「大膽假設，小心求證」的名言。胡適有個「大膽假設」的實際例子，就是他研讀〈宋僧傳〉裏，發現神會和尚的重要性，當時胡適就做了「大膽假設」，猜想神會和尚的資料在日本一定可以找得到。

因為，唐朝時，日本派人來長安留學，一定會帶回去許多的歷史資料和文獻。以後果然在日本找到資料，確認神會和尚是姓高氏，湖北襄陽人，曾到洛陽、長安傳佈大乘佛法，並指陳在廣東的六祖慧能，才是真正禪宗的一脈相傳。

但是神會和尚當時的觀點並不被接受，直到發生安史之亂後，神會有功於肅宗皇帝，而被請入宮內奉養，並尊為禪宗七祖。神會和尚是胡適的「大膽假設」，終能確立其在中國佛教史上的地位。後來我買了《神會和尚集》和在 1971 年的大一那年暑假到高雄佛光山參加「佛學夏令營」，聆聽星雲大師為我們這群大學生講授佛學最入門的《釋迦摩尼傳》。

胡適在《神會和尚集》〈自序〉指出：

---

[23] 〈胡適的考證癖〉曾於 1998 年 10 月 23 日中央廣播電台播出，2015 年 8 月 7 日文字稿整理，收錄：陳添壽，《近代名人文化記述——拙耕園瑣記之參》，2018 年 4 月 HyRead 電子書服務平台。

民國十三〔1924〕年，我試作《中國禪學史》稿，寫到了慧能，我已很
懷疑了；寫到了神會，我不能不擱筆了。我在《宋高僧傳》裡發現了神
會和北宗奮鬥的記載，便決心要搜求關于神會的史料。但中國和日本所
保存的禪宗材料都不夠滿足我的希望。我當時因此得一個感想：今日所
存的禪宗材料，至少有百分之八九十是北宋和尚道原贊寧契嵩以後的材
料，往往經過了種種妄改和偽造的手續，故不可深信。我們若要作一部
禪宗的信史，必須先搜求唐朝的原料，必不可輕信五代以後改造過的材
料。……神會是南宗的第七祖，是南宗北伐的總司令，是新禪學的建立
者，是《壇經》的作者。在中國佛教史上，沒有第二人比得上他的功勳
之大，影響之深。……幸而他的語錄埋藏在敦煌石窟裏，經過九百年的
隱晦，還保存二萬字之多，……使我們得詳知他當日力爭禪門法統的偉
大勞績，使我們得推翻道原贊寧契嵩等人妄造的禪宗偽史，而重新寫定
南宗初期的信史：這豈不是我們治中國佛教史的人最應該感覺快慰的
嗎？[24]

胡適「小心求證」的考證癖，其主題可以大到《水經注》、《紅樓夢》等
書的考證，也可以小至聖誕的「誕」字不宜用於稱呼「生日」，以至於有個「小
心求證」而證出「麻將裏頭有鬼」的這則笑話。

據了解，胡適打麻將最常講的口頭禪是「麻將裏頭有鬼」。因為，胡適太
太每次上陣打麻將，幾乎每戰必勝，就常以「技術高」自許；然而，每次由胡
適接手後，則是每戰必輸，常以「手氣不好」自嘲。

總說「手氣不好」是「客觀實在」使然，是「鬼使神差」的，與「技術高
低」無關。胡適崇尚科學精神，不言怪力亂神，但是打起麻將他又確信「有鬼」，
因為這個「鬼」是他從麻將桌上「小心求證」出來的。

胡適的考證癖也出現在「方言」的考證實例上。胡適稱自己是「半個臺灣
人」，胡適的父親胡傳(鐵花)先生，曾在 1892 年(光緒 18 年)至 1895 年之間，

---

[24] 胡適，《神會和尚集》〈自序〉，(臺北：中央研究院胡適紀念館，1970 年 12 月)，頁 3-4。

在臺灣巡撫邵友濂和唐景崧的任內，出任臺南鹽務總局提督，和臺東直隸州知州，兼駐軍統領的職務。

1893 年 4 月間，胡適曾經隨母親來臺灣省親，一直住到 1895 年 2 月隨母回故鄉安徽積溪。雖然時間不到兩年，而且當時他只有 3 歲左右，但是胡適引用臺語的「糜」(即稀飯或粥，音讀梅)，以及「箸」(即筷子，因讀低)都是古字古音。

胡適的這項假設與求證，得到語言學家趙元任根據《詩經》，如用客家話來誦唸，則有押韻，而客家話又與閩南語又很接近。因此，似可窺出胡適小時候在臺灣的兒時記憶。

另外，大家都知道胡適的淵博學識與持忍待人。胡適的治學是強調西方的科學方法；而胡適的做人則重視東方的傳統文化。所以，最為人所津津樂道的就是胡適與太太江冬秀的婚姻。1998 年 10 月 30 日我曾以〈胡適的夫妻愛〉為題，在中央廣播電台的節目中播出。[25]

江冬秀是傳統的中國女性，她一輩子未曾正式上過學堂，而且是在不合人道禮教下，接受纏小腳的女人。而胡適在 14 歲與 15 歲的江冬秀在媒妁之言下訂婚，在經過 13 年這麼長一段時間的波折與考驗後才順利完婚。

所以，舉行結婚儀式胡適在書寫自家對聯時，大門的對聯：「遠遊三萬里 舊約十三年」，二門的對聯：「三十夜大月亮 廿七歲老新郎」，新房門對聯：「謝他好月照好日 討個新人過新年」。

胡適在 1918 年 1 月 12 日寫給錢玄同的信中附有一首〈新婚詩〉，後來收錄在他《嘗試集》〈新婚雜詩〉的其中一首：

> 十三年沒〔後〕見面的相思，於〔如〕今完結。把一樁樁傷心舊事，從
> 頭細說。你莫說你對不住我，我也不說我對不住你，且牢牢記取這〔十

---

[25] 陳天授，〈胡適的夫妻愛〉曾於 1998 年 10 月 30 日中央廣播電台播出，2015 年 8 月 11 日文字稿整理，收錄：陳添壽，《近代名人文化記述——拙耕園瑣記之參》，2018 年 4 月 HyRead 電子書服務平台。

二月〕三十夜的中天明月![26]

　　儘管「胡適心頭的人影」有多位，與江冬秀的這段姻緣也一直維持到胡適
71 歲的過世。普林斯頓大學教授周質平對胡適的感情世界有如下敘述：

> 胡適是深深了解中國人這種新舊雜揉的價值標準的。他在婚姻上所做的
> 選擇，一方面固然是如他自己所說「不忍傷幾個人的心」(1921 年 8 月
> 30 日記)；但另一方面，他也清楚的認識到，這是一件「立德」的事業，
> 是一件能使新舊兩派都感到敬佩的事。
> 說到胡適的婚姻，我們常為胡適抱不平，覺得他是新時代中，舊禮教之
> 下的犧牲者，然而他因此而豎立起來的「道德形象」，又何嘗不是受賜
> 於舊禮教呢？洋人論胡適婚姻常以「言行不一」譏胡，這是洋人對中國
> 人及對中國社會了解的淺。正因為胡是有這樣一個矛盾的組合，他才成
> 了「新文化中舊道德的楷模，舊倫理中新思想的師表。」[27]

　　有一年我應邀到大陸參加研討會，利用空檔時間逛書店時被《胡適心頭的
人影》書名所吸引，作者陳漱渝，2009 年 8 月北京中國文史出版社發行。陳漱
渝書內用「一對小兔子」描寫胡適與妻子江冬秀；用「兩只蝴蝶 十朵小花」
描寫胡適與韋蓮司（Edith Clifford Williams）；用「一段深埋在心靈深處的情
感」描寫胡適與陳衡哲，並用「這個『同心朋友』是誰」也描寫胡適與陳衡哲；
用「秘魔崖月夜」描寫胡適與曹誠英(曹珮聲，小名麗娟)；用「她像一首抒情
的短詩」描寫胡適與徐芳；用「赫貞江上的第二回相思」描寫胡適與羅維茲
（Roberta Lowitz）。[28]

---

[26] 〈新婚詩〉，梁錫華輯注，〈中國現代史——永遠迴響的心聲〉，《聯合報》，(1982 年 9 月 29 日)。

[27] 周質平，《胡適論叢》，(臺北：三民，1992 年 7 月)，頁 249。

[28] 陳漱渝，《胡適心頭的人影》，(北京：中國文史出版社，2009 年 8 月)，頁 1、37、49、75、83、105、
127。

　　陳漱渝這本《胡適心頭的人影》的書名，似有意仿效或是活用了胡適在 1923
年 12 月 22 日的這首〈秘摩崖月夜〉的詩：

> 依舊是月圓時，
>
> 依舊是空山，靜夜。
>
> 我獨自月下歸來，
>
> 這淒涼如何能解！
>
> 翠微山上的一陣松濤，
>
> 驚破了空山的寂靜。
>
> 山風吹亂了窗紙上的松痕，
>
> 吹不散我心頭的人影。[29]

　　那次的大陸學術之旅，我還順手又買了陶方宣寫的《胡適：徽州之符》(2011
年 4 月中國民主法制出版社)，李伶伶、王一心合著的《日記的胡適—他和影響
了那個時代的他們》(2009 年 10 月陝西人民出版社)，以及一本比較特別是由臺
北中央研究院胡適紀念館館長潘光哲編《容忍與自由：胡適讀本》的簡體版(2011
年 6 月北京法律出版社)。

（四）【人人文庫】版胡適的《詞選》

　　我一直非常喜歡胡適的白話詩，除胡適早期出版的《嘗試集》之外，有本
胡適選註《詞選》，是 1970 年 11 月臺灣商務印書館出版的【人人文庫】特九
七。這書是 1971 年 3 月 15 日我在輔大念書的時候，利用書價打 8 折時，花了
16 元買的。

　　回溯那時期，我正被胡適主張的自由主義思想所著迷，買了多本有關胡適
的著作，算來迄今都已經要近半百年的往事了。我翻著這本《詞選》，竟然發
現書上有我的多篇練習作品。

---

[29] 胡適，《胡適選集(詩詞)》，(臺北：文星，1966 年 6 月)，頁 49-50。

　　還有女兒念大學時期也喜歡讀《詞選》，而且在這書上也有她查證瓊瑤作品《庭院深深》的出自歐陽修〈蝶戀花〉，和《幾度夕陽紅》的出自羅貫中《三國演義》卷頭語〈西江月〉等資料的抄錄筆跡。

　　另外，大家都很想知道胡適的感情世界。胡適與江冬秀於 1904 年訂婚，13 年後的 1917 年結婚，再到婚後 45 年的 1962 年期間，他們兩人的婚約長達有 58 年之久。大家對胡適與江冬秀的這段婚姻也特別感到興趣與好奇。

　　有人認為這對胡適而言是一種大犧牲，胡適自己指出，他與江冬秀結婚是「佔了便宜的」。胡適說：

　　　我生平做的事，沒有一件比這件事最討便宜的了，有甚麼大犧牲？……最佔便宜的，是社會上對於此事的過分讚許。這種精神上的反應，真是意外的便宜。

胡適晚年時也曾以「過來人」的心境說：

　　　我認為愛情是流動的液體，有充分的可塑性，要看人有沒有建造和建設的才能。人家是把戀愛談到非常徹底而後結婚，但過於徹底，就一覽無遺，沒有文章可做了。很可能由於枯燥無味，而陷於破裂的危險。我則是結婚之後，才開始談戀愛，我和太太都時時刻刻在愛的嘗試裡，所以能保持家庭的和樂。

　　上述胡適的「佔便宜」說，和「過來人」說，我認為是他們「夫妻愛」可以維繫長久的主要原因，是大家可以參考學習的。[30]

---

[30] 陳天授，〈胡適的夫妻愛〉曾於 1998 年 10 月 30 日中央廣播電台播出，2015 年 8 月 11 日文字稿整理，收錄：陳添壽，《近代名人文化記述——拙耕園瑣記之參》，2018 年 4 月 HyRead 電子書服務平台。

（五）【遠東圖書】版胡適的《四十自述》

至於胡適的母親是在她十七歲那年，嫁給大她三十歲的先生胡鐵花，她心裡想：這是她幫她父母的機會到了，做填房可以多收禮金，前妻兒女多，又是做官人家，聘金財禮應該更好看點，她將來總還可以幫父母的忙，她父親一生夢想的新屋總可以成功。所以，就注定了這段姻緣。

婚後不過六年四個月，其母親不但做了寡婦，而且又是當家的後母。其處境艱難，如胡適在《四十自述》所言：

> 家中財政不寬裕，全靠二哥在上海經營調度。大哥從小就是敗家子。⋯⋯我母親的氣量大，性子好，又因為做了後母後婆，她更事事小心，事事格外容忍，大哥的女兒比我小一歲，她的飲食衣料總是和我一樣。我和她小有爭執，總是我吃虧，母親總是責備我，要我事事讓她。⋯⋯我母親管束我最嚴，她是慈母兼任嚴父。但她從來不在別人面前罵我一句，打我一下。我做錯了事，她只對我一望，我看見了她的嚴厲眼光，就嚇住了。⋯⋯我在我母親的教訓之下住了九年，受了她極深的影響。我十四歲就離開她了。⋯⋯但這九年的生活，除了讀書看書之外，究竟給了我一點做人的訓練。在這一點上，我的恩師就是我的慈母。[31]

胡適父親死的時候，母親只有 23 歲。這位「新文化中舊道德的楷模；舊倫理中新思想的師表」的胡適，在母親兼任恩師與嚴父的角色下，才得以面對一切折磨，與含辛茹苦培養出胡適的治學立名，也印證胡適「要怎麼收穫，先那麼栽」的名言。

五、結論

2019 年暑假我在蟾蜍山下的【安溪書齋】整理舊作，翻出一篇發表於 1988

---

[31] 胡適，《四十自述》，(臺北：遠東圖書公司，1967 年 11 月)，頁 31。

年 2 月 10 日《臺灣日報》的專欄文字，寫的內容是記述胡適母親的兼任恩師與嚴父角色，讓我回想起 31 年前的情景，那是我還處在「書寫都為稻梁謀」的階段。這篇稿子後來收錄在我出版的《近代名人文化紀事》的電子書。[32]

現在我重讀胡適的《四十自述》，讀到他描述：

> 我〔指胡適〕母親待人最仁慈，最溫和，從來沒有一句傷人感情的話。但她有時候也很有剛氣，不受一點人格上的侮辱。……我在我母親的教訓之下住了九年，受了她的極大極深的影響。我十四歲（其實只有十二歲零兩三個月）就離開她了，在這廣漠的人海裏獨自混了二十多年，沒有一個人管束過我。
>
> 如果我學得了一絲一毫的好脾氣，如果我學得了一點點待人接物的和氣，如果我能寬恕人體諒人，──我都得感謝我的慈母。[33]

為了滿足我的閱讀與書寫，有關胡適和研究胡適的書籍，諸如胡適、李濟、毛子水等著《胡適與中西文化》(1968 年水牛版)、費海璣著《胡適著作研究論文集》(1970 年臺灣商務版)、徐高阮著《胡適和一個思想的趨向》(1970 年地平線版)等書，分別是我 1968 年在嘉義念高中，和 1970 年在臺北念大學的時候所購買與閱讀。

至於 1970 年代以後，出版的胡適著作主要有北京中國社會科學院、近代史研究所、中華民國研究室整理編輯了胡適遺留在大陸未發表的書信和日記，分別在 1979 年級 1985 年出版了三大冊的《胡適來往書信選》，和一冊《胡適的日記》。1985 年安徽績溪縣文化局整理，於 1989 年由安徽美術出版社出版的《胡適家書手稿》37 件，及《安徽史學》雜誌在 1989 年發表的〈胡適家書選〉都是研究胡適的一手的材料。

---

[32] 陳天授，〈胡適母親的兼任恩師與嚴父角色〉曾於 1988 年 2 月 10 日登載《臺灣日報》，收錄：陳添壽，《近代名人文化記述──拙耕園瑣記之參》，2018 年 4 月 HyRead 電子書服務平台。

[33] 胡適，《四十自述》，(臺北：遠東圖書公司，1967 年 11 月)，頁 34-35。

　　同這段時間，臺北遠流於 1986 年出版了 37 冊的《胡適作品選》、1990 年出版了《胡適的日記》手稿本 18 冊。特別是 1992 年周質平出版的《胡適論叢》還附錄有他學生 Christopher E. Olofson 整理出來胡適的英文著作書目。[34]

　　另外，2018 年聯經出版公司特別出版《胡適日記全集》(十冊)。該全集收錄的時間從 1906-1962 年，胡適一生觸角所及比同時代任何人的範圍都更廣闊，因此他觀察世變的角度自然也與眾不同。余英時指出，《胡適日記全集》是晚清到民國重要人物的日記中最有史料價值的一部。讀完這部四百餘萬字的日記，就像讀了一遍具體而微的中國現代史。[35]

---

[34] 周質平，《胡適論叢》，(臺北：三民，1992 年 7 月)，頁 283-284。

[35] 聯經出版公司 https://www.linkingbooks.com.tw/LNB/book/Book.aspx?ID=1U00016(2019.12.10 瀏覽)。

近代學人 1970 年代重要著作
與胡適的文化記述

一、前言

我在購讀和撰寫《近代學人著作書目提要》的階段，除了選擇胡適為第一位人選之外，我陸續購讀傅斯年、殷海光、梁啟超、徐志摩、林語堂、梁實秋、錢穆、徐復觀、吳相湘、郭廷以、李敖、柏楊、蔣夢麟、陳之藩等人的著作。

現在我將其等著作與胡適關係的文化記述如下。

二、傅斯年殷海光著作與胡適的文化記述

我在閱讀胡適之先生的著作時，經常從各種資料文獻中看到他提到，特別與臺灣大學有關的兩位重要人物，一位是曾任該校校長的傅斯年，另一位則是殷海光教授。

（一）【文星叢刊】版《傅斯年選集》(全 10 冊)

文星書店的【文星叢刊】曾經先後出版過傅斯年與殷海光二位的著作。1970 年我從臺南北上就讀輔仁大學時，只要我逛書店或參觀書展，我都會特別留意。當時我蒐集傅斯年的作品，是先買了其侄傅樂成寫的《傅孟真先生年譜》，接著陸陸續續買到文星書店於 1967 年 1 月出版的《傅斯年選集》(全 10 冊)。[1]

1994 年 2 月 19 日我讀到一篇訪問那廉君談有關傅斯年的報導：

---

[1] 傅斯年，《傅斯年選集》(全 10 冊)，(臺北：文星書店，1967 年 1 月)。

……民國三十八〔1949〕年時局大亂，傅斯年等人奉命來臺接掌臺灣大學。那廉君記得直腸子的傅斯年其實是抱著「在臺灣住半年，然後跳海」的心情來到臺灣，充分表現傅斯年這個當代知識分子對時局是如何缺乏信心。那廉君也還清楚地記得民國三十七年底，傅斯年夫婦、胡適等做最後一班京滬夜臥車到上海，然後搭機抵臺。在當時那個還冷的夜晚，一行四人走出南京大樓時，留守的工友裴兆成向他們說：「等你們快快回來。」然而一別就是四十五年，那廉君到現在仍難掩作客他鄉的感慨。傅斯年在臺大不到兩年，但卻為臺大樹立了另一個北大校風。然而火爆的傅斯年在南海〔當時省議會尚未搬到南投中興新村〕省議會列席備詢，省議員郭國基的一番話引起傅斯年早就有的高血壓，傅斯年當場昏厥，當時情況緊急，只得臨時在省議會拚了幾張椅子讓傅斯年躺下休息，然而等到臺大醫師、護士長趕到時，傅斯年卻已經回天乏術了。[2]

《傅孟真先生年譜》其中也有一段那廉君對傅斯年的記述：

記得抗戰勝利後，傅先生準備為史語所收購傅沅叔所藏的北宋刊南宋補刊本《史記》，傅先生並不因為這部書出自「藏園」，而就認為沒有問題。所以他自己鑑定之後，又請幾位先生看，最後派我到上海請教徐森玉先生，由徐先生說出這部書的來源，然後才作決定。這部書買到之後，傅先生又很鄭重的把它放在胡適之先生家裏，又託胡先生設法託人由飛機帶到南京。到了南京之後，特地買了一只保險櫃，把這部書和同時上海買的蝴蝶裝《文苑英華》以及敦煌卷子等一併放在裏面，自己還寫了一篇跋語。雖然傅先生主張這樣的收藏，但絕不是藏之篋中密不示人的。傅先生對於買書的謹嚴和對於書的珍藏，由此可以想見。[3]

---

[2] 林照真，〈牢落西南孤獨客——三位當代大師身邊的「那秘書」，《中國時報》，(1994 年 2 月 19 日)。

[3] 傅樂成，《傅孟真先生年譜》，(臺北：文星書店，1965 年 11 月)，頁 69-70。

　　傅沅叔就是著名藏書家傅增湘，曾任國立故宮博物院委員兼故宮圖書館館長，晚號藏園居士。傅沅叔的藏書處名「雙鑑樓」，因為他藏有兩部珍貴的《資治通鑑》，一是他祖父傅誠傳下的元刊本，另一部是他自己得知於端方舊藏的百衲本，還是用六種宋刊殘本才配成全書的。1918 年他在北平新建的宅第落成，取蘇東坡詩句「萬人如海一身藏」之意，命為「藏園」，園內有長春室、食字齋、池北書堂、龍龕精舍、萊娛室、抱素書屋等名。[4]

　　傅沅叔校過的的千部芸芸眾書中，他用力最多、費時最久的，是全書多至一千卷的《文苑英華》，這部收錄近兩萬篇詩文的文集，與都是一千卷的太平預覽、太平廣記、冊府元龜，合稱為宋代的四大書。可是到清末民初時，人間所存的宋刻本《文苑英華》，卻只剩一百四十卷而已，其次的明代刻本則訛誤滿篇、不堪卒讀。傅沅叔從民初開始蒐羅此書的各種版本，作為校勘的準備，1936 年 9 月下定決心摒除俗務專校此書，直到 1939 年 7 月大功告成，前後將及三年，當時正逢戰亂，而且他已年近七十，卒能成此鉅著，實在不易。[5]

　　有關傅斯年的著作，1980 年聯經出版公司特別彙集出版了《傅斯年全集》(七冊)，這套書在內容上較諸 1952 年發行的國立臺灣大學版，和 1967 年的文星書店版，以及 2003 年有所刪節的大陸湖南教育大學版，都要更為齊全與完整。

　　所以，1970 年代前後，特別值得一記是我買了【世界書局】版《新校資治通鑑注》(全 16 冊)。還有有關《史記》在臺灣出版的版本，當 1972 年 12 月世界書局再版《新校史記三家注》(全 5 冊)時，雖然大學時期我主修的不是歷史，但是我對《史記》這套書還是充滿閱讀的興趣，甚至於後來我還發了一筆錢，買了同是世界書局出版，由楊家駱主編【中國學術名著第五輯】《新校資治通鑑注》(全 16 冊)。

　　楊家駱主編《新校資治通鑑注》〈提要〉指出：

---

[4] 蘇精，《近代藏書三十家》，(臺北：傳記文學，1983 年 9 月)，頁 92-93。

[5] 蘇精，《近代藏書三十家》，(臺北：傳記文學，1983 年 9 月)，頁 96。

通鑑自元祐刊行以來，傳刻頻繁。此新校本之標點排印，係據清胡克家翻刻之元刊胡注本。胡注已將司馬光所撰通鑑考異散附於正文下，閱讀尤便。近人章鈺曾據宋、明各本校胡刻本，並參以前人所校宋、元、明諸本紀錄，撰成胡刻通鑑正文校宋記；此新校本紀係據同一刻本標點排印，故將章鈺校記擇要錄附正文之下，如此則宋、元、明各本之長，悉得彙萃於此一本矣。[6]

承上述 1949 年傅斯年接任臺灣大學校長，據當時擔任《中正日報》特派員于衡的記述：

那時我〔指于衡〕常到臺灣大學去看傅斯年校長，他是一個有真性情的人，他常拉我到福州街二十號的校長宿舍吃饅頭和稀飯。他對於新聞記者特別具有好感，但卻認為新聞學不算一門學問。那時他常常和我討論天下大勢，他經常把「新樂園」香煙撕開。「新樂園」牌是當時最廉價的香煙，看見他口吐白煙，悠然遠舉，聽他講毛澤東就是《水滸傳》中宋江的化身，專門玩弄權術的故事，十分深刻。他的客廳中掛著他自己寫的「埋骨於田橫之島」，他常常說，臺大學生中，有些人說他怕臺灣不保，要溜到美國去，他乃把這個中堂高懸在客廳之中，表示他將和這個海島共存亡的決心。[7]

1950 年 12 月 20 日傅斯年因高血壓引發腦溢血的病死在省參議會議場，與 1962 年 2 月 24 日胡適因心臟病的死在中央研究院第五屆院士歡迎酒會會場，這對有濃厚師生情誼，惺惺相惜的近代知識分子，他們抱病任事的鞠躬盡瘁，充分展現「五四」時期知識分子的書生本色，傅斯年過世時才 55 歲，胡適也

---

[6] 楊家駱主編【中國學術名著第五輯】《新校資治通鑑注》，（臺北：世界書局，1972 年 11 月），第一冊〈提要〉頁 1-2。

[7] 于衡，《烽火十五年》，（臺北：皇冠，1984 年 2 月），頁 235-236。

才 71 歲，他們的死真讓人感到無限的惋惜和不勝唏噓。

傅斯年過世後，國民黨執政當局屬意遠在美國的胡適，但胡適卻婉言謝絕，理由是他有心臟病，不能擔任繁重的工作。1951 年 1 月 6 日胡適寫信給傅夫人俞大綵：

> 臺大的事，政府頗有意要我做孟真的繼任者。為亡友，為臺大，我確曾考慮過，但我沒有孟真的才能，他那樣才大心細，尚不免以身殉校，我最不能辦事，又最厭惡應付人，應付事，又有心臟病，必不能勝任這樣煩雜的事，所以已堅決辭謝了。……[8]

1965 年 3 月 7 日《聯合報》刊登羊汝德訪問王世杰談到：

> 在民國三十八年〔1949〕的四、五月間，南京淪陷前後，副總統〔陳誠〕和傅斯年以及其他教育文化界的朋友，誠心的合作，把臺灣大專學校裏面的共產分子肅清。……當時陳先生〔陳誠〕任臺灣省主席，他不動聲色的和傅斯年等合作，把大專學校裏的共產分子清除，使臺灣的教育，漸漸穩定下來。[9]

針對傅斯年的自由主義思想，傅樂成在《傅孟真先生年譜》一書的附錄，有篇〈傅孟真先生的民族思想〉寫到：

> 孟真先生一向被人目為自由主義者，但強烈的國家觀念和民族意識在他的思想中至少佔有同樣重要的地位。所以他與某些國家民族觀念薄弱甚

---

[8] 于 衡，《烽火十五年》，(臺北：皇冠，1984 年 2 月)，頁 319。

[9] 羊汝德專訪王世杰，〈英雄事業宰輔良才——王世杰談所知道的陳副總統〉，《聯合報》，(1965 年 3 月 7 日)。

或等於零的自由主義者，是不能相提並論的。[10]

《傅斯年選集》收錄了許多當年傅斯年在胡適擔任名譽發行人的《自由中國》雜誌上發表的評論性文章，我在閱讀《胡適選集》與《傅斯年選集》時，自然就連想到文星書店出版殷海光翻譯海耶克(F. A. Hayek)的《到奴役之路》(*The Road to Serfdom*)，和《海耶克和他的思想》這二書，但我則一直未能找著【文星叢刊】版，我想當時可能是暢銷書，因為賣得很好而缺貨。最後，我幸好還買到後來轉由傳記文學社印行的版本，順遂我蒐藏的願望。

有二十世紀古典自由主義大師之稱的海耶克，他於 1944 年出版了《到奴役之路》。在殷海光譯《到奴役之路》的〈自序〉中引胡適 1954 年 3 月 5 日在當時的「自由中國社」歡迎茶會上指出：

> ……比方我們「自由中國」最近七八期中連續登載殷海光先生翻譯的西方奧國經濟學家海耶克所著的《到奴役之路》。我舉這個例子，可以表示在臺灣有很多的言論自由。因為這種事例，平常我們是不大注意的。這部書出版於 1944 年，到現在已出版了十版，可說是主張自由主義的一部名著，也可說是新的主張個人自由主義的名著。這本名著的用意，就是根本反對一切計劃經濟，反對一切社會主義。一切計劃經濟都是與自由不兩立的，都是反自由的。因為社會主義的基本原則是計劃經濟，所以儘管自由主義運動者多少年來以為：社會主義當然是將來必經之路，而海耶克先生卻以一個大經濟學家的地位來說：一切社會主義都是反自由的。……[11]

《海耶克和他的思想》收錄有殷海光、夏道平、林毓生、胡適、蔣勻田、勞思光、高壽昌、周德偉等人的作品。特別是曾在美國芝加哥大學受教於海耶

---

[10] 傅樂成，《傅孟真先生年譜》，（臺北：文星書店，1965 年 11 月），頁 146。

[11] F. A. Hayek, 殷海光譯，《到奴役之路》，（臺北：傳記文學，1970 年 5 月），〈自序〉頁 2。

克的林毓生指出：

> 海氏不但認為自由是一個重要價值，而且認為自由是所有人類文明與其
> 他價值的源泉與條件；換句話說，人類的文明只有在自由的環境中才能
> 得到最合理、最完善的發展，其他的人類生活中追求的自由如平等、博
> 愛、富強、康樂，倘若不在自由的環境中產生，便沒有價值，沒有意義。
> 這是海氏自由哲學最基本的前提。至於為什麼自由是個人價值與人類文
> 明最基本的前提，海氏提出了許多有力的理由。讀海氏著作的人，是否
> 完全接受這一基本前提是讀者自己的事。但無論是贊成或反對海氏的理
> 論，都必須從這個基本出發點：即自由是最根本的價值開始，否則，終
> 究摸不着他的中心論旨。[12]

胡適對資本主義自由經濟的論述，對於 1960 年代尚屬文青時期的我而言，
產生非常深遠的影響。我在大學畢業之後的延續「閱讀與書寫」，其學科的領
域不但跨越人文科學，而走上與社會科學的整合之路，也才能理解資本主義是
歷史自然演進的結果，而不是被某些人或團體所刻意建構出來的一種新制度。

我直至 2019 年的今天，我在課堂上講授的主要課程，還是經常向學生介紹
海耶克(F. A. Hayek)《到奴役之路》的著作，和胡適、傅斯年、殷海光等人主
張的自由主義思想。

（二）【香港友聯】版《殷海光選集》

1960 年代中期我在南部念高中的階段，就已經閱讀胡適、雷震、殷海光等
人在《自由中國》雜誌裡強調自由主義精神的文章，諸如殷海光翻譯海耶克的
《到奴役之路》，和與胡適等人共同收錄出版的《海耶克和他的思想》等書。

1969 年殷海光過世，1970 年 9 月我北上在輔大圖書館學系就讀，我學校對

---

[12] 林毓生，〈海耶克教授〉，收錄：殷海光等著，《海耶克和他的思想》，（臺北：傳記文學，1969 年
12 月），頁 121-122。

面的新葉書店是我常去的地方。我就是在這家小書店買到 1971 年由香港友聯
出版社發行的《殷海光選集》(精裝本)，我不知道該書是否被警備總部列為「禁
書」，要不然該書的出版地怎麼會是選在香港呢？或許還是考量當時臺灣還處
於戒嚴時期管制言論自由的原因吧！

我在蒐集與閱讀近代學人的相關著作時，就一直想買殷海光在文星書店出
版的另一本著作《中國文化的展望》，我想應該是已被列為禁書的關係，我始
終未能尋著這書，這也凸顯殷海光在未過世之前，當時在臺灣大學哲學系教書
所面臨的壓力與艱難處境。

鄭安國回憶他邀請殷海光於 1966 年 4 月 8 日到政大演講的經過，由於當時
電話並不普遍，他在 3 月底的某日晚上，直接前往殷海光在溫州街 18 巷 16 弄
9 號的寓所，向殷海光說明來意，殷海光很直率的說：「那是不可能的，你知
道他們已經幾年不讓我演講嗎？」經過鄭安國的溝通協調，並向殷海光與訓導
長葉尚志確認，演講題目只談「人生的意義」不談政治之後，這場被陳鼓應稱
之為「殷海光最後的話語」的演講才得以過關。

殷海光在出版《殷海光選集》的〈自敘〉寫到：

> 這些文章所論列的方面固然不同，但是它發展的軌跡卻是有明顯的線索
> 和條理的。在一方面，我向反理性主義、矇昧主義、褊狹主義、獨斷的
> 教條毫無保留的奮戰；在另一方面，我肯定了理性、自由、民主、仁愛
> 的積極價值——而且我相信這是人類生存的永久價值。這些觀念，始終
> 一貫的浸潤在我這些文章裡面。但是，我近年來更痛切地感到任何好的
> 有關人的學說和制度，包括自由民主在內，如果沒有道德理想做原動
> 力，如果不受倫理規範的制約，都會被利用的，都是非常危險的，都可
> 以變成它的反面。民主可以變成極權，自由可以成為暴亂。自古以來，
> 柏拉圖等大思想家的顧慮，並不是多餘的。[13]

---

[13] 殷海光，《殷海光選集》，(香港：友聯出版社，1971 年)，頁 ii。

余英時在〈費正清與中國〉一文中提到：

> ……一九六七年，臺大要解聘殷海光，費正清晚上找我到他家去，商量
> 怎樣由哈燕社出面給殷海光一筆研究費，邀他來訪問。我的任務是根據
> 殷海光的著作向哈燕社陳詞。在談話之中，我察覺到他對國民黨深惡痛
> 絕。我指出國民黨恐怕不會讓殷海光出境，他表示一定要通過美國政府
> 施壓力。最後殷海光還是未能成行，祇好由哈燕社將研究費按期會給
> 他，使他可以繼續留在臺大。[14]

回顧在那戒嚴時期言論自由受到管制的年代，1970 年代初期我與輔大同學
蔡傳志、周玉山(筆名茶陵)、葉景成、蘇逢田、蔡建仁等人，一起編輯的《輔
大新聞》，因為刊物內容的言論較為激烈，引發校方有關單位的特別，導致後
來的改組。

1999 年 1 月 8 日《聯合報》第 37 版刊出周玉山學長〈夢迴輔仁〉的一篇
文章，其中有段話：

> 在校期間，我擔任《輔大新聞》總主筆，經常撰寫社論，大膽建言。時
> 值七十年代初期，國家多難，學子沸騰，我對退出聯合國、保釣運動、
> 中日斷交等事件多所著墨，自不免批評當道。于校長因此接見，多所慰
> 勉，而無一句干涉，令我懷念至今。[15]

周文中所指的于校長，正是于斌樞區主教，他同時也是資深國大代表，而
當時主管教務的是資深立法委員林棟。畢竟，當時臺灣政經環境正處在風雨飄
搖的時刻，我想《輔大新聞》的改組，或許與當時的氛圍有關吧！

---

[14] 余英時，〈費正清與中國〉，收錄：余英時，《中國文化與現代變遷》，(臺北：三民，1995 年 8 月)，
頁 153-154。

[15] 周玉山，〈夢迴輔仁〉，《聯合報》，(1999 年 1 月 8 日)。

　　記得當時我們正準備出刊 1973 年 6 月《輔大新聞》第 100 期，卻傳來《輔大新聞》改組的壞消息，已經定稿正校對中的稿子，全部擱下，以下我的這篇〈開拓凜然新氣勢〉，正由蘇總編輯進行第一校，現在我將這篇未刊稿全文收錄如下：

　　　　這個時代，已不再是屬於被壓抑窒息的時代；這個時代也不再是單為少數特權集團利益着想的時代；這個社會也不再是保守封閉的社會；這個國家更不再是可以允許保持沉默的國家。

　　　　這個時代該是人類發揮大腦袋，大智慧，大氣魄的時代。對整個國家，對整個社會乃至於全世界人類，負有安危關鍵的知識份子們，是否能夠創下屬於他們自己的大時代；是否能夠在這歷史上留下屬於他們自己不朽的事蹟，這都是有待於知識份子們，自己努力去奮鬥，努力去開拓這凜然的新氣勢。

　　　　新氣勢之一：批評精神對現今的社會，我們老是感覺欠缺什麼？在知識份子的面孔上、心坎裡，總是表露出一股苦惱，似乎對中國五千年來的文化價值，無法下定論；似乎對整個中國的政治前途，感到茫然；似乎對上、下兩代之間所存在的道德觀念，感到懷疑；似乎對教條式的理論教育，感到不敢苟同；似乎對自己所熱愛的國家，報效無門。

　　　　可是這一群知識份子們，仍始終嘬着嘴也不吭聲，他們像啞吧吃着黃蓮，有苦說不出。我們認為這癥結的所在，就是目前在我們的社會裡，缺乏一種所謂「批評的精神」和「被批評的雅量」。

　　　　大多數知識份子對所謂的「真理」認識不夠清楚，也認識不夠澈底，他們不曉得「真理」是可以拿出來見陽光的。

　　　　他們不慣於用大腦袋，他們對理性的判斷不感興趣，他們對於國家的改革建設不敢參與意見，他們對於政治的革新，不敢加以批評，他們只默默地在黑暗中過活，以觀望和幸災樂禍的態度，在陋室裡自嘲。

　　　　他們怕講話，他們怕萬一話講得過火或偏差，他們怕萬一愛國的情緒達

到最高漲，他們萬一發生不幸的困擾；他們畏首畏尾，他們怕萬一有一天頭上飛來一頂「帽子」；他們更怕萬一有一天贏得一個「思想有問題」的頭銜。

他們不曉得批評的風氣，言論的開放自由，是需要大家拋頭顱、灑熱血去爭取的；他們只想要坐享其成，他們只欣賞「前人種樹，後人乘涼」的論調；他們壓根兒就沒有「我不入地獄，誰入地獄」的實幹精神；他們認為國家只是屬於少數人的國家；他們不管政府所實行的措施是否合乎百姓的需要；他們不去衡量政府所實行的政策，到底有沒有針對百姓的利益。在文化上，他們怕做傳統下的叛徒，他們缺乏理性的判斷，他們一味地盲從，對於習俗相傳下來的制度，他們不敢問：「這種制度現在還有存在的價值嗎？」對於上一代遺傳下來的聖賢教訓，他們不敢問：「這句話在今日還不錯嗎？」對於社會上糊塗公認的行為與信仰，他們不敢問：「大家公認的，就不會錯了嗎？人家這樣做，我也該這樣做嗎？難道沒有別樣做法比這個更好、更有理、更有益的嗎？」假若有一些稍具腦袋的人，他們具有強烈的愛國熱忱，他們具有時代意義的使命感，他們具有以天下為己任的抱負，他們具有「寧鳴而死，不默而生」的認識，他們為國家的前途而憂心如焚，為促進國家的進步而勇於批評，但是却常被圍於政府在執行措施上的偏差，而有所膽怯，在識時務為俊傑的心態下，不得不有所畏縮。試問：「會叫的不叫，要叫的不得叫，我們社會的批評風氣如何能形成，如何能有助於國家的進步呢？」批評的風氣，是要在政府與知識份子之間取得協調，知識份子有批評的勇氣，政府有被批評的雅量，共同來維護，共同來促進整個國家的進步，共同突破彼此之間的沉默僵局，一起攜手來創造時代的歷史文明。

新氣勢之二：政治清白

在政治革新的呼聲中，要以中央民意代表的競選問題，掌聲最響。在人人謂民意代表為進階官運的必經過程之時，多少所謂「青年才俊」，多少所謂「財神爺」，多少無路可走的「教書匠」，無不都往這狹路裡擠，

人多手雜，手雜把戲多，競爭的場面，也就最為精彩。精彩歸精彩，競選總要有個勝敗，勝者歡欣鼓舞，夜夜好眠；敗者哭哭啼啼，日日不得安寧。假若競選者，所受的教育不夠成熟，而且當選志在必得，則在競選過程中所生弊病，則不可謂不大矣！所以，我們大氣勢之二不得不高喊：「政治清白」、「政治清白了」。所謂「政治清白」，顧名思義就是指人在從事政治的生涯中，不要沾上了任何的污點，相形之下從事於政治生涯的人，都能懷持大道德，依法依理，不玩弄手段，保持政治清白。譬如執政者，應該如何來避免只為少數人的利益着想；又如在選舉方面，如何來防止賄選的情形發生，如何來使監察制度臻於合理；如何使監察小組超乎黨派；如何使監察小組的組織成員，避免以機關團體的代表為骨幹；如何使投開票所的監察員，能由候選人共同選派；如何使助選員的素質提高；如何來禁止軍公教人員的參與助選；如何使投票率提高；如何來加強對人民的民主政治教育。又譬如在政黨政治方面，如何來輔助在野黨，如何使在野黨能真正發揮在野黨的效用；如何來促使在野黨踴躍參與政治活動；如何來保障在野黨的地位；如何來加強在野黨對選舉的信心，使在野黨能夠以黨名義出來競選，免得讓人打開選舉公報時，看到的只是有黨派與無黨派的人士競選，而讓外界人士對於臺灣所實行的政黨政治有所誤解。

政治要清白，政治的空氣要新鮮，是需要大家共同來保持的；政治的清白與政治的革新前途息息相關，政治革新的前途更是與國家的命運相輔相成。

新氣勢之三：社會良心

人與人之間，最大的痛苦莫過於彼此之間的誤會和不諒解，我們常常聽到：「我做事情，只要對得起良心，則可矣！」對得起良心，就是敢向自己負責任；同樣道理，對自己負責任的人，也必定能對他人負責。然而，在現今我們這個社會裡則不然，到處有謊話，有詐欺，有貪污的事件發生；也就是說在我們這個社會，根本沒有社會良心的存在。商人與

農人間，商人為營利不擇手段，剝削農人的農產價格，不講生意道德。
政府官員與小市民間，未能打成一片，政府官員十足的官僚作風，傲氣
凌人；毫不知在民主體制下之國度，官員只是小市民的「公僕」，是為
小市民們來作事情，不是專拿小市民的血汗錢。試觀今日各縣市政府與
警察局的辦事處，樓聳雲霄，登樓梯難如上青天，小市民為辦件小事，
登入此龐然大物，不知從何辦起，一不小心，都有滑倒摔死在樓梯口的
可能。

小市民有事情找他們，視如小市民故意找麻煩，敷衍填塞，公文旅行，
重重疊疊，不知下文，何能談上便民。觀念不清楚，沒有公德心，欺詐
百姓，貪官污吏，敗壞社會風氣。在這社會裡，更有個怪現象，就是富
者家財萬貫，窮者一貧如洗，三餐不濟。尤其在最近幾年，臺灣正邁向
工業社會，農村破產，到處洋溢着資本家的氣息。每一年只要冬天一到，
報紙上就出現有冬令救濟的消息，我們真搞不清楚，這些被救濟的窮
人，他們是不是只在冬天窮，其餘日子則生活安逸。

我們也真想知道，他們被救濟以後的心理狀況，到底是真正感受到社會
的溫暖，還是會更加重他們自卑感的產生；為什麼有些人能居高樓，有
車有女人，有剩餘財力救濟他人，為何有些人偏偏要接受他人救濟？其
答在自己本身或在政府當局，我們也就想不通了。

結語

我們相信，而且也始終相信，一個國家的前途，繫於社會的風氣，而社
會風氣則繫於人心的振靡。在今日，我們要我們的國家有朝氣，有邁向
光明前途的遠景，有開放的社會，有言論批評的自由，有民主的政黨政
治，有大道德的社會習尚，都必須我們有開拓凜然新氣勢的偉大精神。
而開拓凜然新氣勢，除了上面所提到三項之外，最重要還要有知識份子
們的大覺悟。如何來拋除己見，如何來共同創造國家的新境界，是值得
所有的知識份子深思的。[16]

---

[16] 陳天授，〈開拓凜然新氣勢〉，收錄：陳添壽，《文學、文獻與文創——陳天授 65 作品自選集》，（臺

我這裡還保存一張 1973 年 12 月 1 日當年我參加蔡社長與梁上元小姐舉行婚禮時的照片，記得負責拍照的正是周總主筆，梁小姐的父親梁寒操是黨國大老，當時好像是擔任中國廣播公司董事長，只是我當時並不清楚中國廣播公司的特殊背景與歷史。

迄今我印象深刻的是，這喜宴的安排在圓山大飯店，對我這個來自嘉南平原的鄉下學生而言，可以感受一場與鄉間婚禮完全不同的場面與氛圍。我為了生平頭一次參加這麼盛大喜宴，我還真為自己該穿的西裝和皮鞋大費周章。

我的參與《輔大新聞》，讓我有機緣認識這大夥朋友，尤其周總主筆的文筆和涵養一直是我學習的對象。我更要感謝 1981 年間，承蒙周世輔老師的從旁協助，我得以離開與媒體聯繫的工作，調往中央單位服務。多年後，我更料想不到當年擔任輔大教務長的林棟立法委員又出任我的長官。人生際遇真微妙，有些時候還真由不得人。

1972 年 12 月 18 日我亦曾不自量力的以筆名「王弄」，在輔仁大學發行的《輔大新聞》發表了一篇〈理想中的大學校園〉指出：

> 前言
>
> 青年人是崇尚理想的，雖然理想與實際總有一段距離，但是理想的追求，乃是人生的最大目標。在大學的校園裡，我們的所見所聞、所行所素，無外是要合乎自己的理想；我們所企求的，所盼望的，無不是要合乎自己的要求，所醞釀成的風氣，無不是要令人陶醉和嚮往的。
>
> 在大學的校園裡，它是灌輸超人一等的智識，訓練領導的人才，和培養有廣大胸襟、有遠見的知識份子。我們對大學校園的理想，期望是慎重的，期望是迫切的，我們認為理想中的大學校園應該是：
>
> 一、大學城的遠景
>
> 大學教育畢竟是有別於中小學的教育，不論是在校園的占地面積上、設備上、師生素質上、或學校未來發展的氣魄上，都是不能同日而語。一

北：蘭臺，2016 年 2 月），頁 23-27。

所標準的大學，必須具有大學城的發展遠景。

在學校的占地方面，需要有廣大的空間，除了有零落散在各處的建築物外，更需要有足夠讓學生活動的地方。學校到底不是學店，學生人數的增加必須與校地的擴展和設備的充實成正比；我們總不能只在有限的空間內，拼命的增收學生和廣設建築物，讓洶湧的人潮和充斥的建築物，剝奪了學生的活動，抹煞了學生們活躍的心靈。

校園要寧靜，這寧靜的要求，並不是希望學生們的死氣沉沉，而是強調在一所大學的四周，不該有工廠的機械吵雜聲；不該有工廠裡煙窗冒出的煙霧；不該有汽車的行駛和要人命的喇叭聲，不論何階級的汽車、摩托車、腳踏車，應該一律停在校外，讓學生們在校園的散步，能悠閒安全而沒有恐懼感；不該有學生練習唱歌或吊嗓子的話劇、平劇，而影響到其他學生上課的安寧。

應有盡有的設備，一個大學好比一個大的社會，何況大學又必須負有教育的責任。郵局、銀行、餐廳、教室、師生宿舍、運動設施，尤其學生活動中心更不可缺乏，而學生活動中心，必須設有會議室、電影放映室、體育活動室等設施，名符其實的達到學生活動的需要。

研究環境，無疑地，研究的環境，必脫離不了圖書館、實驗室的設備，在圖書館或實驗室的使用方面，應儘量給學生們充分的自由使用。在研究環境裡，更值得一提的，莫過於是要有出版社的成立，教授與學生經過多少辛酸歲月，苦心研究的專門論文，是需要藉著在大學裡所成立的出版社出版，因為教師和學生研究出的專門學術論文，讀者是不多的，在沒法迎合讀者需要的情況下，平常短見的出版商必定沒法效勞。所以在大學裡，為提倡研究的學術風氣，出版社的成立勢在必然。

二、民主政治的實習所

人不是生下來，就懂得民主政治；也不是生下來，就能行使民主政治所賦予的權利。民主政治風氣的形成，有賴於眾人的鼓吹；民主政治的上軌道與否，更有賴於眾人去努力追尋。

一個學校有如一個社會團體，學生走出校門以後，能否適應社會的生活，必得求助於學生時代的培養。尤其在民主政體的國家裡，學生時代對民主政治的認識與行使，更不可忽視。我們認為在大學校園裡，該是民主政治的實習所，學生的活動，總得依民主政治的方式進行。

學生代表的產生。合理的民主政治，是一種直接的民主政治，存在學校裡的學生代表聯合會主席，各學院院代表，各社社團負責人，都得由學生自由投票直接選舉產生。在選舉的過程中，合理合法的進行形式，更是民主政治實習的好機會，諸如允許公開性的政見發表會，讓學生與候選人之間能有彼此的認識和瞭解；監察制度的設立，也應由學生自己組成，建立公平理的選舉。

有朝氣的社團活動。無疑地，大學校園裡的教育，是訓練領袖人才的教育，而領袖人才的產生，除了該具備其他特殊條件外，口才的訓練，絕對不可缺少。故各種學生自行舉辦的座談會、辯論會、演講、研討會，能到處活躍於校園。

經費的審核。經費的取之於學生，則用之於學生。每學期所收取的學生自治費，在經費的收取、處理方面，則由學生自行負責，因為自治費與其他註冊費用是有所不同的。自治費，顧名思義的是學生自治費用，當然一切費用的處理，由學生自行負責。

會議的參與。在大學校園裡，有所謂校務會議、行政會議、訓導會議等會議的召開，學生應該有推舉代表參加的權利。因為在學校當局與學生之間是彼此相輔相成的，學校所行之措施是否能令學生滿意，在事先徵求學生代表的同意，在行政的處理方面，較能一帆風順；萬一學校當局與學生之間有誤解時，透過學生代表會議的參與，彼此間即可取得諒解。

三、自由風氣的醞釀

大學校園裡的生活，久為外人稱美，其原因不外乎課業少，沒有升學主義的壓迫，男女悠哉！悠哉！双双出現校園，過著羅曼蒂克的愛情生活；又課程的安排，有選修的制度，故在課業上顯得自由些，但此仍不

為過。我們以為大學校園要有自由風氣的醞釀，得有：

（1）不點名。目前在臺灣的各大學中，較幸運學校，採取不點名制，讓學生對教授有選擇的餘地。敢採取不點名制的學校，大抵來說，在教授的陣容方面是甚為堅強的，叫座的教授，上課不用點名，都有擠破窗戶的可能。反之破教授上課，學校強迫點名，不但上課學生人數仍是稀稀落落，而且使得學生沒法自由去看書，呆呆地坐在教室裡，對教授乾瞪眼，空等時間過去，真是得不償失。假如在學校當局所開之課程，能針對學生的需要，學生有興趣上課，那用著點名呢？點名不但費錢費時，而且影響教授學生上課情緒。

（2）宿舍不熄燈。在這知識爆發的時代裡，人類不能片刻放棄對知識的追求，何況在大學裡，社交活動多，學生看書的時間有限，有時學生在參加活動後，返回宿舍，正打算翻開書本時，已是熄燈的時候了；又有些學生非三更半夜，夜闌人深，方能入定看書。假若硬性熄燈，則沒法滿足學生的求知慾望了。

（3）隨堂考試。我們不敢主張不考試，而純以繳報告代替之，到底有些科目是需要測驗的；但是我們不願看到學校當局對考試的過於強調，硬性規定考試的時間、地點，甚至於一定要每科目的教授先生出題目考試。因為有些科目以繳報告優於考試，學生作報告收到的真正效果，要比記憶性的考試好得多。

尤其屬於技術性的科目，考試更是不合理。假若硬性規定每科目一定要在一定的時間內考試完畢，導致有些科目的考試流於形式，敷衍而戲劇化，而且隨堂的考試亦可補不點名之弊。

（4）思想自由。大學生的生理心裡已趨於成熟，而且大學的教育，是在培養其獨立思考和判斷是非的能力，而獨立思考和判斷是非的養成，有賴於豐富的知識，或對各種不同思想的涉獵。在大學的校園裡，學術思想自由的研究，該是重要的課題。

（5）言論自由。在各大學校園裡，比比有刊物的出現，一個學校有一

個學校不同的風格，表現於各校的刊物上。學生對於自己的國家、學校、教授，甚至於自己，有何不同的看法，均可在言論自由的大前提下，抒發己意而得到安全的保障。

四、學校與學生

在大學的校園裡，學校的行政人員應與學生和睦相處，互相的尊重。而處、組、室的職權很分明，行政效率高，學生申請文件，租借場地，都能給予迅速處理和最大的方便。學校與學生站在相同的立場，學校儘量給學生方便，學生處處諒解學校立場，彼此間情緒愉快，校園裡充滿了安謐氣氛。[17]

從我發表的這篇〈理想中的大學校園〉，正凸顯 1970 年代我是多麼的嚮往大學教育與校園的自由主義之風。改組後的《輔大新聞》，即從第 100 期起，由歷史系的吳榮嶺擔任社長、大傳系林松青擔任總編輯、中文系的羅肇錦擔任總主筆，社址仍設學校中美堂一一三室。該期不但如期於 1973 年 6 月 12 日出刊，而且還特別為慶祝創刊發行 100 期，增刊出版四開兩張。

我雖然離開《輔大新聞》的編輯職務，但仍繼續我的閱讀與書寫，並未因為改組而停止撰寫，這篇刊登在《輔大新聞》第 100 期的〈請賜給農民精神食糧〉一文，我仍然不改評論時政的風格，主其事者也接受了我的〈請賜給農民精神食糧〉：

近幾年來，農村經濟的不景氣是眾人有目共睹的事，有關各鄉鎮圖書館的建立，乃是政府在解決農村問題方面，比較不受重視的一環。記得蔣經國院長在一次演講會上，曾經呼籲大專青年同學，能夠回到自己的家鄉，以自己所學，貢獻鄉里，共同負起建設農村的責任。

蔣院長語重心長的一席話，多麼具有遠見。可是現有的環境似乎尚無法

---

[17] 陳天授(王弄)，〈理想中的大學校園〉，《輔大新聞》，(1972 年 12 月 18 日)，收錄：陳添壽，《文創產業與城市行銷》，(臺北：蘭臺，2013 年 9 月)，頁 196-200。

達到蔣院長的理想，因為如果大專青年同學，都樂意回到自己的鄉里，加入建設的行列，很顯然地這些大專青年同學，將面臨一項新的困擾，就是對於接受新知識，新觀念的環境有限。

因為目前我們各鄉鎮，依統計資料顯示，臺灣目前只有鎮立圖書館一所，鄉立圖書館二所。在如此「文化沙漠」的臺灣農村，我們能夠保證幾年後，這批受過高等教育的青年，他們所保有的思想，能免於落伍的厄運？

我們的答案是肯定的，在這日新月異的時代裡，人類一天不接近書本，一天不接受新觀念、新思想，則將被世界的潮流所淘汰。縱使大專青年不回到自己家鄉，參加農村建設的行列，鄉鎮圖書館的設立也勢在必行。因為臺灣的教育水準日漸普及，日漸提高，人民也較懂得對於知識的追求，而圖書館則是能滿足民眾對於知識追求的寶庫。通常我們在圖書館裡，可放些報章、雜誌、通俗小說以及有關農業知識的介紹，不但是提供人民平日休憩的場所，而且能夠增進農民對農業方面的知識，對於農業技術的改進，有很大的幫助。

今日我們覺得農村的經濟須要拯救，而我們也希望政府當局能夠重視這方面的問題。其次，關於鄉村都市化的問題，我們也不可忽視，國父孫中山先生在民生主義中昭示我們，都市須要鄉村化，而鄉村須要都市化。今天，我們都市鄉村化，政府在這方向的努力，成績效果不差；然而對於鄉村都市化的問題，則未見端倪。

近年來，雖然一再有「社區」建設的推廣，可是所實行受惠的地區，仍屬有限。尤其所謂「社區」的建設，似乎只側重在環境衛生的整理和改善、道路的建設、自來水的設立等措施，對於鄉村建立知識性休閒場所的構想，則未受普遍的重視。

農民的生活是夠辛苦的、夠單調的。在他們農暇休憩的日子裡，他們是不敢奢望有入住大飯店，進歌廳，看一流電影院的奢想，可是他們也和普通人一樣，在精神上希望有輕鬆和休憩的康樂活動，而目前農村可以

充當舉行娛樂活動的場所幾乎沒有。

自從電視事業興起後，雖然減低了農民對於娛樂場所的迫切需要，可是對於電視節目的不能合乎口味，使得他們不得不重新找一精神的寄託。圖書館的不能設立，已使他們在知識上大感貧乏，再加沒有適當休閒的去處，只好養成他們太陽一落山就上床睡覺的陋習，此尚屬上者；至於下者呢？三五成群打牌消遣，久而久之，難免發生賭博風氣，造成傾家蕩產，甚至兇殺案件，此乃一社會大問題。

政府最近一連串為解救臺灣農村經濟問題的措施，是令人興奮的，何況在臺灣目前還是以農民的人口比率占最高。換句話說，能夠解決了農民的生活問題，也就解決了臺灣地區人民的生活問題。當然啦！不可否認的，臺灣農村經濟問題的解決，也就等於臺灣農村所存在的問題解決，但這並不能說是絕對的。

所以在本文裡，我們就臺灣目前農村經濟以外的，有關農民在精神上，情緒上疏導的問題提出討論。我們期望政府在加強農村的經濟問題外，也能和農民在精神上所遇到的問題一併解決，如此，我們相信政府在解決農村經濟問題上，會具有更重大的意義和收穫。[18]

1970 年代臺灣面對國內外政經環境的險惡，在產業發展上主要以農業來扶持出口產業的成長。我出身工農家庭，先父在世是在臺糖公司擔任基層工人，母親則是務農，我的為農民發聲，乃是天經地義的事。

回溯當時我針對臺灣農村正面臨的問題，大膽地向政府提出呼籲，只是現在回想起來，和相形對照之下，農民仍然是社會的最底層，臺灣農村的問題依然層出不窮。而令人最感傷的是，自己在外努力奮鬥了一輩子，好不容易從教職退休下來，卻依然必須面對年金改革和家庭生活壓力的諸多問題。

我想起蘇東坡在 64 歲被貶至海南時，寫的一首七言律詩〈倦夜〉：「倦枕

---

[18] 陳天授，〈請賜給農民精神食糧〉，《輔大新聞》第 100 期，(1973 年 6 月 12 日，2019 年 2 月 24 日修改)

厭長夜，小窗終未明；孤村一犬吠，殘月幾人行。衰鬢久已白，旅懷空自清；
荒園有絡緯，虛織竟何成。」東坡居士詩中的「衰鬢久已白，旅懷空自清；荒
園有絡緯，虛織竟何成。」

這不正是我的鬢髮已白，在外空有淒清情懷？而父母親留下的家園，我有
如荒園中的絡緯蟲，最終能織成什麼結果來？

近年我讀 2011 年聶華苓回臺灣出版的《三輩子》一書，在其〈附錄〉有篇
南京大學文學院教授劉俊〈中國歷史．美國愛情．世界文學─聶華苓印象記〉
的記述：

> 2008 年，美國加州大學為慶祝白先勇七十華誕，以「白先勇與臺灣現代
> 主義文學」為題召開了一個國際學術研討會，那天來了許多與臺灣現代
> 主義文學有關的重要作家：除了白先勇之外，聶華苓、施叔青、葉維廉、
> 李渝、杜國清、張錯……都來了，簡直就是臺灣現代主義作家的一次重
> 大聚會。在會上，聶華苓深情追憶了他參與《自由中國》編輯工作的往
> 事─《自由中國》也是聶華苓人生經歷和精神世界中至為重要的一部
> 分，他對雷震和殷海光的推崇和尊重，她對胡適的微詞，都源於她對這
> 些中國現代思想史和政治史上重要人物的人格判斷，而這種判斷的基
> 礎，則是中國文化傳統中對知識人「寧折不屈」的道德推許。雖然聶華
> 苓在自己編的文藝欄中發表了許多具有西方現代主義文學色彩的作
> 品，但從對為人的道德要求上看，聶華苓是非常中國徹底中國的。[19]

劉文中提及聶華苓對雷震和殷海光的推崇和尊重，和她對胡適的微詞，似
乎在說明胡適、雷震、殷海光與《自由中國》之間的微妙關係吧？聶華苓指出：

> 《自由中國》是胡適命名的，雜誌的宗旨是他在赴美的船上寫的，《自
> 由中國》創辦時，他人在美國，卻是《自由中國》的發行人，雖不情願，

---

[19] 聶華苓，《三輩子》，(臺北：聯經，2011 年 5 月)，頁 620。

也默認了，也為一小撮開明的中國知識分子撐腰。《自由中國》畢竟創刊了，他任發行人有關鍵性的作用。一九五一年《自由中國》的一篇社論《政府不可誘民入罪》就激怒了當局，胡適因為這件事來信辭去發行人名義，引起許多人揣測。

有人說《自由中國》和統治權力一有衝突，胡適就要擺脫《自由中國》了，以免受到牽連。既抗議了，又擺脫了，一箭雙鵰。[20]

這總讓我聯想起當年我為了解與胡適很有交情的蔣廷黻，其政治思想和外交的實際工作經歷，還特別利用 1970 年 10 月 3 日在當時羅斯福路三段羅斯福大樓「中國文藝協會」舉辦的「十月文藝書展」，買了 1967 年由陳之邁寫的，傳記文學出版的《蔣廷黻的志事與平生》，我非常敬佩蔣廷黻是位飽學之士的教授，又嚮往其有浪漫情懷的職業外交官生涯。

特別是陳之邁在該書中有段話吸引了我，他提到：

> 民國二十年的前後……當時也有人提倡「全盤西化」，有人主張「中國本位文化」，辯論很熱鬧。對於胡（指胡適）先生所說的種種，廷黻是大體同意的，不過胡先生所着重的是文學的和社會的改革，而廷黻所注意的偏重於經濟建設方面，要利用現代科學方法和技術來建設新國家。……廷黻相信中國的革新運動需要一個強有力的政府來領導，他服膺孫中山先生「萬能政府」的概念，因而反對胡先生「無為而治」的主張，因此也不憧憬西洋以保障人權為最高原則的政治制度。[21]

多年以後，我從經濟學理論的角度解讀，胡適的「無為而治」主張，可說是偏重於史密斯(Adam Smith)的古典經濟學；而蔣廷黻「萬能政府」的概念，可說是偏凱因斯(J. M. Keynes)的總體經濟學理論。

---

[20] 聶華苓，《三輩子》，（臺北：聯經，2011 年 5 月），頁 193。

[21] 陳之邁，《蔣廷黻的志事與平生》，（臺北：傳記文學，1967 年 1 月），頁 29-30。

另外，我讀于衡的《烽火十五年》才知道當 1955 年蔣廷黻在我國派駐聯合國常任代表任內成功的否決「外蒙古加入聯合國案」，並在隔年回國度假的一場演講中，主張我們政府應該提倡「重商主義」，認為「中國受讀書人和士大夫統治了幾千年，貧窮問題並沒有解決，我們不妨讓商人來試試看吧！⋯⋯」。于衡指出：

> 蔣〔廷黻〕博士的那篇演說，在當時和那個時期以前，是沒有人提過的，因此受到輿論界的充分支持，導致政府朝著那個方向前進。直到我們退出聯合國後，貿易上有了出超，用經濟挽回了外交上的頹勢，人們才證實到蔣博士有先見之明，同時也證實了「知識」的權威性。證實了思想家可以指導政治。[22]

蔣廷黻治學的外交官經歷，可與胡適治學的擔任駐美大使的經歷相互輝映，也因而胡適曾有過 1942 年 9 月當他離開駐美大使職務時，曾向當時的總統蔣介石推薦希望蔣廷黻接任駐美大使一職。

可是蔣廷黻在聯合國成功的否決「外蒙古加入聯合國案」，卻讓人不禁聯想起葉公超駐美大使於 1961 年 10 月 13 日因為未能成功的否決「外蒙古入聯案」，而被蔣介石星夜召返國事件經過，從此葉公超也就再沒有機會貢獻他的外交長才了。

三、梁啟超徐志摩著作與胡適的文化記述

我在撰寫〈胡適之先生著作書目提要〉的完成之後，繼續展開《近代學人著作書目提要》的閱讀與書寫，選定的近代學人是繼胡適之先生之後的第二位人選梁啟超先生。

那是我 1970 年考進輔仁大學圖書館系就讀之後，慢慢了解梁啟超與近代中

---

[22] 于衡，《烽火十五年》，（臺北：皇冠，1984 年 2 月），頁 521-523。

國圖書館事業的發展有非常密切的關係，促使我對於他的著作益發感到興趣，因而不斷地購買其相關著作與大量閱讀。

我之所以會將臺南後壁老家的讀書室取名「安溪書齋」，實因於受到梁啟超設立的「萬木草堂書藏」，乃至於 1933 年北平圖書館編印「飲冰室藏書目錄」的影響。

（一）【臺灣中華】版《飲冰室文集》(全 8 冊)

記得為了蒐集、閱讀與書寫〈梁啟超先生著作書目提要〉，我還省吃儉用的存夠了錢，到臺北市重慶南路的臺灣中華書局買了林志鈞編《飲冰室文集》(全 8 冊)。儘管買了這麼一套《飲冰室文集》，也花掉了我當時身上僅存的稿費，雖然勉強可以自己解讀是為了撰寫工作的需要，其實也難免是要滿足自己的一點點虛榮心吧！

對我而言，當時的閱讀與書寫梁啟超著作要比閱讀胡適的著作來得辛苦，儘管閱讀梁啟超的作品，大家喜歡開玩笑認為，讀他的作品就會有如「夏天飲冰水」的清涼感受，但從其文字的接近文言文程度，畢竟我是在胡適推動白話文革命之後，才開始接受其教育成長的一代。

我在閱讀《飲冰室文集》第二冊的〈論中國學術思想變遷之大勢〉之後，就沒有繼續撰寫《近代學人著作書目提要》。〈梁啟超先生著作書目提要〉就成為我的未竟之稿，構想《近代學人著作書目提要》的閱讀與書寫工程也就此打住了。

如今（2019 年）我重新翻閱《飲冰室文集》(全八冊)，手摸著這套已蒐藏近半世紀的舊書，發現書上我剪貼著《中央日報》副刊刊登一則短文，轉述梁啟超所言的〈人生甚麼事最苦呢？〉：

> 人生甚麼事最苦呢？貧嗎？不是。失意嗎？不是。老嗎？病嗎？死嗎？都不是。人生最苦的事，莫若身上背著一種未來的責任。人若能知足，雖貧不苦；若能安分，雖失意不苦。凡人生在世間一天，便有應該做的事。該做的事，沒有做完，便像是有幾千斤重擔子，壓在肩頭，最苦是

沒有的了。為什麼呢？因為受那良心責備不過，要逃躲也沒處逃躲啊！

讀完梁啟超的這則記述，真感自己未能完成《近代學人著作書目提要》的撰寫，這何曾不是自己人生最苦的事之一，倍覺人生最遺憾的事之一嗎？

檢視近代中國學術思想史上，其著作之豐，能成一家之言，而幾乎無人可以出其左右的要屬梁啟超先生了。尤其是他筆鋒常帶感情的文章，更令人感動於心，而且咀嚼回味無窮。我尤其也喜歡閱讀胡適在丁文江編《梁任公先生年譜長編初稿》的〈序文〉。

梁啟超從 4、5 歲開始，其家人便開始教他讀四書五經，母親的督學態度更是嚴格。有一次，梁啟超犯了錯，引起他母親的震怒。本來，犯錯的事實母親已經完全知道，可是，當他被叫到房裡跪下拷問的時候，他看見母親盛怒的情形，嚇得矢口不敢自承，而且不知不覺地還撒了謊，母親更是怒不可抑，不但把他翻伏在膝前，重重地搥打了 10 幾下，而且還罰跪到半夜。

梁啟超在 40 年後，憶起這段往事時,依稀還記得母親當年教訓他的一段話：

> 汝若再說謊，汝將來便成竊盜，變成乞丐……凡人何故說謊？或者有不應為之事，而我為之，畏人之責其不應為而為之；則謊言吾未嘗為；或者有必應為之事，而我不為，畏人之責其應為不為也，則謊言吾以為之；夫不應為而為，應為而不為，已成罪過；若己不知其罪過，猶可言也，他日或自能知之，或他人告知，則改焉而不復如此。[23]

母親繼續教訓他：

> 今說謊者，則明知其罪過而故犯之也；不惟故犯，且自欺欺人，而自以為得計也。人若明知罪過而故犯，且欺人以為得計，則與盜竊之性質何異？天下萬惡，皆起於是。然欺人終必為人所知，將來人人皆指而目之日；此好說謊之人也，則無人信之，既無人信，則不至成為乞丐而止也。

---

[23] 胡順萍，〈不敢自視如常兒的梁啟超〉，《中央日報》，(1989 年 3 月 2 日)。

梁啟超永遠記取母親這一席話的教誨，吾人能不引為自勉乎！1914 年梁啟超有感於時局混亂，舉家遷居天津，在義大利租借處建了一棟巴洛克式的兩層樓房，並引用「寒天飲冰水，點滴在心頭」的處境，將其住家號稱「飲冰室」。

此後餘生到 1929 年，梁啟超在飲冰室專心著述的時間長達 15 年，留下了不少論述性作品。梁啟超在遠離滾滾紅塵的政治是非圈之後，把大部分的時間用來從事於講學和著述。梁啟超自從住進「飲冰室」之後，一直到 1929 年的 59 歲病逝，他在這個地方一共住了 15 年。

在這一段期間，他在著述方面，我們在市面上看到臺灣中華書局於 1960 年出版的《飲冰室文集》(8 冊)，其目錄則細分為十六冊，檢視其文章多篇是在他隱居於「飲冰室」的這階段書寫完成。

1960 年代末期，我記得我的高中一年級國文老師（姓顧，名字不記得）在介紹梁啟超的「飲冰室」時，他用他特殊的廣東口音，拉高聲調說：「夏天的時候，大家一起來讀梁啟超的文章，不但不必吹電風扇，會自然涼在心頭；而且梁啟超的文章筆鋒常帶感情，讀來讓年輕人熱血澎拜，真是心靈上的一大享受。」

說實在，當時身為一個高中生，我還很難深切了解梁啟超的才識，和他的熱衷政治活動。同時，我更難去體會我高中老師在大陸歷經一段顛沛流離的日子之後，好不容易才在臺灣有了個落腳地方的心境。

梁啟超的好友胡適在 1893 年至 1895 年的期間，曾經隨母來臺灣依親，所以胡適常稱自己是半個臺灣人，來連結他與臺灣人之間的情感。無獨有偶地，梁啟超在 1895 年亦曾率多名舉人公車上書諫阻割臺，並在臺灣被日本統治後的第 5 年，攜其長女令嫻搭乘笠戶丸號兩人一起「游(過)臺灣」，受到林獻堂、連雅堂等人的熱烈歡迎。

梁啟超來臺途中有詩：

我生去住本悠悠，偏是逢春愛遠遊。歷劫有心還惜別，櫻花深處是并州。

(首途時雙濤圍繁櫻正作花嫻兒以辜負一年花事為憾)明知此是傷心地，亦
到維舟首重回。十七年中多少事，春帆樓下晚濤哀。(二十五日舟泊馬關)
天風浩浩引飛艎，睡起檣鐘報幾程。天末虹隨殘雨霽，波間鷗帶夕陽明。
萬丈霞標散霧珠，海中湧出日如盂。驕兒拍手勤相問，得似羅浮日觀無。
(與兒觀日出)天淡雲閒清晝同，彈棊蹴踘各能雄，閒心欲取春燈謎，領
略蘇家舶趠風。(舟客為種種娛戲)滄波一去情何極，白鳥頻來意似闌，
卻指海雲紅盡處，招人應是浙東山。(二十七日舟掠溫臺界而南)漢家故
是負珠崖，覆水東流豈復西。我遇龜年無可訴，聽談天寶祇傷懷。(舟
中有臺灣遺民談亡臺時事頗詳)迢遞西南有好風，故人相望意何窮。不勞
青鳥傳消息，早有靈犀一點通。(未至臺灣前一日林獻堂以無線電報祝海
行安善)東海波光入酒巵，檣鳥吉語報朝曦，而翁載得愁千斛，化作茲遊
一段奇。(二十八日為嫻兒生日)番番魚鳥似相親，滿眼雲山綠向人。前
路欲尋瀧吏問，惜非吾土忽傷神。(望雞籠)[24]

當梁啟超在臺北，眼見劉銘傳駐臺時期所建設的城牆全部被拆毀，僅留其
四門時，除了寫了一篇〈遊臺灣追懷劉壯肅公〉外，不禁感慨地留下了這首詩：

清角吹寒日又昏，井幹烽櫓了無痕；客心〔情〕冷似秦時月，遙夜還臨
麗正門〔景福門〕。[25]

梁啟超在臺北停留過後，旋受到霧峰林獻堂的邀請，下榻於他在南投萊園
的五桂樓。據林幼春對葉榮鐘口述指出，當時梁啟超曾勸言林獻堂、林幼春「不
可以有文人終身」的看法，須要努力研究政治、經濟以及社會、思想等學問。
這可說是當時梁啟超的理想堅持，和所面臨的處境，卻也是他一生的最佳

[24] 林志鈞編，新會梁啟超任公著，《飲冰室文集》(第八冊)，(臺北：臺灣中華書局，1970 年 10 月)，〈飲
冰室文集之四十五(下)〉，頁 59-60。
[25] 林志鈞編，新會梁啟超任公著，《飲冰室文集》(第八冊)，(臺北：臺灣中華書局，1970 年 10 月)，〈飲
冰室文集之四十五(下)〉，頁 60。

寫照。最值得特別注意的是，他在日本曾化名吉川晉，先後多次與臺籍旅日人士會面，並向林獻堂、林幼春提及不可以文人終身的諍言，確實影響了林獻堂日後的獻身於臺灣社會和民族運動。

梁啟超的這一趟臺灣之行，除了還特別強調「破碎山河雖料得，艱難兄弟自鄉親」之外，還留下許多首詩詞，諸如：〈三月三日遺老百餘輩設歡迎會於臺北故城之薈芳樓敬賦長句奉謝〉、〈臺灣竹枝詞〉、〈贈臺灣逸民某兼簡其從子〉等。最可惜的是他未能親下到訪臺南，不過後來他也有詩描述古都，都收入《臺灣雜詩》，這可能是他的想像作品，諸如針對鄭延平祠在臺南府南門外，日人稱「開山神社」的描述：

> 臺南南郭路，勝跡鄭王祠。肅肅海天晚，沈沈故國悲。簷花馴鳥雀，壁影護龍螭。落日懷名世，回風欲滿旗。

還有針對赤崁城俗稱王城，在安平之海隅，為當年荷蘭人所築，而今已毀壞的描述：

> 三百年前事，重重入眼明。天開一柱觀，月照受降城。胡虜到今日，兒童識大名。執非軒頊裔，哀此乞塵氓。

還有針對當年鄭成功率領大軍，從七鯤鯓及鹿耳門渡海上岸，而有其〈臺灣八景之一〉的描述：

> 鹿耳山形壯，鯤鯓海氣麤。重關常北向，眾水總南趨。事去勞精衛，年深失湛盧。東風最無賴，綠到海桑無。[26]

---

[26] 梁啟超，《臺灣雜詩》，但我遍查《飲冰室文集》未著，上述詩文轉引自洪桂己，〈林獻堂與梁啟超（下）〉，《中外雜誌》，頁 122-129。

梁啟超出生於 1873 年，當 1910 年他來臺訪問時，正值他 37 歲的壯年階段，可惜梁啟超後來因忙於辦報和政事而未能完成撰寫《臺灣遊記》的心願。1914 年他退隱天津，距離來臺的時間也只有 4 年光景。

他曾在〈論合羣〉的文章中提到天下事業多矣，豈必推倒他人，而容卿一席耶？凸顯了梁啟超一生對於在政治與學術之間的有感而發，他更感受「世界無窮願無盡，海天寥闊立多時」，「人生甚麼是最苦呢？莫若身上背著一種未來的責任」。

1998 年 3 月 16 日我從《中國時報》看到一篇白德華來自天津的報導，梁啟超的「飲冰室書齋」被天津市政府列為「愛國主義教育基地」暨「文物保護單位」，但從破舊的外觀及內部住了十八戶人家的景象看，這棟極具紀念意義的宅邸已失去昔日光彩。

1998 年 11 月 13 日我在中央廣播電台主持【知識寶庫】的節目中，以〈梁啟超的飲冰室〉為題播出，這是我多年來一直希望能進行中華文化與臺灣更緊密連結的工作與努力，也是我自 1970 年代選擇胡適、梁啟超、林語堂，徐志摩等人的著作，構思撰寫《近代學人著作書目提要》的一份執著與理想。

2010 年 9 月我到天津參加學術研討會，可惜無緣造訪梁啟超的飲冰室故居和其書齋，不過據主辦研討會的友人所述，梁啟超的飲冰室故居已經整修完成，並與鄰近溥儀的故居「靜園」，都是旅遊天津的重要文化景點。[27]

（二）【傳記文學】版《徐志摩全集》(全 6 冊)

談到徐志摩的名氣，我在念高中時期就非常喜歡閱讀徐志摩的詩，例如大家就會很容易聯想到他的感人新詩和浪漫的愛情。在徐志摩感人的新詩上，我最喜歡〈偶然〉這首詩：

　　我是天空裡的一片雲，偶爾投影在你的波心─你不必訝異，更無須歡

---

[27] 陳天授，〈梁啟超的飲冰室〉曾於 1998 年 11 月 13 日中央廣播電台播出，2015 年 8 月 14 日文字稿整理，收錄：陳添壽，《近代名人文化記述──拙耕園瑣記之參》，2018 年 4 月 HyRead　電　子書服務平台。

喜—在轉瞬間消滅了踪影。你我相逢在黑夜的海上，你有你的，我有我的方向；你記得也好，最好你忘掉，在這交會時互放的光亮。[28]

另外，我喜歡徐志摩寫的，也是大家所最熟悉的，大家常掛在嘴巴上，常常愛吟唱的〈再別康橋〉：

輕輕的我走了，正如我輕輕的來；我輕輕的招手，作別西天的雲彩。⋯⋯
悄悄的我走了，正如我悄悄地來；我揮一揮衣袖，不帶走一片雲彩。[29]

所以在高中階段我就買了有關徐志摩的著作，到現在我清楚記得 1960 年左右買的是文化圖書公司出版的徐志摩全集，其實以現在對於該書版本和內容的要求來看，完全夠不上全集的水準，但是對一個在鄉下念書的高中生而言，能買到這書已經非常滿足了。

《徐志摩全集》必較理想的版本是我在 1970 年代北上念書之後，買的蔣復璁、梁實秋主編，由遠東圖書公司出版的《徐志摩全集》(全六輯)。

在徐志摩浪漫的愛情上，大家常會提到他與張幼儀離婚，和他與陸小曼結婚的逸事。這件事的發生，給徐志摩帶來的衝擊，社會對他行為的嚴厲評論而引發對其有所不諒解。包括他老師梁啟超在給他的長信中提到：

⋯⋯其一，人類恃有同情心以自貴於萬物，義不容以他人之苦痛易自己之快樂，⋯⋯其二、戀愛神聖為今之少年所最樂道，吾於茲義固不反對，然吾以為天下神聖之事亦多義，以茲事為唯一之神聖，非吾之所敢聞，且茲事蓋可遇而不可求，非可謂吾欲云云即云云也。況多情多感之人，其幻象起落骨突，而得滿足得寧帖也極難，所夢想之神聖境界，恐終不

---

[28] 蔣復璁、梁實秋主編，《徐志摩全集》(第二輯)，(臺北：遠東圖書，1969 年 1 月)，頁 204。

[29] 蔣復璁、梁實秋主編，《徐志摩全集》(第二輯)，(臺北：遠東圖書，1969 年 1 月)，頁 394。

可得，徒以煩惱終其身已耳。[30]

　　信的最後，梁啟超特別提到他的政治思想史全部脫稿一事，甚盼志摩能迻譯也，彰顯老師對學生的器重與愛護之情，表露無遺。然而，社會對徐志摩之所以有其不諒解之處，實因於當時批評他的人士，不曾理解徐志摩，不懂得徐志摩所持單純信仰的人生觀。

　　1999年4月30日我在中央廣播電台「知識寶庫」，以〈徐志摩的單純信仰〉為題播出的節目中，特別引用胡適之〈追悼志摩〉的提到徐志摩：

> 他的人生觀真是一種「單純信仰」，這裡面只有三個大字：一個是愛，一個是自由，一個是美。他夢想這三個理想的條件能夠會合在一個人生裡，這是他的「單純信仰」。他一生的歷史，只是他追求這個單純信仰的實現的歷史。[31]

　　根據喜歡「大膽假設、小心求證」，也是徐志摩好友的胡適之的考證，當時徐志摩離婚的心理，完全是青年單純的理想主義。他覺得那沒有愛，又沒有自由的家庭是會摧毀他們的人格的。所以徐志摩下了決心，要自由償還自由，要從自由求得他們的真生命、真幸福、真戀愛，於是徐志摩離婚了。

　　徐志摩離婚的時間是在民國十一年(1922年)三月，在當時尚未如現在開放的社會裡，是難免會存在著爭議性的觀點。如果我們能以當今的眼光看徐志摩對愛、美、自由的追求，找尋他的人生信仰，就誠如胡適所言，是最單純不過的事了。徐志摩於〔1924年2月〕給胡適的信上說：

> ……聽說聚餐會幸虧有你在那裏維持，否則早已嗚呼哀哉了——畢竟是一根「社會的柱子」！我是一個罪人，也許是一個犯人；「為此上避難

---

[30] 蔣復璁、梁實秋主編，《徐志摩全集》(第一輯)，(臺北：遠東圖書，1969年1月)，頁134。

[31] 蔣復璁、梁實秋主編，《徐志摩全集》(第一輯)，(臺北：遠東圖書，1969年1月)，頁358。

在深山」。

昨晚居然下大雪，早上的山景不錯，可惜不多時雪全化了，沽酒都來不及，雪膚就變成泥渣了！……[32]

徐志摩以「罪人」和「犯人」自稱，基本上是指婚姻方面。他和原配夫人離婚，受家庭及社會非議。他追求林徽音沒有結果，又是痛苦無限。所以，「罪人」算是別人加在他頭上的；「犯人」是「自封」的。但胡適是幫忙著處理徐志摩與三個女人〔張幼儀、陸小曼、林徽音〕之間愛情糾葛的大事。

梁實秋在〈談志摩的散文〉以為志摩的散文在他的詩以上。志摩的可愛處，在他的散文裡表現最清楚最活動。[33]在〈談徐志摩〉一文中評論張幼儀說：

她沉默地、堅強地過她的歲月，她盡了她的責任，對丈夫的責任，對大家的責任，對兒子的責任──凡是盡了責任的人，都值得尊重。梁實秋也描述徐志摩說：他飲酒，酒量不宏，適可而止；他豁拳，出手敏捷而不咄咄逼人；他偶爾打麻將，出牌不假思索，揮灑自如，談笑自若；他喜歡戲謔，從不口傷人；他飲宴應酬，從不冷落任誰一個。[34]

20 歲還是學生時與 16 歲新娘結婚的詩人徐志摩，在夫妻關係的 7 年後，徐志摩與夫人張幼儀(張嘉璈之妹)離婚真正的原因，我們實在沒有妄加臆猜的必要，雖然在當時的環境裡，引起了很大的漣漪，然而以現代人的觀念而言，也是最平常不過了。

倒是另外引發我們最感到興趣的，是徐志摩與新對象陸小曼從相識、相戀

---

[32] 梁錫華，〈胡適遺落在大陸的書信外一章──徐志摩生平補闕：舊事新證〉，《聯合報》，(1982 年 12 月 10 日)。

[33] 蔣復璁、梁實秋主編，《徐志摩全集》(第一輯)，(臺北：遠東圖書，1969 年 1 月)，頁 385。

[34] 陳添壽，〈徐志摩的單純信仰〉曾於 1999 年 4 月 30 日中央廣播電台播出，2016 年 12 月 29 日文字稿整理，收錄：陳添壽，《近代名人文化記述──拙耕園璅記之參》，2018 年 4 月 HyRead 電子書服務平台。

到相合的愛情故事。傅建中在〈中日淞滬戰役中的王賡事件〉一文中提到：

> 名氣超過王賡〔受慶〕本人的則是他的妻子陸小曼，陸是美女，連胡適
> 都說是北京城內不可不看的美景之一，小曼雖沒有受過多少正規教育，
> 卻是才藝雙全，兼精通英、法文，十七歲的時候在父母的安排下，就嫁
> 給了王賡，可惜王賡是個工作狂，冷落了嬌妻，常託好友徐志摩照顧並
> 陪她玩，結果二人發生戀情，鬧得舉國皆知，王賡倒也爽氣，同意離婚。[35]

徐志摩與陸小曼的認識與婚後生活，陸小曼在《愛眉小札》的序文中說：

> 在我們初次見面的時候（說來也十多年了），我是早已奉了父母之命媒妁
> 之言同別人結婚了，雖然當時也痴長了十幾歲的年齡，可是性靈的迷糊
> 竟和稚童一般。婚後一年多才稍懂人事，明白兩性的結合不是可以隨便
> 聽憑別人安排的，在性情與思想上不能相謀而勉強結合是人間最痛苦的
> 一件事。當時因為家庭間不能得着安慰，我就改變了常態，埋沒了自己
> 的意志，葬身在熱鬧生活中去忘記我內心的痛苦。又因為我嬌慢的天性
> 不允許我吐露真情，於是直着脖子在人面前唱戲似的唱着，絕對不肯讓
> 一個人知道我是一個失意者，是一個不快樂的人。這樣的生活一直到無
> 意間認識了志摩，叫他那雙放射神輝的眼睛照徹了我內心的肺腑，認明
> 了我的隱痛，更用真摯的感情勸我不要再騙人欺己中偷活，不要自己毀
> 滅前程，他那傾心相向的真情，才使我的生活轉換了方向，而同時也就
> 跌入了戀愛了。於是煩惱與痛苦，也跟著一起來。[36]

　　相識兩年後的 1926 年 10 月，陸小曼與徐志摩終於在其父母有三條件：婚
費自籌，故儀式草草，僅茶點而已；必須梁啟超證婚，故經胡適設法說服，卒

---

[35] 傅建中，〈中日淞滬戰役中的王賡事件〉，《中國時報》，(2012 年 4 月 13 日)。

[36] 蔣復璁、梁實秋主編，《徐志摩全集》(第四輯)，(臺北：遠東圖書，1969 年 1 月)，頁 250-251。

由梁氏任之；婚後必須南下，與翁姑同住的被要求下，兩人堅持愛到深處無怨尤的走向紅地毯，勇敢迎向不可知未來的社會嚴厲挑戰。[37]

1999 年 4 月 30 日我在中央廣播電台「知識寶庫」，以〈徐志摩的單純信仰〉為題播出的節目中，特別提及當他們結婚周年時，陸小曼收到徐志摩送的一件特殊禮物，上還附有的文字是這樣寫著：

> 小曼：如其送禮不妨過期到一年的話，小曼，請妳收受這一集詩。算是紀念我倆結婚的一份小禮。秀才人情當然是見笑的，但好在你的思想，眉，本不在金珠寶石間！這些不完全的詩句，原不值半文錢，但在我這窮酸，說也臉紅，已算是這三年來唯一的積蓄。[38]

試想，陸小曼在擁有徐志摩這份的濃情蜜意，縱使碰到周遭環境的令她苦惱。愛使一個人堅強，陸小曼能生活在充滿徐志摩愛情詩集裡的日子，陸小曼又何懼之有？誠如徐志摩感觸人生短暫有如午後到黃昏的距離，茶涼言盡，月上柳梢。至於電視劇《人間四月間》的再度燒起「徐志摩熱」，似有挖不盡「百寶箱」的徐志摩故事。[39]

四、林語堂梁實秋著作與胡適的文化記述

近代中國文學史上有兩位幽默大師，一是林語堂，一是梁實秋。林語堂曾說過：「講演有如女人的裙子，愈短愈好」，而為人人樂以引用的幽默大師—林語堂博士，是近代以來，中國人直接用英文寫中國最成功的名作家之一。

所以，外國人尊稱他是小說家、詩人、散文家、哲學家、教育家、劇作家、編輯、翻譯家、文集編選者、批評家、演說家、學者、語言家、發明家、和行

---

[37] 蔣復璁、梁實秋主編，《徐志摩全集》(第一輯)，(臺北：遠東圖書，1969 年 1 月)，頁 624。

[38] 蔣復璁、梁實秋主編，《徐志摩全集》(第一輯)，(臺北：遠東圖書，1969 年 1 月)，頁 630。

[39] 祝子慧，〈徐志摩的「百寶箱」〉，《聯合報》，(2004 年 2 月 1 日)；王海龍，〈志摩後人何處尋〉，《聯合報》，(2004 年 2 月 1-2 日)。

政人員。我們綜覽他一生寫了「約六十本書和一千篇文章」和細品他的著作，不難一一得到印證。[40]

　　林語堂出生在一個親情似海的基督教家庭，讀他寫的《八十自述》中有一段很感人的故事：

> 二姊頭腦很好，應該上大學。但是父親要栽培另外幾個兒子；兒子上大學，可以，女兒卻不行。福州女子大學的學費高達七十到八十大洋。父親辦不到。
>
> 我知道她很想接受大學教育。她在鼓浪嶼讀完中學；人家來提親的時候，她年約 22 歲。她不理不睬。夜深了，母親找機會和她談婚事，她總是將蠟燭吹熄，不肯多談。最後她實在沒有辦法，只好答應嫁人。[41]

　　1923 年林語堂在萊比錫大學得到博士學位，日後得悠哉「兩腳踏東西文化，一心評宇宙文章」，但她永遠忘不了她二姊在婚禮前一天，她從衣袋裡拿出四毛錢，對他說：「如果，你要去讀大學，別荒廢良機。做一個好人，有用的人，有名的人。這是姊姊對你的心願。」

　　林語堂女兒林太乙記述別人所不知道的是身為林語堂女兒的意味：我從小所見所聞，都是他指給我看，講給我聽。是他打開我的眼睛，教我觀賞世界的美妙，是他教我培養好奇心，是他對我說：「文章可以幽默，做事須認真。」這句話的林語堂題聯，道出了林語堂自身的人生哲學。[42]

（一）【遠景】版《蘇東坡傳》(宋碧雲譯)

　　我們都知道林語堂是一位以英文書寫而揚名國際的作家，被列為二十世紀的智慧人物之一，是具哲學家、文學家、旅遊家以及發明家於一身的學者。他

---

[40] 喬治高，〈有其父必有其女——讀「林語堂傳」(上)〉，《聯合報》，(1990 年 1 月 18 日)。

[41] 林語堂，《八十自述》，(臺北：遠景，1980 年 6 月)，頁 15。

[42] 繆天華，〈林語堂的中文程度〉，《中央日報》，(1989 年 6 月 9 日)。

不僅精通英文，也擅長中國文學，是位「兩腳踏東西文化，一心評宇宙文章」。

林語堂的作品充滿了赤子之心，代表著他亦莊亦諧的生活態度，也闡釋了他獨特的生活藝術，因翻譯「幽默」（Humor）一詞，以及創辦《論語》、《人間世》、《宇宙風》三本雜誌，提倡幽默文學，因此贏得「幽默大師」的美名。

其實林語堂也曾自述他並不是一流的幽默家，只是他有感於在一個缺乏幽默的假復古世界裡，他是頭一個出來鼓吹幽默重要的人。林語堂在〈從梁任公的腰說起〉幽默指出：「讀書人最應該頭腦清楚，然讀書人偏最常上當。」

林語堂認為幽默是叫人發笑的話，但是使人發笑的方法不是油滑，而是對人生有了深刻觀察後所說出的老實話。幽默的語句都盡人情，而且含有悲天憫人的胸懷。幽默特別是在某些場合，透過藝術的口吻而說出來的真話，讓險惡、虛偽都會消弭在無形，這就是幽默的最高境界。

所以，沒有幽默滋潤的國民，其文化必日趨虛偽，生活必日趨迂腐，文學必日趨乾枯，而人的心靈必日趨頑固。

1962 年 5 月林語堂在為陳香梅女士所寫的《一千個春天—婚姻的自述》的序中，有這麼一段描畫陳女士和其夫婿陳納德將軍之間的話：

> 陳納德將軍如今已在雲天—他也是屬於雲天的—而他的「翡翠」（陳納德夫人），卻仍健在人間，在臥室裏，她凝視着他的遺像，他們美麗的愛情往事歷歷在目，在回憶中使她感到的有點甜蜜悲切。正因為她是一個作家，她便寫出這些事來，是片斷的回憶，是生活的瑣事，有溫暖，有感情，有柔情，是他們偉大永恆的戀愛生活史。在它樸素和珍愛家庭瑣事的憶念藝術中，它使人想到那本不朽的名著《浮生六記》，那也是一個永恆不變的愛情故事，是一位平凡的中國讀書人，在他妻子死後寫成的。[43]

林語堂會推崇《一千個春天》和《浮生六記》的生活樂趣，強調「生活的

---

[43] 陳香梅，《一千個春天——婚姻的自述》，（臺北：傳記文學社，1978 年 7 月），〈林語堂序〉頁 1。

目的是真正地享受生活」，和「我真誠地相信，一個謙卑渺小的生命能快樂地過一輩子，是宇宙間之至美」。因此，在這裡今天我們才有機會閱讀他寫的《生活的藝術》，追尋著他的生活樂趣與人生境界。

林語堂對生活真正的價值定義：閑適。「閑適」不僅是種行為方式，更是種思想和觀念。「閑適」的背後是對生命的深刻的感知與思考。他深知每個生命的甘苦、生存之不易、拼搏的艱辛。沒有人能選擇自己的出身、奮鬥經歷和改變際遇的貴人，但是我們可以選擇面對生活的方式。生活是用來享受的，生命是用來感知的。誠如錢穆《人生十論》指出的「適」就是美。

所以，林語堂認為沒有真正體會到生活樂趣的人，還不夠深愛自己的人生。而想深愛人生，就要全情投入。要敢愛敢恨，敢對邪惡怒目相斥，能為善行仗義執言。人總要有份性情，才能活得灑脫、自在，才能在看似平淡無奇的生活裡，體會它的真滋味。

一個人可以溫和，卻不能沒有骨氣；可以理智，卻不能冷血；他應是哲人也是詩人，是鬥士也是學者，能冷眼旁觀，也可古道熱腸。這樣的人才是飽含深情熱愛生活的人，而生活也會回饋給他最精彩的人生。

也因為林語堂的欣賞蘇東坡能瀟灑奔放、吟嘯自如，我們也才又有閱讀他所寫《蘇東坡傳》的福氣和樂趣。1970 年代我讀的《蘇東坡傳》【遠景版】是宋碧雲翻譯的。多年後，大陸作者李一冰的《蘇東坡新傳》（上下冊）【聯經版】，乃至於 2019 年的增修校定新版，在臺灣仍列暢銷書。

林語堂對生活的態度讓我了解到人生即使苦難，卻也能十分豁達。或許這塵世有著太多不順心、不如意，但透過對生命的熱情與觀察，這世界就是天堂。

我展讀蘭臺出版社發行的陳慶元教授所寫《東吳手記》中，特別欣賞〈陽明山林語堂故居〉和〈外雙溪錢穆故居〉二文。我除了敬佩與喜歡陳慶元對於這兩位大師文彩的描述之外，對照發現林語堂和錢穆同年生，都是生於清光緒 21 年，也就是 1895 年，更是臺灣、澎湖在這一年從清朝手中割讓給日本，臺灣人在被日本統治的 51 年間，臺灣與祖國中國之間，臺灣人與華人中國人之間的關係，成為現在兩岸推動和平發展的鴻溝，好在中華文化的臍帶是剪不斷

的。

我在 2011 年 7 月造訪了林語堂的家鄉漳州時，不但去鼓浪嶼參觀了【林語堂故居】，更到了漳州的薌城區，參觀剛落成不久的【林語堂紀念館】，特地在館內還買了由陝西師範大學出版的《蘇東坡傳》，和江蘇文藝出版社出版的《生活的藝術》。當時我還納悶為什麼林語堂的著作系列不是由【林語堂紀念館】整理出版，而是分別由不同省份和出版社來出版。

2012 年 11 月我有機會再訪漳州，趁著研討會的用餐時刻，請教了當時擔任漳洲閩南文化研究院東南海疆文化研究所所長的陳慶元教授，才得知漳州師院(現改名閩南師範大學)已陸續整理出版《林語堂全集》，我殷切盼望有機會能見到這套書的完整內容。[44]

在談林語堂的讀書與創作。林語堂非常欣賞黃山谷所說「三日不讀書，便語言無味，面目可憎。」[45]林語堂特別解讀「面目可憎」，不可作面孔不漂亮解釋，而是指讀書人的議論風采說法，有人面目平常，但說起話來，令人有如飲醇酒、如坐春風的感覺；有人面目姣好，但一與交談，風韻全無，便覺得索然，這與讀書多少有關。

至於「語言無味」，那就要看所讀的是甚麼書，以及讀書的方法了。讀書讀出了味，語言自然有味，語言有味，寫出的文章亦必有味了。所以，林語堂在《無所不談》的一篇〈說誠與偽〉中特別提到「人生在世，無一事非情，無一事非欲。要在誠之一字而已，誠便是真。去偽崇真，做文做人，都是一樣」。

林語堂又指出，讀書是文明生活中，人所共認的一種樂趣，凡是以勉強的態度去讀書的人，都是不懂得讀書藝術的人，更談不上讀書的樂趣。

所謂「興味到時，拿起一本書就讀」，這就是幽默大師的讀書原則。[46]所以，他堅守自己的讀書是一位絕對自由主義者，人無論在學校、在家裡，無論從商、

---

[44] 陳天授，〈林語堂的生活樂趣〉曾於 1999 年 1 月 1 日中央廣播電台播出，2015 年 9 月 4 日文字稿整理，收錄：陳添壽，《近代名人文化記述──拙耕園瑣記之參》，2018 年 4 月 HyRead 電子書服務平台。

[45] 林語堂，越裔漢譯，《生活的藝術》，(江蘇：文藝出版社，2010 年 1 月)，頁 305。

[46] 林語堂，越裔漢譯，《生活的藝術》，(江蘇：文藝出版社，2010 年 1 月)，頁 310。

坐辦公室，都可以利用休閒時間讀書。

所以，林語堂非常同情在校生，他認為學校讀書會出現有「四不」現象：

> 第一、所讀非書，學校專讀考試用教科書，而教科書並不是真正的書，與其讀一本小說概論，倒不如讀《三國演義》、《水滸傳》；讀一部歷史教科書，不如讀《史記》。第二、無書可讀，限於學校藏書；第三、不許讀書，因在課堂內看書，例外不許；第四、讀書不好，因處處受到校規的干擾。

因此，林語堂有讀書的三條門徑：

> 一、要認為讀書是為自己讀書，不是為別人，更不是為文憑，既為自己讀書，必會勤勉苦攻，廢寢忘食而樂在其中。二、要滿足自己興趣，自己願學甚麼？喜歡學甚麼，就學甚麼，不喜歡的不要學，與志趣不合的不要學。三、要找出合於自己興趣的題目，專心深入，不可東找找、西看看，否則一鱗半爪，不能生根，學問只要生根，不怕它不會繁榮滋長。[47]

至於創作，林語堂曾自述他最喜歡做的事，就是寫作，而要有好的創作秘訣，他強調性靈，要根據自己的直覺下判斷，思索自己的觀念，創立自己獨特的見解，這樣的文章才會有生命。他自陳他不相信靈感，但他認為寫文章要靜、專心和興趣。人要靜下來，心要專，再加上興趣，文思自然潮湧而起。

林語堂又說：

> 天下的事，如果要想成功夫，都必須下苦功，如果天性所近的話，即使

---

[47] 陳天授，〈林語堂的讀書與創作〉曾於 1999 年 1 月 8 日中央廣播電台播出，2015 年 9 月 5 日文字稿整理，收錄：陳添壽，《近代名人文化記述——拙耕園瑣記之參》，2018 年 4 月 HyRead 電子書服務平台。

加倍用力，也不會覺得苦。[48]

所以，林語堂在他的創作生涯中，他拿筆的時候多，有時候清晨 6 點多開始寫作，一天要用 10 幾個小時在書房，他不覺得苦，也不覺得累，有了興趣就不會去計算鐘點的。他的好友馬星野指出，林語堂的寫作生涯可分為 1930 年代階段、海外階段，和答應為中央通訊社寫「無所不談」專欄的開始等三個階段。[49]

上述林語堂的讀書與創作經驗可以提供我們參考，也期待有志者將來能如幽默大師林語堂的豐富作品，都是我們生活中的最佳精神食糧。人必有痴，而後有成。痴各有不同，或痴於財，或痴於祿，或痴於情，或痴於漁。各行其是，皆無不可。所以，林語堂說：

> 人生必有痴，必有偏好癖嗜。沒有癖嗜的人，大半靠不住。[50]

我自己在人生陷入低潮的時候，總喜歡以悅讀來調適自己的心境。1978 年 8 月 5 日當我在臺南老家讀著林語堂的《吾國與吾民》時，我在這書的一面空白頁上打了首油詩：「我本是個莊稼漢，未曾耕耘流過汗；如今下田學幹活，勉稱半農求心安。」

我非常羨慕林語堂生前在陽明山的閱讀與書寫歲月，他在〈來臺後二十四快事〉中特別記下：

> 宅中有園，園中有屋，屋中有院，院有樹，樹上有天，天上有月，不亦

---

[48] 林語堂，越裔漢譯，《生活的藝術》，（江蘇：文藝出版社，2010 年 1 月），頁 311-319。

[49] 馬星野，〈回憶林語堂〉，《傳記文學》(第 31 卷第 6 期)，(臺北：傳記文學雜誌社，1976 年 12 月)，頁 11。

[50] 洪俊彥，〈近鄉情悅──幽默大師林語堂的臺灣歲月〉，（臺北：蔚藍文化，2015 年 4 月），頁 147。

　　快哉！[51]

　　對照我自己的住家有這情境，我也不亦快哉！只是臺北居不容易，或許我可以學習林語堂的山居情趣，返回嘉南平原的臺南後壁安溪老家，將幾坪大的埕園稍作整修，追求「宅中有園，園中有屋，屋中有院，院有樹，樹上有天，天上有月，不亦快哉！」。

　　我也希望達到林語堂「我要一間自己的書房，可以安心工作。並不要怎樣清潔整齊，應有幾分凌亂，七分莊嚴中帶三分隨便，住起來才舒服」的境界，我心亦嚮往之。

　　我的祖籍是福建泉州的安溪縣，榮幸與林語堂同稱是閩南人。現在在陽明山的林語堂故居，每年在清明時節的時候，都固定會舉辦潤餅節活動。我也很喜歡吃潤餅，記得每年到了這個季節，對於離鄉在外打拼的遊子如我而言，總會想起母親為我準備好的食材，這記憶常懷我心。

　　林語堂在《生活的藝術》特別提到他個人的食物哲學，大概可以歸納為三事，即新鮮、可口，和火候適宜，亦最符合常言道：古人云摯友三品：一如粥的暖身暖心；二如水的君子之交淡如水；三如茶的清雅，高潔。[52]

　　大學時期喜讀余阿勳在其《日本文壇散記》中，對於川端康成、夏目漱石、三島由紀夫等日本文學作家著作的介紹與生活的描述。尤其是為更深入了解當年林語堂主持下的中華民國筆會，與 1970 年 6 月邀請川端康成來臺北參加「第三屆亞洲作家會議」的經過。[53]

　　2018 年 12 月 13 日的午後臺北，天氣雖然仍帶有些微陰雨，我獨自搭了捷運，在古亭站下車再徒步到紀州庵，參觀中華民國筆會正在舉辦「走筆大世界」，紀念該會成立 90 年、來臺 60 年的展覽。

　　我特地拍了許多的照片，其中特別是胡適、林語堂、張道藩、馬星野、姚

---

[51] 洪俊彥，〈近鄉情悅——幽默大師林語堂的臺灣歲月〉，（臺北：蔚藍文化，2015 年 4 月），頁 246。

[52] 林語堂，越裔漢譯，《生活的藝術》，（江蘇：文藝出版社，2010 年 1 月），頁 222。

[53] 彭歌，《筆之會》，（臺北：三民書局，1971 年 5 月），頁 1-5。

朋(彭歌)等幾位近代學人的畫面，作為我書寫的題材與文獻資料。陳紀瀅在〈我所知道的林語堂先生〉提到馬星野擔任中國國民黨中央委員會第四組主任，掌管文宣，因為林語堂的幾本英文著作早已被翻譯成西班牙文，在中南美洲普遍流行，馬星野特地安排林氏伉儷於 1961 年走訪這些國家。

　　陳紀瀅還寫到：

> 林氏〔語堂〕的公開講演，似乎稍遜於胡適之先生。胡先生既能寫，又能講。
> 林先生在臺下與人談天，其風趣不下於胡先生；但在臺上，不似胡氏之富有吸引力。可知學者的稟賦各有不同。[54]

　　尤其是林語堂為什麼會在 1958 年「八二三炮戰」之後的一個多月第一次到訪臺灣；又 1964 年他又為什麼在紐約的一場餐會上見過當時的中央通訊社社長馬星野，後來會答應為其通訊社撰寫「無所不談」專欄。[55]

　　1966 年當他已是 72 歲的年紀時還願意回到臺灣定居陽明山，儘管他之前也曾經在蔣介石侍從室擔任過多年的無級職顧問，我想主要還是與當時中華民國蔣介石政府反共，和不接受美國有所謂「兩個中國」的主張。

　　另外，林語堂在《八十自敘》指出：

> 我要提一九二六年北京大學的集體出奔。……政府開了一張黑名單，要抓五十四名批評政府的左翼教授，包括共產黨員李大釗……。毛澤東當年是北京大學的圖書管理員，已經離職，建立「中國共產黨」去了。……我和魯迅、沈兼士及北京大學幾位很有名的教授接納了廈門大學的聘書，遂依約前往。……我也離開廈門大學，加入前部長陳友仁的武漢政

---

[54] 陳紀瀅，〈我所知道的林語堂先生〉，《傳記文學》（第三十一卷第六期），（臺北：傳記文學雜誌社，1976 年 12 月），頁 39-40。

[55] 馬星野，〈回憶林語堂先生〉，《傳記文學》（第三十一卷第六期），（臺北：傳記文學雜誌社，1976 年 12 月），頁 10-14。

府外交部，我一向佩服他。他曾協助收回漢口的英租界。我幹了六個月的秘書，對革命家深感厭倦，一九二七以後，我就全心寫作。[56]

至於林語堂與胡適之間的關係，除了林語堂《八十自敘》書中，亦如周質平《胡適論叢》書中的附錄，似有較勁意味的臚列大量英文著作書目之外，徐訏在〈追思林語堂先生〉的一文中寫道：

> ……在紐約時，除了約定的宴敘以外，他從不過訪朋友。譬如他同胡適之交往，好像胡適之有時候得便去看看他，而他則從不探訪適之，也沒有兩人無事相約在外面吃一個便飯之事。在這方面講，語堂之不盡人情也正如以前許多人之批評歌德一樣的。[57]

徐訏又繼續寫道：

> 在語堂同輩的朋友之中，我聽到過許多人對語堂有貶抑輕率的評語，譬如胡適之先生，他就在許多北大同學集會中，說他某本書完全拾英國人的牙慧等等。但語堂對胡適之從未有輕侮的評語。有人稱他的英文高於適之，他也從不承認。有一次，我對他說，他把各民族的特性分為不同成分的感情，如幽默感甚麼之類，似乎缺一種「神祕感」。他頓悟似的對我大為稱讚。我說有許多思想大作家都少這「神祕感」，譬如魯迅、周作人、胡適之，都少這「神祕感」。西洋思想家我覺得如羅素，也少這「神祕感」，巴斯格(Blaise Pascal)、伯格遜(Henri Bergson)就具有神祕感。作家中如托爾斯泰、契訶夫、莫泊桑以及紀德，都具有神祕感。他很欣賞我的話，笑著說，所以適之碰到了宗教思想的問題，往往就一

---

[56] 林語堂，《八十自敘》，(臺北：遠景，1980 年 6 月)，頁 57-58。

[57] 徐訏，〈追思林語堂先生〉，《傳記文學》(第三十一卷第六期)，(臺北：傳記文學雜誌社，1976 年 12 月)，頁 34。

點沒有辦法。這是唯一談到胡適之缺點的話，可是完全不含輕侮的語氣的。[58]

　　然林語堂從德國留學歸來，受遇於胡適的引薦北大教書，以及從林語堂與胡適的相關著作，又都與蔣介石政權的浮沉有著密切關係，他們三人之間思想與文化的糾葛，也都是值得特別深入去了解林語堂與胡適著作的文化記述。

（二）【遠東】版《莎士比亞全集》(全 40 冊)

　　我最早知道梁實秋的名字，是在初高中時期唸他編的英文課本，和《雅舍小品》，漸漸知道他是大學教授，也開始聯想到他早期在【文星叢刊 55】翻譯出版的《莎翁名劇》(共 20 冊)。

　　另外，梁實秋寫的《雅舍小品》，我買的是由遠東圖書公司於 1965 年三版印行。該書中英對照，我會購讀這本書，一方面我喜歡梁實秋的這種散文寫法，更可以進修英文。何況莎翁作品中充滿智慧之語，譬如「世間是無好壞，全看你怎麼想」(There is nothing either good or bad, but thinking makes it so.)，以及「沒有嘗過傷痛的人，才會嘲笑別人的傷痕」(He jests at scars that never felt a wound.)等等。

　　至於日後同是由臺北遠東圖書公司出版的梁實秋翻譯《莎士比亞全集》(全40 冊)，我實在沒有財力買得起，但是我還是買了我最喜愛的這本 154 首的《十四行詩》(The Sonnets)，這也凸顯當年我的青春我的文學詩夢。

　　我在 1972 年購讀陳西瀅的《西瀅閒話》一書中，特別提到胡適之先生從上海寄蔣夢麟先生的信，有這樣的話：

　　　　前不多日，我從南京回來，車中我忽得一個感想。我想不教書了，專作
　　　　著述的事。每天定一個日程要翻譯一千字，著作一千字，需時約四個鐘

---

[58] 徐訏，〈追思林語堂先生〉，《傳記文學》(第三十一卷第六期)，(臺北：傳記文學雜誌社，1976 年 12 月)，頁 37。

頭。每年以三百天計,可譯三十萬字,著三十萬字,每年可出五部書,
十年可得五十部,我的書至少有兩萬人讀,這個影響多麼大?倘使我能
於十年之中介紹二十部世界名著給中國青年,這點成績,不勝於每日在
講堂上給一百五十學生製造文憑?所以我決定脫離教書生活了。他在給
我們的信裡還說「我們能批評人家的翻譯,而自己不翻譯,我們能批評
人家的著述,而自己不著述,這是根本不對的。」[59]

陳西瀅繼續寫到:

我們自然是十分贊成他〔胡適〕的計劃,希望他能夠實行。自然我不信
一年六十萬字,十年六百萬字是能實現的。這樣下去,再活五十年,不
就寫了三千萬字了麼?胡先生的中國哲學史大綱那種書,一定不是可以
一天寫一千字寫成的。……夢麟先生在他的覆信裡說:「這種事業,我
以為凡有能力的留學生們都應該做的。」可是,非常的不幸,凡應該做
的,留學生卻都沒有「能力」,因為,我已經說過,中國恐怕只有胡適
之梁任公兩位先生有靠他們著作生活的能力。除非中國的著述事業大大
的發達,或是教書匠的有安安穩穩的一碗飯吃,這個希望只好終於希望了。
[60]

當然,他能具備翻譯莎士比亞偉大作品的條件,除了他英文底子要好的條
件之外,另一個最主要條件就是他的專攻英國文學史。梁實秋說促成他選擇文
學,走上文學之路,最主要有兩個原因:

第一是,當他在清華大學的時候,因為數理不好,而留美必須學文史。
當他自清華大學快畢業的時候,他認識了他的太太,因為感情的關係,

---

[59] 陳西瀅,《西瀅閒話》,(臺北:大林書店,1969 年 11 月),頁 175。

[60] 陳西瀅,《西瀅閒話》,(臺北:大林書店,1969 年 11 月),頁 175-176。

使他對文學產生了興趣；第二是，他自早年開始，就常常寫新詩或是散文，朋友都知道他喜歡舞文弄墨，就都鼓勵他學文學。

至於他翻譯莎士比亞作品的導因，必須溯自當他早期還在山東大學教書的時候，在一次聚會中，胡適之博士就提議，應由梁教授與聞一多、徐志摩、陳源(西瀅)，和葉公超等人合力翻譯莎士比亞的作品。

胡適的提議，當時人人稱好，只是大家都沒有提筆翻譯，但是這一件有意義的事，始終在梁教授的腦海中打轉，於是他為自己立下了個翻譯計畫，打算一年翻譯兩部戲，算一算，18 年後中文版的《莎士比亞全集》當可以問世。

然而，1967 年(民國 56 年)當《莎士比亞全集》由遠東圖書公司出版時，已是由 18 年的計劃拉長到 40 年。雖然出版的時間比原先計畫整整慢了 22 個年頭，但他翻譯的這一部巨著，仍為中國文藝界增添了一大筆的精神財富。

梁實秋在談論出版這部《莎士比亞全集》時，他曾自喻地說：

> 我能全部翻譯完《莎士比亞全集》，主要是在我本人已經完全具備了下列三個翻譯的條件：一、此人要沒有學問；二、沒有天才；三、壽命相當長。這輩子就靠這三個條件，做了一些事。……翻譯，就像別人請吃飯，是享受，不過，菜是主人訂的，菜好不好，喜歡不喜歡吃，就全由不得自己；而寫作就像請客，你請別人吃，菜單可以隨心擬訂。[61]

梁先生不愧是大師級人物，這種的高級幽默風采可以與林語堂相匹比，真是令人敬仰，我也都非常注意梁實秋晚年在報刊發表的文章，諸如 1975 年 3 月 22 日下午三時半寫給韓菁清的情書，1982 年 4 月 6 日發表於《聯合報》副刊的〈小品三則〉，1982 年 11 月 1 日發表於《聯合報》副刊的〈故都鄉情〉，

---

[61] 陳天授，〈梁實秋的翻譯三條件〉曾於 1999 年 4 月 23 日中央廣播電台播出，2016 年 12 月 28 日文字稿整理，收錄：陳添壽，《近代名人文化記述──拙耕園瑣記之參》，2018 年 4 月 HyRead 電子書服務平台。

1983 年 3 月 21 日發表於《自立晚報》的〈時間即生命〉等短文。

令人震撼的是我讀到聶華苓於 2011 年 5 月由聯經出版社印行的《三輩子》一書，其中附錄了梁實秋寫給她的四封信。

第一封 1974 年 5 月 4 日寫：

> ……現在你們一定已從亞洲遠遊歸來，可惜大陸未列入行程。也許不應在你們一到家就告以噩訊，內人（梁實秋元配程季淑，祖籍安徽績溪，與胡適同鄉）已於四月三十日慘遭意外去世。我們步行去附近超級市場買菜。市場屋簷旁豎立一架可伸縮的鐵梯。附近並沒修理工人。也許是一陣風吧，梯子突然倒下，正打中內人的頭，打得她倒在水泥地上，頭破血流。臀部嚴重受傷，無法動彈。我找來救護車送她去醫院。動手術後，情況尚好，但怎麼也不能恢復知覺，當晚十一時去世。今日安葬，「永久居留」此間墓園了。我們在墓園亦購地四處，一處留給我日後之用，另兩處留給小女夫婦。內人將不致有飄零異域之感。……

過了不到一年之後的 1975 年 1 月 15 日，梁實秋又給了聶華苓第二封信：

> ……。我在臺灣住了兩個多月，近始返回西雅圖。在臺北和林海音等友玩過好幾次，每次都提到妳。我在臺北也有奇遇，結識了一位韓菁清小姐，一見如故，遂結不解之緣，她年三十有八（這年梁實秋 72 歲），過去歷史亦不平凡，我的友好幾乎都持反對或懷疑的態度，我則認為這是奇蹟，情之所鍾，無所顧忌。擬於端午前後再度返臺，做長久之計。把此事來告，不知能否邀你與 Paul（聶華苓的先生）之同情也。……

12 天之後，梁實秋給了聶華苓第三封信：

> 接到你和 Paul 的信，真是感激涕零，因為近來臺灣報紙連連的喧染我和

韓菁清小姐的事，滿城風雨，使得她極感困惑，我也不安，近且收到匿
名信表示反對此一婚事。你們是極少極少數的肯給我同情的朋友！社會
對女性殘酷，不公道，實在可驚之極。韓小姐是一個善良可愛的人，我
願下年有機會我們到美國來玩，能夠到你們府上相會，請你們看看我所
選中的是怎樣一個人。……

未滿半年，梁實秋給了聶華苓第四封信：

好久沒通信了，我三月底返臺，五月九日與韓菁清結婚，前前後後引起
報刊上許多不必要的轟動。也有不少人(識與不識)給了我們無情的打
擊，我們一概置之不理。朋友們祝福我們的，繼續是我的朋友，否則也
就不勉強了。我臨離美時收到你和 Paul 的信，我很感激你們。茲附上婚
後照片一幀，乞留念。我現在生活很好，菁清是一個聰穎而懂事的好孩
子，我打算秋涼後到美國一遊，能有機會見到你們就好了。我仍然過的
是爬方格子的生涯，仍是從前的我。得暇盼能惠我數行。即祝 儷安 梁
實秋六四（1975）、七、十四韓菁清附候。[62]

讀了梁實秋給聶華苓的這四封信，梁實秋的自由浪漫和對愛情的追求，不
禁讓我聯想起徐志摩的深情與文學了。

梁實秋在給陳源(通伯)出版《西瀅閒話》的序中提到：

自新文學運動以來，散文作家輩出，其中有幾位是我私人特別欣賞的。
首先應推胡適之先生，他的文章明白清楚，乾淨俐落，而且字裡行間有
一股誠摯動人的力量，在敘述說理方面是一個很崇高的榜樣。周作人先
生的文字，冷落沖淡，而且博學多聞，往往逸趣橫生。徐志摩先生文中
有詩，風流蘊藉，時常濃得化不開。魯迅先生有刀筆之稱，不愧為「辣

---

[62] 聶華苓，《三輩子》，(臺北：聯經，2011 年 5 月)，頁 469-475。

手著文章」，勘他筆下縱橫，喜怒笑罵，亦復大有可觀。陳西瀅先生的
文字晶瑩透剔，清可鑒底，而筆下行雲流水，有意態從容的趣味。[63]

梁實秋在〈胡適先生二三事〉裡，也曾用「譽之所至，謗亦隨之」來描述
胡適的受盛名之累，除了中國大陸展開的一系列的批胡倒(壺)運動之外，在臺
灣尤其遭遇匿名印出《胡適與國運》等號稱文化「鬥士」，明的暗的企圖對胡
適予以惡質中傷，胡適面對這處境也都能泰然處之。

梁實秋當 1927 年與幾個朋友在上海開設新月書店，《西瀅閒話》是新月的
最暢銷書之一。陳西瀅就是一直在聯合國文教組織代表我們中華民國的陳源(通
伯)先生，他的夫人就是以小說繪畫馳譽國內的凌叔華女士。叔華的短篇小說集
《花之寺》也是新月出版的。凌叔華也是胡適、徐志摩的好友之一，他們都是
梁實秋在新月書店的夥伴。

對於梁實秋著作的喜愛，一直到現在只要我有空閒，也常會到位於臺北市
大安區雲和街 11 號的梁實秋故居，感懷當年他在新月書店、師大教書，和翻
譯《莎士比亞全集》時期的家居生活情景，回憶我尊稱梁實秋是「臺灣的莎士
比亞」。

五、吳相湘郭廷以著作與胡適的文化記述

我的這篇〈我構思撰寫《近代學人著作書目提要》的經過〉[64]，文內提到我
曾深受大學一年級國文老師曹昇教授的鼓勵，如果時間再往前推的話，我不能
不細說，我之所以會有撰寫的念頭和決定這篇文字的名稱，我想多少是受到當
時知名歷史學家吳相湘教授出版《民國百人傳》(四大冊)，和《三生有幸》的
啟發和影響。

---

[63] 陳西瀅，《西瀅閒話》，原【文星叢刊 21】後改【大林文庫 45】，(臺北：大林書店，1969 年 11 月)，
(梁序)頁 1。

[64] 陳添壽，《臺灣創意產業與策略管理》，(臺北：蘭臺，2009 年 9 月)，頁 1-31。

（一）【傳記文學】版《民國百人傳》(全四冊)

《民國百人傳》是吳相湘於 1971 年元月 15 日交由《傳記文學雜誌社》編輯出版，第一冊的書內頁註記：

> 謹以此書呈獻 中華民國革命建國萬千無名英雄 中華民國六十年元月吉日。[65]

這套書是在我 1970 年過完大一那年寒假，開學時從臺南老家回到學校之後買的。猶記得當年在輔大紅樓宿舍閱讀這套書的時候，對其中許多的人物我並不是有研究，惟有篇〈胡適「但開風氣不為師」〉的內容深深吸引著我。

由於高中時期就開始閱讀胡適的著作，和文星書店所出版的雜誌和叢書，而我第一次知道吳相湘的大名，是在文星書店 1964 年出版他主編《中國現代史叢刊》(第五、六冊)。我那時期的文青歲月真羨慕「主編」這職稱和工作，或許這也是我在大學專任教職退休之後，願意擔任元華文創公司【臺灣政經史系列叢書】主編的原因吧！

《民國百人傳》是我大學時期喜歡閱讀的一套書，除了對我當年構思撰寫《近代學人著作書目提要》多所啟發之外，之後我又陸續買了吳相湘寫的《民國政治人物》(文星叢刊版)、《宋教仁》(文星叢刊版)、《近代史事論叢(一)、(二)、(三)》(文星叢刊版)、《晚清宮廷與人物》(文星叢刊版)、《孫逸仙先生—中華民國國父》(文星叢刊版)、《俄帝侵略中國史》(正中版)、《近代人和事》與《民國人和事》(三民書局版)、《民國史縱橫談》(時報文化版)、《三生有幸》(三民文庫版)，乃至於《愛國憂時文存》(傳記文學文史新刊)等書，對我日後所從事的工作和專欄的書寫很有助益。

現在我重新閱讀《民國百人傳》裡〈胡適「但開風氣不為師」〉的這篇文字，發現其內容甚少提到胡適與《自由中國》雜誌、「中國民主黨」之間的關

---

[65] 吳相湘，《民國百人傳》，(臺北：傳記文學雜誌社，1971 年 1 月)，第一冊的書內頁註記。

係,或許是疏忽,或是有意,這是我比較不能理解和感到遺憾的。

在我購買與閱讀《民國百人傳》的同時候,我最喜歡閱讀 1971 年由三民文庫為吳相湘出版的《三生有幸(一)》。這誘因除了因為書內記述了多處圖書館,諸如北大圖書館、國立北平圖書館、國立北平故宮博物院,和多位與圖書館學、博物館學有關的知名人物,諸如余季豫(《四庫提要辨證》著者)、蔣復璁、劉國鈞、趙萬里等等的介紹,乃至於吳相湘在〈自序〉中提到他唸中學時期父親為了密切配合學校政策,且在家中設立一家庭圖書館,讓他和弟弟可隨五兄持商務、中華書局取書摺自由記帳購書,培養了他對於圖書館特有的興趣。[66]

尤其是我也讀到該書吳相湘對「賢父恩師」與「文化城讀書樂」這兩章節的回憶性文字,敘述了他在北京大學求學的情形,也描述了北大圖書館新廈的藏書和課堂上他所遇到,如姚從吾、錢穆、傅斯年和胡適等名師的啟蒙與教誨。

吳相湘對於當年胡適在北大的受歡迎情形有如下的敘述:

> 胡適之先生講課,深入淺出,井然有序,有時候一兩句幽默語,使同學們輕鬆。下午上課時,教室有太陽西曬,胡先生常自動走下講壇,放下窗簾,並說:女同學是不應該多曬太陽的。胡先生每逢星期日下午在米糧庫寓所接見學生及各方未經特約的來賓,有時也在文學院院長室約見學生。民國二十四年秋,胡先生即曾在院長室為我書寫「持其志毋暴其氣,敏於事而慎於言」的對聯。當面揮毫時,胡先生並說:一項有趣經驗:寫對聯調幅時,宣紙下面最好用已經麻將牌磨光的草席,比較任何東西襯墊為佳。胡先生於這一對聯下聯鈐用名章及「但開風氣不為師」的陽文章。這一對聯,曾隨我在戰時轉徙各地。抗戰勝利後攜往北平,不幸,民國三十七年十二月避亂南下時,匆匆未及帶來臺灣。[67]

我重新閱讀吳相湘《民國百人傳》(第一冊)的〈胡適「但開風氣不為師」〉

---

[66] 吳相湘,《三生有幸(一)》,(臺北:三民,1971 年 12 月),〈自序〉頁 12。

[67] 吳相湘,《三生有幸(一)》,(臺北:三民,1971 年 12 月),頁 27-28。

一文，我發現文內有段引述《胡適文存》(第三集卷一)的第一篇〈我們對於西洋近代文明的態度〉很值得參考。我現在身邊蒐藏的這套《胡適文存》(共四集、每集分裝一大冊)，是 1953 年 12 月由遠東圖書公司印行的初版。

　　吳著《民國百人傳》的書中略述：胡適於 1954 年間，曾在一次臺北歡迎茶會的演說，公開表示懺悔過去對社會主義觀感的錯誤。因為，胡適曾於 1926 年 6 月在他這篇〈我們對於西洋近代文明的態度〉的文中指出，十八世紀的新宗教信條是自由、平等、博愛。十九世紀中葉以後的新宗教信條是社會主義。這是西洋近代的精神文明，這是東方民族不曾有過的精神文明。在當時，一般知識分子總以為社會主義這個潮流當然是將來的一個趨勢。

　　所以，胡適才會在 1954 年間再進一步指出：

> 在外國，如在美國，現在有幾個雜誌，最著名的如《自由人》(Freeman)雜誌，裡面的作家有許多都是當初做過共產黨的、做過社會主義信徒的，現在回過頭來提倡個人主義、自由主義的經濟制度。這種在思想上的根本改變，我們不能不歸功於三十七年來世界上這幾個大的社會主義實驗的失敗，使我們引起覺悟——包括我個人，在今天這樣的大會當眾懺悔。我方才講，這是好現象。我希望政府的領袖，甚至於主持國營公營事業的領袖，聽了這些話……應該自己反省反省……像我胡適之當眾懺悔的話，值得大家仔細一想的！

　　承上述，1920 年代的胡適崇尚社會主義，經歷時間與環境的變化，到了 1950 年代的胡適卻轉而主張自由主義，我們檢視其從社會主義到自由主義的思想變化，胡適的自由主義思想不但深深影響整個臺灣思想界，進而牽動《自由中國》雜誌創刊，和關係後續發生「雷震案」的發展。

　　1950 年代以後胡適在臺灣的提倡自由主義思想，充分印證在我這出生於 1950 年代、1960 年代中葉以後的逐漸受其影響，乃至於到了 1970 年代的接受

胡適自由主義思想，特別是在我離開臺南老家到外地念高中和大學的這一階段。

日後我在這套《民國百人傳》的書裡，發現有篇吳相湘發表在 1982 年 11 月 5 日《中國時報》上〈我的書齋〉一文的剪貼，我非常羨慕像他這樣的讀書人能擁有自己的書房與大書桌，寫下近千萬字的作品。吳文內提到：

> 讀書人都喜以「某某齋」為他讀書藏書撰述的地方，如中國目錄學權威余季豫先生的讀書所，就是請羅振玉篆書「讀己見書齋」，他的《四庫提要辯正》是一代名著。傅增湘先生則是以「藏園」為他的讀書藏書所。……提到書桌使我憶起民國三十七年冬，在北平胡適之師寓所拜謁，他邀我坐在他寬大的書桌旁，和他對面講話—胡師這一寓所是曾任民國總統的黎元洪官邸，後來售給日本在華文化協會，勝利後經我方接收。他告訴我：這一書桌可能黎用過。……胡先生大書桌事，我曾講給兒女們聽，希望將來有一張大桌子。他們記住這句話，我來美國後，他們果然為我預備一張比較臺北用的大三分之二書桌（我在這書桌上，大約寫過近一千萬字）。[68]

當時我只專注於《近代學人著作書目提要》的資料蒐集與書寫，惟納悶於吳相湘的民國史研究，為什麼會觸犯國民黨的政治忌諱，遭到蔣介石父子的申斥與猜忌，被蔣介石手令查辦，革除黨籍，遭受政治恐怖的衝擊。[69]

吳相湘對於研究民國史的執著，忘記了如何保護自己，竟嚴重遭致革除黨籍，最後遠走美國的情事，或許就如同胡適的同感，「這個時候寫民國史，誰肯做客觀的判斷？」[70]其過程發展值得對 1970 年代前後的戒嚴白色恐怖時期做進一步的政治史研究了。

---

[68] 吳相湘，〈我的書齋〉，《中國時報》，(1982 年 11 月 5 日)。

[69] 楊金華，〈郭廷以與吳相湘緣何走向對立〉，《傳記文學》(第 116 卷第 1 期)，(2020 年 1 月)，頁 64。

[70] 胡頌平編，《胡適之先生年譜長編校訂版(1961-1962)》，(臺北：聯經，2015 年 7 月)，頁 3853。

（二）【中文大學】版《近代中國史綱》

1970 年代前後，我依稀記得當年有位中文系姓范姜的同學，他經常拿一些被當時所謂的「禁書」到我的寢室兜售，他總會一直向我叮嚀這些書是「禁書」啊！是外面書店不容易買得到的。他說的也倒有幾分的真實，因為輔仁大學的位處當時的臺北縣新莊，書店又少，離臺北市區還有段距離。

大學時期我住在文學院的男生宿舍，對我而言，那是一段既充實又美好的時光。我回憶起當時來自南部鄉下的我，除了偶爾會有一點鄉愁之外，其餘的大部分時間，縱使是星期例假日，我還是會留在寢室看書。如果有機會到臺北市內的話也居多流連於慶慶南路一段的書店，度過自己青春時期的閱讀歲月。

因為早期我曾經在報章雜誌閱讀郭廷以的文章，尤其是他在《自由中國》發表一系列有關歷史上臺灣與中國的文字，所以觸動我買郭廷以著作的動機。因此，當《近代中國史綱》一書出版的時候，據說當時還是被戒嚴時期國民黨政府列為「禁書」呢？

特別是當我在翻到該書裡郭廷以自己寫的〈小記〉，他說：

> 一九二九與一九三○年，屢聆聽羅志希(家倫)、蔣廷黻兩先生縱論近代中國史研究問題，欣悉合撰一書，囑為襄助。編著時正纂輯近代中國史長編，不知度量，許以追隨。其後羅、蔣先生以任重公忙，無暇及此。編者雖草成長編三冊，印行兩冊，亦以世事多故，歲月蹉跎，未能賡續。一九六○及一九六三年，廷黻先生舊事重提，殷殷以了三十年前宿願相勖勉，因之復為心動，惟終懼力不能勝，遲疑未決，而廷黻先生作古。一九六七年冬，旅寓華盛頓，何淬廉(廉)先生自紐約專程惠臨，謂友好多盼早日從事，不妨暫以晚清及民國時期為斷，勿懸的過高，總以平實簡明，可供一般閱覽為尚。再三考慮，允為一試。[71]

---

[71] 郭廷以，《近代中國史綱》，(香港：中文大學，1976 年 9 月)，〈小記〉(無頁碼)。

　　郭廷以上述的這段話，深深吸引著我，因為這內容的敘述與我當時正要寫《近代學人著作書目提要》的宗旨與方向極為契合，對於我積極進行蒐集與書寫的工作很有幫助。

　　1970 年代後期當國民政府在蔣經國執政階段的推動本土化政策，乃至於1980 年代的關心臺灣政局變化，我買了由聯經公司彙集郭廷以作品出版的《近代中國的變局》一書，其中多篇有關臺灣歷史的論文，諸如〈臺灣的國際關係──一個歷史的說明〉、〈甲午戰前的臺灣經營──沈葆楨丁日昌與劉銘傳〉、〈臺灣早期的經營(230-1683)〉、〈臺灣的開發與現代化(1683-1891)〉等，都是我後來書寫《臺灣經濟發展史》、《臺灣治安史略》等歷史性議題的重要參考文獻。

　　至於吳相湘與郭廷以兩人之間的緣何走向對立，因我不是專治近代史、現代史，我並不清楚他們在臺灣歷史學界的如何互動。我一直到整理這篇文稿的時候，正巧讀到楊金華發表於《傳記文學》〈郭廷以與吳相湘緣何走向對立〉一文，才比較清楚這兩位對於近代史與民國史的素有專業歷史學家，他們存在彼此之間的複雜關係。

　　楊金華在這期的該文結論是如此寫的：

> 郭廷以與吳相湘的先後離世，不代表兩人故事的結束。……在資源有限的臺灣文史學界，兩人均曾向西雅圖華盛頓大學、哥倫比亞大學、福特基金會申請資助，不可避免地產生競爭。……郭廷以擁有常人難以想像的政治人脈和學術資源。諸如近史所所長的官方地位，蔣經國的賞識，羅家倫的支持，足令韋慕庭、費正清心嚮往之。吳相湘不免相形見絀，只能依靠胡適與姚從吾，臺大歷史系助力有限。因而，無論是哥倫比亞大學，還是福特基金會，均選擇了郭廷以作為合作對象，而不是「孤軍奮戰」的吳相湘。其因未能進入近史所工作，而對郭廷以心生怨言，嗣後又因「哥大口述歷史計畫」糾紛而產生揮之不去的「想像」，堅信郭廷以絕對不會允許自己申請福特補助。……而是寄望由胡適掌控這筆資

助。但是吳相湘完全忽略了，在福特補助申請一事上，近史所佔據主位，
其他人處於客位，反客為主實為大忌。胡適深諳此道，只是「從旁建議」，
並未「越俎代庖」。不過，胡適畢竟愛護弟子，當看到吳相湘的「所
求公平」心聲之後，遂自改變先前的態度，恢復先前被自己兩度取消的
「補助所外學人」提議。以「後見之明」觀之，吳相湘並沒有完全領會
胡適的「良苦用心」，縱使有胡適的居中調和，也未能成功疏通他鬱結
已久的心理防線。……[72]

另外，楊文也從中央研究院胡適紀念館藏「胡適檔案」（檔號：
HS/NK05/035/012)的引吳相湘〈致胡適〉(1961 年十月十二日)函指出，吳相湘
付出極大心血的《中國現代史叢刊》只得被迫停刊。他寫信向胡適透露：

> 生（指吳相湘）主編的中國現代史叢刊出至第三冊就停刊了（決定停刊
> 以留紀念），主要是沒有研究經費，亞洲學會說是所有款項都給科學會
> 了，但現在福特會在來信中再三強調給所有的人——研究近代史的人。
> 生於此只求公平，決不自謀。即生決不想在此爭潤，然而這一點公平競
> 爭的原則，是生決心奮鬥到底的。何況近代史對美援向不用心做，更沒
> 有記著自己是國家最高研究機構。試看夷務始末索引即一顯例。高級人
> 員坐得美金，中下級程度不夠，做出來的如何得好？而外面卻有人有才
> 能可做(除生以外)！因之謹向先生做緊急而鄭重的要求，請先生將這件
> 事慎重考慮！因為就郭用心只求得美金，身兼兩職，即留退步，聽說他
> 只求得一院士即可退，不知真有此事否？總之，在今日歐美注重中國現
> 代史情況下，近史所的作為事更只有增加中國學人的羞辱了。[73]

現在讀了上述這一段，再對照我 1970 年代初期買的《中國現代史叢刊》第

---

[72] 楊金華，〈郭廷以與吳相湘緣何走向對立〉，《傳記文學》(第 116 卷第 1 期)，(2020 年 1 月)，頁 65-66。

[73] 楊金華，〈郭廷以與吳相湘緣何走向對立〉，《傳記文學》(第 116 卷第 1 期)，(2020 年 1 月)，頁 63。

五冊，吳相湘在〈前言〉的注上說：本「叢刊」第一、二、三、四冊原由正中書局出版，現在仍由該局繼續發行。自第五冊起改由文星書局出版發行。[74]我多少理解到當年我為什麼只買到了文星書局發行第五、六冊的原委了。

對於吳相湘的離開臺灣大學歷史系，在他《三生有幸(一)》的〈自序〉中寫到：

> 民國五十四年五月，我奉行「有所不為」古訓，自動辭卸國立臺灣大學歷史系教授。翌年七月，我應聘往新加坡南洋大學擔任歷史學系主任。[75]

上述我特別引述了比較長的文字，最主要還是要凸顯吳相湘與胡適特殊北京大學師生之間的情感，也間接要說明學術界有些時候或是有些地方還是會有學閥或門派之見，特別是在 1970 年代前後的美國政府或是重要學術機構對於臺灣的關注，尤其是中華民國從蔣介石硬式威權逐漸轉移蔣經國軟式威權體制之下臺灣政經轉型、學術開放研究與教育自主環境，都是冷戰時期民主陣營圍堵共產主義的一個很值得關注議題。

如果問我閱讀與蒐藏 1970 年代前後的有關吳相湘與郭廷以的著作，從關心臺灣議題的角度來比較吳相湘與郭廷以二人的歷史研究，郭廷以對於近代中國歷史與臺灣開發史議題的著墨，似乎來得比較關注。

這亦如要我以同樣角度來比較錢賓四與徐復觀的話，我會說徐復觀對於類似以臺灣的本土化議題是會要比錢賓四來得濃厚些，這當然只是我個人粗淺的看法。

六、胡秋原錢賓四著作與胡適的文化記述

（一）【學術出版社】版《一百三十年來中國思想史綱》

1960 年代前後的引發自由主義論戰，對於我當年閱讀與書寫，想從社會主

---

[74] 吳相湘，《中國現代史叢刊》(第五冊)，，(臺北：文星書店，1964 年 11 月)，〈前言〉頁 5。

[75] 吳相湘，《三生有幸(一)》，(臺北；三民，1971 年 12 月)，〈自序〉頁 17。

義、共產主義和自由主義的多彩繽紛世界裡，摸索走出自己的一條路來，尤其是對於胡適思想的研究。

而殷海光認為「胡適思想」是中國自由主義底核心，遭受左方社會主義和右方保守主義的聯合打擊。所謂「右方保守主義」指的是傳統主義派，和民族主義派的胡秋原、任卓宣、鄭學稼(葉青)等著名論述家。

胡秋原於 1963 年 8 月創辦了《中華雜誌》，標榜在思想上超越傳統主義、西化主義、俄化主義而前進，以求民族大團結，創造中國人新文化，重建中國人的新中國為基本觀念。

我是在 1974 年 2 月 6 日在輔仁大學附近輔新書局，買了胡秋原於 1973 年 12 月由學術出版社出版的《一百三十年來中國思想史綱》。書內有段對當時有關《自由中國雜誌》和其相關主張的敘述：

> 傳統主義或中國文化派(如錢穆、唐君毅、牟宗三、徐復觀等)，西化主義或西方文化派(如胡適、蔣夢麟、蔣廷黻)及「自由中國等」都致力於反共；後者之中之一部分人因「反對黨」運動而一挫，不過一部分致力於「長期科學發展」。五十年(1961 年)左右，中西文化之爭復起，而後太平洋學會之手則插進來，以「全盤西化」為面具，以公然的知識詐欺手段，打擊中國民族主義，提倡「臺灣民族主義」。首先了解這一點喚起大家注意的，是徐高阮先生。傳統派中除少數人外，並不注意，而西化派反有意無意為其利用(如王世杰、毛子水等)。

另一位與《自由中國》論戰的任卓宣，我是購買 1965 年 3 月由帕米爾書店編輯部編輯和出版的《任卓宣評傳》。該書收錄任卓宣寫的〈政治評論底創辦、立場和遭遇〉提到：

> 真正創辦《政治評論》的人，是它底發行人，也就是我，纔真正知道《政治評論》底由來。……或許人會以為創辦一個刊物來對付另一刊物為無

價值吧。其實不然。從思想上說，《自由中國》宣傳個人主義及個人主義的民主自由，在中國政治思想中有其意義。《政治評論》闡揚民族主義及三民主義的民主自由，與之對峙，豈能說它在中國政治思想中無意義嗎？而且這在個人主義及其民主自由思想流行之際，是富有意義的事。何況《自由中國》反反共，反光復，危害國家民族甚大，有辭而闢之的必要呢？……那麼創辦《政治評論》以批評《自由中國》，就很有意義了。

我大學時期的閱讀自由(西化)主義與傳統(文化)主義、民族主義的思想論戰，著實耗去了我不少的青春歲月，尤其我為了解偏自由主義思想蔣廷黻的政治和外交思想，還特別利用 1970 年 10 月 3 日的「十月文藝書展」，買了 1967 年由傳記文學出版的《蔣廷黻的志事與平生》，非常敬佩蔣廷黻的既飽學，又嚮往其有浪漫情懷的外交官生涯。

多年後，我有機會讀到周玉山為胡秋原編選的《文學與歷史——胡秋原選集第一卷》，和《哲學與思想——胡秋原選集第二卷》等二書的〈編校後記〉，對於當年的中西文化論戰，才有了更進一步的深入了解和感受。[76]特別是閱讀了《文學與歷史——胡秋原選集第一卷》的其中一篇〈中國人立場之復歸——尉天驄先生編《鄉土文學討論集》序〉一文，對於發生在臺灣 1970 年代鄉土文學論戰有更深層的理解與體會。[77]

回憶我大學時期的努力閱讀有關自由主義與民族主義的思想論戰，著實困擾我一段很長的時間。我總記得傅斯年提到的「如果只有自由沒有平等，那樣的國家他不願意住，如果只有平等而沒有自由，那樣的國家他也不願意住」。而當臺灣還是處在那戒嚴時期的白色恐怖階段，1972 年 11 月 16 日我以筆名「陳

---

[76] 周玉山，〈編校後記〉，收錄：胡秋原，《哲學與思想——胡秋原選集第二卷》，(臺北：東大，1994 年 2 月)，頁 375-376。

[77] 胡秋原，〈中國人立場之復歸——尉天驄先生編《鄉土文學討論集》序〉，收錄：《文學與歷史——胡秋原選集第一卷》，(臺北：東大，1994 年 2 月)，頁 105-151。

天授」在輔仁大學發行的《輔大新聞》發表了一篇〈學術研究在臺灣〉。[78]

我的這篇文章，主要在凸顯 1970 年代的學術研究，由於受到國家實施戒嚴的影響，許多的言論和出版都受到管制，所以我在閱讀 1930 年代或是 1950 年代出版的著作，因為我並不清楚哪些是禁書，他被禁的原因是甚麼？是否是會涉及閱讀「匪書」的問題，這困擾多少會產生我在心理上的感受到那陰影的存在。

這對於我當時崇尚胡適主張的自由主義思想，其所造成自由閱讀上的不方便，導致我多少對當時政府實施的政策有所批評。當然這種氛圍和壓力在臺灣逐漸民主化，尤其解嚴之後這都已經有了改善，到了刑法 100 條的修訂之後，臺灣就再也沒有出現政治犯或思想犯這罪名的用辭了。

（二）【商務印書館】版《國史大綱》(全二冊)

1970 年代前後，我在閱讀和書寫《近代學人著作書目提要》的一段過程，不論是被歸類為傳統主義或中國文化派的代表性人物，例如錢穆、唐君毅、牟宗三、徐復觀等等，或是被歸類為西化主義或西方文化派的代表性人物，例如胡適、殷海光、蔣廷黻、蔣夢麟、梁實秋等等，我都是以一位修習圖書館學的學生心態，來閱讀和蒐藏這些學人的著作。

被歸類為傳統主義或中國文化派代表性人物的錢穆(賓四)，我在大一必修「中國通史」時，我的老師是一位很年輕剛從歷史研究所畢業的講師，我記得在那學期的期中報告，老師要我們學生繳交一篇報告，題目可以自擬，我就自命不凡的寫了一篇有關胡適的讀書報告，我印象裡老師對我的報告內容很有意見，加上期末考試，我自己沒有充分的準備，結果我的學期成績「死當」。

後來我重修學分就改選陳致平教授(瓊瑤父親)在歷史系開設的課程，我特地從臺灣商務印書館買回來錢穆寫的《國史大綱》(上、下冊)，很認真紮實地加以研讀，才得以順利通過。後來我還買了 1970 年、1973 年由三民書局再版的

---

[78] 陳天授，〈學術研究在臺灣〉，《輔大新聞》(第 94 期)，(1972 年 11 月 16 日)，收錄：陳添壽，《文學、文獻與文創——陳天授 65 作品自選集》，(臺北：蘭臺，2016 年 2 月)，頁 12-15。

《中國文化叢談》(一、二冊)，和《中國史學名著》(一、二冊)。

至於 1980 年代之後有關錢穆著作的研究，最為完整重要有：聯經出版的《錢賓四先生全集》那已是 2000 年當錢穆先生 96 歲過世之後才出版的堂皇巨作，充分代表著一代學人的著作等身，總計出版 54 冊，分為甲編、乙編、丙編。書目如下：

《甲編》以有關學術思想者為主，凡二十三種二十五冊，其書目是：(1)國學概論(2)四書釋義、論語文解(3)論語新解(4)孔子與論語(5)先秦諸子繫年(6)墨子、惠施公孫龍、莊子纂箋(7)莊老通辨(8)兩漢經學今古文平議(9)宋明理學概述(10)宋代理學三書隨劄、陽明學述要(11)朱子新學案(一)(12)朱子新學案(二)(13)朱子新學案(三)(14)朱子新學案(四)(15)朱子新學案(五)朱子學提綱(存目，不佔冊)(16)中國近三百年學術史(一)(17)中國近三百年學術史(二)(18)中國學術思想史論叢(一)(19)中國學術思想史論叢(二)(20)中國學術思想史論叢(三)(21)中國學術思想史論叢(四)(22)中國學術思想史論叢(五)(23)中國學術思想史論叢(六)(24)中國思想史、中國思想通俗講話、學籥(25)中國學術通義、現代中國學術論衡等 25 冊。如今我的《臺灣政治經濟思想史論叢》的系列出版，不無受到錢穆中國學術思想史叢論的影響。

《乙編》偏重史學，凡十三種十一冊，其書目是：(26)周公、秦漢史(27)國史大綱(上)(28)國史大綱(下)(29)中國文化史導論、中國歷史精神(30)國史新論(31)中國歷代政治得失、中國歷史研究法(32)中國史學發微、讀史隨劄(33)中國史學名著(34)史記地名考(上)(35)史記地名考(下)(36)古史地理論叢等 11 冊。

《丙編》則多關文化人生及其他雜著，最末為總目，凡二十種十八冊，其書目是：(37)文化學大義、民族與文化(38)中華文化十二講、中國文化精神(39)湖上閒思錄、人生十論(40)政學私言、從中國歷史來看中國民族性及中國文化(41)文化與教育(42)歷史與文化論叢(43)世界局勢與中國文化(44)中國文化叢談(45)中國文學論叢(46)理學六家詩鈔、靈魂與心(47)雙溪獨語(48)晚學盲言(上)(49)晚學盲言(下)(50)新亞遺鐸(51)八十憶雙親、師友雜憶(52)講堂遺錄(53)素書樓餘瀋(54)總目等 18 冊。

此外，2001 年素書樓文教基金會與蘭臺出版社共同出版的有關錢穆著作，和 2005 年韓復智編寫完成的《錢穆先生學術年譜》(六冊)等都非常值得閱讀的，特別是該書採取錢穆年譜、國內大事、錢穆事略與作品的結合方式來介紹，極富創意，對於有意研究錢穆學術思想的初學者很具有導讀功能。[79]

被歸類為西化主義或西方文化派代表性人物的蔣夢麟，我買了他的《西潮》和《新潮》兩本著作，來加以研讀。當時《西潮》這本書，深受青年學生的喜愛，我已經不記得那個人向我借走，現在我身邊已找不著此書了。

我一向對於借書給別人，只要有人開口，我一定會借給他，我也不會主動要其還書，因為我始終認為借書給人是件好事，至於人家會不會還書，我不會掛在心上，縱使有人存心不還，我還是不後悔，因為對於圖書資源的善用，是修習圖書館學應有的心態。

蔣夢麟寫的《西潮》，是他的上半段人生自傳，1967 年由傳記文學社出版的《新潮》一書，則是記述蔣夢麟的後半段人生。當年強調受到西化影響的國家現代化思維，我在 1973 年 12 月 8 日大學時期的《輔大新聞》也發表了〈大學生與國家的現代化〉一文：

> 每一個大學生，不見得素質都是完全相等的；正猶如每一種的制度，不見得都能被每一個人所贊同。每一種制度也不是永遠不變的，除非它不根本不存在這社會之中。然而大學生都是值得大家期望的；正猶如我們可以寄望於每一種制度的改善。每一個大學生到底有他不同環境的心智成長過程，每一種制度的系統化與否？也要以它所存在的社會背景為決定因素。一個大學生，他可以不學好，但必須要有人教導他；一種制度也許不很理想，但也得必須有人去努力嘗試改善它。最令人懼怕的是：一個大學生有了過錯，沒有人去開導糾正；一種制度的不理想，沒有人要去著手改善。
>
> 一個國家為它每一個國民所構成，每一個國民的好壞與否？與這一個國

---

[79] 韓復智，《錢穆先生學術年譜》(一至六冊)，(臺北：國立編譯館，2005 年 1 月)，頁 81-151。

家的成敗，有絕對不可分的關係。每一個國民假若對於他所生存的國家，不寄予起碼關心的話，那這個國家也就毫無前途可言。雖然每一個國民正猶如每一個大學生，素質的參差不同，但是他們每一個人卻對這個國家負有不相同的任務。我們不能要求每一個人都進入內閣去為民服務，但是我們也不能因而要求他們放棄每一個人的責任。何況大學生更是一個國家中的生力軍，對國家的盛衰，對制度實施效果好壞，握有其關鍵所在。

我們可以時常看到，在報章雜誌裡，討論一個國家應該如何現代化的問題；我們也可以時常聽到，有人高喊身為一個現代化中的國民，應該具備有哪些美德？無疑地，我們正是一個邁向現代化中的國家，然而什麼是現代化中的國家呢？什麼又是一個現代化的國家呢？到底它們有何種特徵？有什麼顯著的不同？為什麼大家要稱美國日本為已現代化的國家，對我們則不?!為什麼它們可以自稱擁有高度的機械文明？我們則不能?!到底「現代化」它代表著何許意義？它到底是不是每一個國家所必須？它是不是整個世界的潮流？或只是某些國家所獨有？這些問題都是值得我們身為一個大學生，所必須要去瞭解認識和深思的。

假若我們確定了現代化途徑，是每一個國家所必需，對我們國家更是有迫切需要。那麼我們就得對一個國家努力於現代化所該具備有的條件，基本因素和起碼的原動力，做一個深入的探討；我們也就得對一個已完成現代化國家的社會，和一個尚未完成現代化國家的社會，作一個利害詳細的比較；我們更要清楚於一個正在邁向於現代化中的國家，將會遇到何種困難，作一個心理準備。我們要想得到現代化的成果，享受文明人的生活，我們就必須付出十足的心力和勞力代價。一種文明的成果，並不是大家可以只憑空想像得到的；不動心思不發勞力，而妄想其成，正如坐在牛車上的苦丁，笑坐在飛機上的紳士沒有精神文明，一樣來得荒謬和愚昧。然者什麼是「現代化」呢？

現代化就是人類知識劇增，科學逐漸能左右人類生存的環境，以往的風

俗習慣必須隨著改變以適應新環境的要求，此一適應的過程即是現代化。也就是說對於古老的，不適用於現代社會的，都必須被拋棄；落伍的、陳腐的理論，都必須為科學的研究方法所取代；不尊重人權、不重視民意的專制政府，也要都被人民所推翻；不合時宜的農業組織、社會結構、政治制度，也都必須來一個新的整合。所以對於我們談「現代化」的橫剖面來說：它可分為文化的現代化、政治的現代化、社會的現代化、經濟的現代化、行政的現代化、法律的現代化、工業的現代化……等等。然而對於現代化的整個過程來說，他們是一致的，齊頭並進的。一個國家的政治現代化完成，必然也在同時完成了法律的現代化、行政的現代化等方面。也因此，所以在本文裡，我們只著重點的討論，更希望藉著討論，而使我們大學生對於國家前途的題念有所裨益。

A.觀念的現代化：「道不同，不相為謀」，假若勉強要求二個思想觀念不相同的人，生活在一起，那是最痛苦不過了。有些人適合與他談學術性的內容，有些人則只能話家常。彼此之間的相識，是不必要的，因為到底人類對於知識的追求是一種不等量的關係；然而我們對於他們談論的內容雖然可以不去計較，但對於表達他們話語的是否邏輯化，是得加以推敲的，自己思想體系的建立，理論的原則，是現代人中的所必需要具有的。

B.社會的現代化：在社會現代化的變遷過程中，整個社會的關係，將顯得很不和諧。在行政方面，由部落或鄉村的權威制度轉變成選舉、政黨、代表等制度及公務員人事制度。在教育方面，減少文盲及生產技能。在宗教方面，世俗化的信仰代替傳統的宗教。在家庭方面，大家庭制度漸漸消失。在社會階層方面，區域及社會流動增加，社會的階級制度漸漸改變。一切不合乎社會現代化過程中所需要的東西，均逐漸被淘汰，而為新的社會潮流所取代。然而在這取捨之間，衝突的糾紛是難避免的，例如墮胎、長髮等問題，均因社會現代化的程度深淺不同，社會觀點則難趨一致。

C.政治的現代化：酋長式的部落政治，帝王式的獨裁思想，如今都已成為歷史的名詞；不尊重人權，不重視民意，不依合法的選舉程序而所奪取的政權，必然不會受全體人民的擁戴。現代政府的組成，必須建立在民眾的基礎上，政府與民眾之間，治能與權能互為運用，相輔相成。而使現代的政府能統一施政方針，直接統治百姓，不僅限於抵禦外侮，安定國內，維持法紀與必要的公共設施，此外還要收取維持以上開銷的稅捐，假若人民不了解和不接受他的責任，政府的工作也都無法進行。政治現代化最明顯的標誌，也就是法律代替個人的裁決，法律為人人所必須遵守，法律之前人人平等，故法治的精神為現代的國民所必需，具有能成為法治的國家，它必然是個實行民主政治的國家，而在一個民主國家裡，人民所被賦予的權利和義務和以前的帝王政治迥然不相同。執政者的產生，是透過人民的選舉而產生，而選舉的成功與否，則直接影響到這個國家民主政治的前途。很不幸地，一個正努力於現代化的國家，它所邁向民主政治的途徑，通常會有預測不到的後果，如暴力行為，賄賂選舉……等等。所以在努力於現代化中的國家，其大學生的責任尤為重大，對於民主政治的前途，負有參與和監督的任務。

D.經濟的現代化：普通人有一個狹義的觀念，以為一個現代化的國家，工業才是現代的，農業則原始的；而不知不論在已現代化的國家，或正現代化中的國家，均努力於農業的現代化，以機械化操作，代替了人工勞力；大規模的栽培代替了小規模經營。研究在如何以一有限的空間內，以有限的人力，最低的代價而獲得最高的利潤，此乃是農業現代化所共同努力的目標。然而農業的現代化只是一個國家中經濟現代化的其中一項，此外的工藝的現代化、企業的現代化、工業的現代化、勞動力的現代化……等等，均為經濟現代化所包括。其中資金的有效運用，為促進國家現代化的原動力，大量的投資，創造了大量的財富。

在國家現代化的過程中，不論在經濟上、政治上、社會上，均將遭遇到阻力和困擾，然而現代化的追尋，是每一個國家所努力的目標。現代化

的完成，可以產生現代化的文明，有了現代化的物質文明，必然能產生
現代化後的精神文明。在前面我們已提過，一個國家現代化的完成，它
包括了政治的現代化、經濟的現代化、社會及文化的現代化……等，它
們是整體性的。一個國家它不能完成政治的現代化、經濟的現代化，也
尚停留在傳統的生產方式上，也就不可能謂已完成社會及文化的現代
化；同樣道理，社會及文化的未完成現代化，也不能妄想政治、經濟現
代化的完成。當然在現代化的過程中，日子是漫長的，同時也是艱勞辛
苦的，如果缺乏資本的形成，科學及工藝的進步，教育的發展，產品及
原料的充足等因素，現代化即無法產生，而在此因素之外，必然要賴全
國上下，以眾志成城的毅力完成。我們國家現正邁向於現代化，如何地
來輔助其加速它的完成，是值得我們每一位大學生深思的。[80]

　　1970 年至 1974 年我的大學生活，這篇〈我構思撰寫《近代學人著作書目
提要》的經過〉給我留下一生難忘的美夢。雖然這四年我的沉浸於閱讀與書寫
生活，也因為我的狂熱追逐，致使我大學畢業那年放棄研究所考試，和失去了
服役軍官機會，但是現在的回首那段堅持過著近似自我放逐的日子，我仍然沒
有絲毫後悔這段時間的閱讀與書寫。

七、李敖柏楊著作與胡適的文化記述

　　我在書寫〈胡適之先生著作書目提要〉的期間，「上窮碧落下黃泉」的搜
尋資料。當年尚無現在網際網路的方便，雖然 1970 年代初期，我們念輔大圖
書館系的學生，已經有留美歸國的老師開始講授有關資訊科學方面的課程，但
畢竟電腦沒有現在的進步。

　　我在閱讀與蒐集胡適著作的同時，除了胡適本人的著作之外，也旁及其他

---

[80] 陳天授，〈大學生與國家的現代化〉，《輔大新聞》（第 102 期），(1973 年 12 月 8 日)，收錄：陳添壽，
　　《文創產業與城市行銷》，（臺北：蘭臺，2013 年 9 月），頁 201-205。

作者評論有關他思想的專書。尤其胡適一貫以愛護學生或關心晚輩的學術研究為人所津津樂道，很敬佩他的愛護李敖(敖之)這晚輩，並常與李敖互贈書刊和禮物；我也非常羨慕陳之藩的幸運被胡適視為學生，並常有書信的勉勵。

（一）【文星】版《胡適研究》、《胡適評傳》

年輕時期李敖在 26 歲時發表在《文星》雜誌的一篇〈老年人與棒子〉，從此讓他在臺灣思想文化界遂成為炙手可熱的爭議性人物，尤其是《文星》雜誌給李敖提供了表現的平台，繼而【文星叢刊】又讓李敖文章得以彙編成專書的暢銷。當年李敖與文星相得益彰，因而提供我閱讀有關近代學人的著作受益良多。

我大約在高中和大學的 1966 年至 1975 年的 10 年間，閱讀了一系列李敖在文星書店出版的著作，諸如：1963 年【文星叢刊 5】《傳統下的獨白》、1964年【文星叢刊 35】《歷史與人像》、1964 年【文星叢刊 49】《胡適研究》、1964 年【文星叢刊 50】《胡適評傳》(第一冊)、1964 年【文星叢刊 59】《為中國思想趨向求答案》、1964 年【文星叢刊 69】《文化論戰丹火錄》、1964年【文星叢刊 75】《教育與臉譜》、1965 年【文星叢刊 138】《孫逸仙與中國西化醫學》、1965 年【文星叢刊 138】《孫逸仙與中國西化醫學》、1965 年【文星叢刊 179】《上下古今談》等等。

此外，我也閱讀李敖在 1966 年出版的《媽離不了你》、《傳統下的再白》、《大學後期日記甲集、乙集》，我非常羨慕他在學生時代的博學強記與多采多姿生活，特別是他對於胡適著作的深入研究，乃至於我為了購買【文星版】《胡適研究》一書，跑遍臺北市大小家書店，直到文星書店結束營業之後，才於 1979年買到已經改由遠景出版社重新發行列入【遠景叢刊 141】的《胡適研究》。

《胡適研究》書中的一篇〈播重者胡適〉，也是當時引發國內熱烈的討論與回應，很快又將李敖的文采，和他在《文星雜誌》發表的一系列文字，再度成為大眾注目與爭論的焦點，諸如馬五、葉青、鄭學稼，和王洪鈞等人對該文的回應與評論；另外一篇〈為「播重者胡適」翻舊賬〉，再度引發葉青〈再論

誰是新文化底播種者〉，和鄭學稼〈論白話文和文學的運動〉的熱烈討論。[81]

與【遠景版】《胡適研究》出版的同時，還有一本【遠景叢刊 142】《獨白下的傳統》，李敖在〈快看「獨白下的傳統」〉的序言中，說他「寫這本書的目的，是幫中國人了解中國，幫助非中國人—洋鬼子、東洋鬼子、假洋鬼子—別再誤解中國。」並引用《大學雜誌》對他的描述：

> 「至於攻擊傳統文化的智識之士當中，倒有不少來自中國內地，足跡從未到過『西洋』，對於中國文史典籍通曉遠在他們那點點『西學』之上。主張『打倒孔家店』的四川吳虞便是一個典型。臺北的李敖，主張『全盤西化』，那麼堅決，那麼徹底，然而他也從未出過洋，他對西方任何一國的語文未必熟嫻流利，而他的中文已經卓然成家。更基本的，他那種指責當道（包括學術界的當道），橫睨一世的精神，完全不是『西方式』的，完全出自一種高貴的中國『書生傳統』。近代憤激的中國智識之士以及若幫受他們影響的外國學者，愛講中國歷史上的文字獄與思想箝制，卻忽視了中國傳統書生另有一種孤傲決絕的精神，在『時與潮』發表的那篇李敖之文，便表現了這股精神。」[82]

我在 1970 年代前後，乃至於在國民黨政府 1987 年的解嚴之前，還閱讀了四季出版公司於 1979 年為李敖出版的《李敖文存》(一、二集)，也特別注意到《李敖文存》(二集)裡收錄的〈胡禍呢？還是禍胡〉與〈胡適和三個人〉等兩篇有關於評論胡適的文字。至於後來四季出版公司將上述全部著作彙編成【四季版李敖全集】(八巨冊)，我就未再特別注意了。

對於李敖文章的獨特書寫風格，和他多產的著作等身。在此，我特別還要提到當 1980 年代當臺灣尚處在戒嚴的期間，李敖的自由思想與其所發表的評論性文字，在【桂冠版李敖千秋評論叢書】，和【天元版萬歲評論叢書】的發

---

[81] 李敖，《胡適研究》，(臺北：遠景，1979 年 6 月)，頁 1-55。

[82] 李敖，《獨白下的傳統》，(臺北：遠景，1979 年 6 月)，頁 15-16。

行一系列著作中更充分展露無遺。

我所知道和閱讀的【李敖千秋評論叢書】是從 1981 年 9 月 1 日起的出版第一冊《千秋‧冤獄‧黨》，到 1985 年 4 月 25 日止的第四十三冊《五十‧五十‧易》(上下冊)；另外，還有分別於 1983 年 8 月 25 日、11 月 20 日、30 日、1984 年 4 月 15 日出版的【李敖千秋評論號外】四冊。

【李敖千秋評論】的所有文字全由李敖一人擔綱，但【萬歲評論叢書】則由李敖與其他作者的作品合編而成。我所知道和閱讀的【萬歲評論叢書】是從 1984 年 1 月 23 日起的出版第一冊《萬歲‧萬歲‧萬萬歲》，到 1985 年 3 月 31 日止的第十七冊《大便‧小便‧大小便》。

李敖受胡適思想的起源與影響，我引李敖在 1961 年 10 月 10 日寫給胡適信裡的文字：

> ……你 (指胡適) 的著作引慢慢起我 (指李敖) 很大的狂熱，四十一年 (1952 年) 十月一日，我在臺中車站遞了一封兩千字的長信給你，那時我才十七歲，對你免不了多少有點「人身崇拜」。從四十四年二月二十七日我在「中副」發表文章駁太希的「胡適舊詩詞」起，我陸續寫了不少介紹你的思想的文字，那些文字現在看起來雖然太糟太爛，但是動機卻很單純，——為了我深受過你的影響，我也願意別的青年認識一下胡適之。……等我又大了幾歲，對你的看法已很少「人身崇拜」的痕跡了，我覺得我比較能夠更清楚的認識你，了解你，你有許多使我失望的地方，也有許多地方非常可愛，我覺得你有點老憊，虛榮心與派系觀念好像多了一點，生龍活虎的勁兒不如當年了，對權威的攻擊也不像以前那樣犀利了。我這種感覺只是感覺而已，我把它們多少表示在我給你的信和詩裏，我知道你不會介意的……[83]

至於 1987 年臺灣解嚴之後，一直到 2018 年過世的李敖，得年 83 歲，其著

---

[83] 李敖，《五十‧五十‧易》(上冊)，(臺北：天元，1985 年 4 月)，頁 140-142。

作的文化記述有待未來再以專文敘述，特別是那部洋洋大觀《李敖大全集》的陸續出版了。

當年在學校裡，除了閱讀胡適與李敖等著作之外，還盛行陳之藩教授寫得的《旅美小簡》(1957 年明華出版)，和《在春風裡》(1962 年文星出版)的兩部作品。尤其這本《在春風裡》，收錄有陳之藩紀念胡適的九封信，是引發我買這該的最大誘因。

可惜，這兩本書當時我都未能找到它們原版出版社的書，現在身邊所藏的是大林書店出版的大林青年讀物，它未完整列出版年月，或許未獲得正式授權吧！後來我補買了 1995 年【遠東版陳之藩散文集】。

這散文集是彙集了他寫於費城的《旅美小簡》，寫於曼城的《在春風裡》，寫於劍橋的《劍河倒影》，與寫於香港的《一星如月》等四個部分。我特別注意到的，和閱讀再三的是收錄在他《在春風裡》與胡適來往書信的文字，處處顯出的是師生之情。

陳之藩在這本散文集的序上說：

> 《在春風裡》中的九篇紀念胡適之先生的文字，是在胡先生剛逝世後寫的。所以這幾十篇散文的寫作上，有一個共同的地方，那就是在寂寞的環境裏，寂寞的寫成的。……我常常感覺寂寞也許是一個作者嘔心瀝血時所必有的環境，所必付的代價。……我想我在國外還在自我流放的唯一理由是這種不甘心。我想用自己的血肉痛苦地與寂寞的沙石相磨，蚌的夢想是一團圓潤的回映八荒的珠光。[84]

1984 年 5 月以後，我在胡頌平編著《胡適之先生晚年談話錄》讀到一則 1959 年 4 月 29 日的記載：

> 今天先生（指胡適）對胡頌平說：「陳之藩用英文寫的《氫氣彈的歷史》

---

[84] 陳之藩，《陳之藩散文集》，(臺北：遠東，1995 年 4 月)，頁 1-4。

一本書，是去（1958）年十一月裏送來的，我一直沒有空看，這回終算看完了。陳之藩在這本書上寫了幾句話，說起這本書就不肯放手的，太精采了，太緊張了。他是一個學工程的，但他的文字寫得很美。他本來是南開大學工程學院的學生，他的父親是在傅作義那邊做個小事情的。三十六（1947）年我在北大當校長時，曾要他到北平來看我一次，那時候就認識的。在那個時候，一般青年都是思想左傾，而他已是反共的青年，他從俄國的小說裏把他的思想造成反共。他說，俄國革命以前的托爾斯泰、朵爾托夫斯基、柴霍夫等人的小說，他都看過，先是看中文的譯本，後來英文程度高了，在看英文譯本。

後來他又看看俄國革命以後的作家小說，覺得戰後的遠不如戰前的，完全變成兩個世界了。他於是認識俄國，釀成反共的思想。一個青年學生能從小說裏養成反共的思想是一件了不得的事，我是在那個時候認識他的。[85]

此後，我對於陳之藩的著作和其有關的文化記述更感興趣，尤其之後更關注他與童元方之間的轟轟烈烈愛情故事。

2012 年 2 月 25 日陳之藩病逝香港，當時文建會主委龍應台表示，陳之藩的散文是好幾代人的共同記憶，可以說，陳之藩和朱自清、徐志摩一樣，代代相傳，是「國民作家」。

若拿李敖與余光中的著作作簡單的一個對比。余光中 2017 年過世，得年90 歲，祖籍福建泉州永春人，余光中的詩文有 20 多種，彙整得比較齊全的著作要屬 2004 年百花文藝出版社的九卷版《余光中集》。余光中父親是國民黨的高官要員，他的出路相對平順，也或許是南方人性格的關係，在著作的文化記述方面比較不具批判性。

李敖祖籍山東省濰縣，他父親也同樣是擁有國民黨背景，但或許是北方人性格的關係，在著作的文化記述上是凸顯不作「人身崇拜」的性格，而具有強烈批判性，形塑李敖對於余光中的批判較多，相對於余光中的態度反應，就顯

---

[85] 胡頌平，《胡適之先生晚年談話錄》，（臺北：聯經，1984 年 5 月），頁 20。

得溫和多了。

（二）【平原】版《倚夢閒話》、《西窗隨筆》

1960 年代中期我還在省立嘉義中學念書的階段，正是平原出版社出版柏楊的著作《倚夢閒話》及《西窗隨筆》系列的巔峰期。當時我離開鄉下老家，租屋在嘉義市區的民宅，通常到校上課都是騎著自備的腳踏車，嘉義中學的學風也屬開放自由，何況當時我離開父母親身邊的寄宿生活，更是讓我有獨立與自主安排的學習空間。

當時柏楊著作的這一系列叢書都屬專欄雜文集居多，他的【倚夢閒話】及【西窗隨筆】系列叢書，每書出版的速度非常之快，有時候兩個月的密度就出一本。對於當時自認文青少年的我而言，很喜歡柏楊文章的筆調和書寫的風格，我總會想盡辦法存錢購買，諸如當時【倚夢閒話】系列的《玉雕集》、《聖人集》、《鳳凰集》、《蛇腰集》、《剝皮集》等；【西窗隨筆】系列的《高山滾鼓集》、《道貌岸然集》、《神魂顛倒集》、《大智若愚集》、《越幫越忙集》、《鼻孔朝天集》等，讀來都會讓人會心一笑，拍案叫絕。我後來出版的〔拙耕園鎖記系列〕和〔蟾蜍山鎖記系列〕不能不說多少是受到他的影響。

1968 年 3 月當柏楊在未因翻譯《大力水手》漫畫，而被以叛亂案入獄之前，他就曾以筆名「鄧克保」，於 1961 年在《自立晚報》發表〈血戰異域十一年〉的連載小說。

內容主要在描述 1949 年底當整個中國大陸已經完全變色，只剩下雲南還在固守，後來在撤入中緬邊區的孤軍，其處在共軍、緬軍的腹背受敵，又得不著政府支援的危急之下，如何展現靈活的戰術運用，和袍澤、親子之間情感所流露出來，讓人熱淚盈眶的一部戰爭報導文學。該連載後來改名《異域》，由柏楊自家成立的平原出版社發行，頗受好評，被喻為有血有淚，最能啟發中學生的國家民族情操。

《異域》並不是柏楊的第一部小說。早在 1953 年中興文學出版社就以其本名郭衣洞，為其彙集〈人民〉等四篇的短篇小說方式，幫他出版了《辨證的天花》一書。該書還請來當時國民黨政府執行國家文藝政策的立法院長張道藩作

序。這一年，他同時也出版已經在國民黨發行《文藝創作》連載的長篇小說《蝗蟲東南飛》出版。

也因為前述郭衣洞的文彩，得於 1954 年在蔣經國擔任青年反共救國團擔任主任的階段進入救國團服務，後來並出任該團成立的「中國青年寫作協會」總幹事，而柏楊於救國團任職後繼續創作，1965 年 8 月還出版了《古國怪遇記》的小說。1966 年 1 月、1967 年 11 月由平原出版社分別出版了《一九六五年中國文藝年鑑》與《一九六六年中國文藝年鑑》。

從《辨證的天花》、《蝗蟲東南飛》到《古國怪遇記》，乃至於《異域》等小說的出版，基本上都有一項共同的特色，就是在所選擇的題材和背景上，除了凸顯他早期經歷戰爭的顛沛流離生活，以及契合了當時國民政府提倡的反共文學。可是弔詭的是 1968 年柏楊以參加「匪偽叛亂組織」的罪名遭判刑 12 年，嗣因 1974 年蔣介石逝世，雖獲得減刑三分之一，在即將刑滿時仍繼續軟禁在綠島，直到 1977 年才被釋放。

復出之後的柏楊再現其創作的高峰，與李敖的著作成為 1970 年代前後最具代表性的出版品。由於這時候的臺灣社會已經有了極大的轉變，言論的尺度以較前鬆綁，特別是在蔣經國的推動「本土化」政策，和開放選舉制度下，民主化的運動有了進展，雜誌書籍等刊物的出版自由呼聲亦高漲，警總查禁書刊的效率與效果，也不較往前來得雷屬風行的顯現威力。

1977 年 12 月柏楊由星光出版了《中國歷史年表》、《中國帝王皇后親王公主世系錄》，和 1979 年 1 月《中國人史綱》等三部歷史研究的叢書之外，最引人注目的是從 1983 年 9 月 1 日起由遠流公司每個月出版 1 冊的【柏楊版】《資治通鑑》，1993 年全書 72 冊，耗時 10 年才告完成。陸續還出版《柏楊曰》6 冊、《柏楊全集》28 冊等著作。

誠如柏楊在【柏楊版】《資治通鑑》〈序〉中所說的：

透過【資治通鑑】，可以看出我們所處的歷史位置，和面對的禍福命運，也可以看出統治階層的心態和行事軌跡，用來作為對他們的評鑑標準。

好比說，從王朝的嬗遞、革命的頻起，我們至少了解，中國政治思想中，沒有民主思想，人民最奢侈的盼望，不過出現聖君賢相。而如何出現聖君賢相，傳統的方法，是依靠他們的自我克制—品德。可恃的只有民主，偏偏中國歷史上所有的改朝換代，都缺少這種思想做為為最高指導原則，以致一直在循環砍殺，不能遏止。我們並不希望民主是萬能靈丹，文化和傳統不是一棵大樹，而是一條大河，政治的和軍事的力量，都無法把它攔腰斬斷。【資治通鑑】上各式各樣行為模子，迄今仍然不斷的澆出同類的產品。不細讀【資治通鑑】，要想了解中國，了解中國人，了解中國政治，以及展望中國前途，根本不可能。[86]

柏楊〈序〉的其中這段話，讓我對照想起 1970 年代我在世界書局買到楊家駱主編整套古文版的【資治通鑑】。旅美歷史學家唐德剛形容《柏楊版資治通鑑》是一本難念的經，縱使許多「正統」歷史學者認為《柏楊版資治通鑑》無法登上學術殿堂，唐德剛卻表示，如果有人列學生必讀書目，胡適、梁啟超都不是他心目中的首選，由於《資治通鑑》是他認為最重要的經典，如果不懂原文，那就讀《柏楊版資治通鑑》。

比較於李敖與柏楊二人的著作，他們在入獄之前的時候在文壇上都已經出版不少著作，也具有相當的知名度；二人在出獄之後也都還保持著繼續創作的毅力，因而其著作等身的為我們在戒嚴時期白色恐怖的氛圍之下，仍然留下豐碩的文化資產。

八、結論

從我 1970 年進入輔仁大學圖書館學系的開始構思撰寫《近代學人著作書目提要》，迄今(2020)年已經整整 50 個年頭了。

回首前塵，世事多變，尤其在電腦科技的快速發展之下，許多以前認為有

---

[86] 柏楊，《資治通鑑》戰國時代(第一冊)，(臺北：遠流，1983 年 9 月)，〈柏楊序〉，頁 13。

意義但又是很複雜的問題，如今都已經變得很簡單，而且認為理所當然了，我撰寫《近代學人著作書目提要》的想法與做法就是最明顯的案例。

回溯我在蒐集這些著作的過程中，特別是在牯嶺街的舊書攤買到《胡適之先生紀念集》。這紀念集對我書寫〈胡適之先生著作書目提要〉的幫助特別大。因為，1962 年 3 月由學生書局出版的這本紀念集，其出版時間僅離胡適 2 月 24 日在主持中央研究院院士會議倒下之後的一個月，尤具歷史意義。我在閱讀《胡適之先生紀念集》之後，對胡適的思想、著作和人文素養有著更深一層的認識與了解。

每次當我在思索以我自己人生的自述性文字書寫時，總會不禁想起大學時期的一段往事。就是大二的時候，有位哲學系的同學，他名字很特殊，名叫方湧。我印象很深，人長得白白、瘦瘦、高高的，頗有文人的仙風道骨氣質。

他找到我，說他準備辦一份像《Life》同樣具生活性、思想性、娛樂性的雜誌，雜誌名字已取好為《喜悅》，而且英文名稱就叫《Enjoy》。他知道我喜歡閱讀和探討有關胡適的作品，他想請我寫一些有關於胡適思想方面的文字。

我乍聽之下，很能接受他的觀點和邀請，於是我就寫了這篇〈胡適留學日記底透視〉的文字。寫好之後，他是到我的寢室來拿了稿子，我們也針對部分的內容交換意見；而且為了稿件的安排，我記得他還邀請我到過他位在臺北市的住家，但在甚麼路附近我完全不記得，因為當時我比較熟悉的只記得重慶南路的有幾家書店而已。

迄今我印象特別深刻的是，當我跟他進入他家門的時候，客廳的燈光很暗，好像是他父親獨自看著電視，我們沒有交談就直接走到他的臥室，我們一起看了他已經邀來的其他稿件，也彼此交換了意見，由於時間已經很晚了，他就幫我在他的單人床邊打了地舖，讓我得以休息，第二天我因有課，就先回學校了。

之後，《喜悅雜誌》在經過一段時間，好像是大約 1 年，方湧帶來創刊號送給我，並向我致謝和說明後來未何登出我寫的這篇〈胡適留學日記底透視〉的原因。我依稀記得他委婉地說《喜悅雜誌》走的是偏向生活休閒的方向，比較學術性的篇幅就減少了。後來這篇稿子我就轉刊登在圖館系發行的《耕書

集》。

我回想我和這位同學，我們才是大學生的年紀，就有雄心要想辦一份雜誌，儘管有創刊號出版之後，好像就因為經費的問題而未再繼續刊行，但是這位同學的才華和勇氣還是值得我敬佩的。

何況多年後我看到《時報周刊》的設計編排與內容，與當年我們構想出版的《喜悅》雜誌非常接近，這也是值得我特別記述下來一段我大學時期的閱讀與書寫經歷。

1973 年 6 月我在輔仁大學的學業告一段落，正式結束我的大學生活，以後的日子，必須面對 9 月即將入伍的服役。在這等待兵期的 7 月、8 月兩個月時間，我並未返回臺南老家，而是從泰山租屋的地方搬住到石牌的一戶公寓，是一家從事分裝蜂蜜銷售生意的家庭式企業，主人就是我的老闆，提供我的吃住，工作性質完全偏離了我的閱讀與書寫。

我主要的工作只是將老闆從市面上回收來的玻璃瓶，用清水刷洗乾淨，然後再將由老闆交給我的蜂蜜，負責裝進已經被晾乾的瓶子裡，然後一瓶一瓶貼上公司的標籤，放進紙箱，最後經由老闆檢查過後，再放置他的小麵包車上送到各處的寄賣店。在這過程中，老闆最擔心是我未能把玻璃瓶子的內外清洗得很乾淨，而影響瓶裝蜂蜜的賣相。

我在這兩個月工作和等待役期的日子，真是難熬透頂，對照起自己大學四年的自由閱讀與書寫，簡直天與地的落差。想想自己資質本是不高，又未能專心準備功課，面對放棄的研究所考試，和大專預官的落榜，難怪生活過得身心交瘁，又一點尊嚴都沒有，這苦果當然只有往自己肚子裡吞。

嚴峻的日子，也正式宣告結束我在輔大校園《近代學人著作書目提要》階段的閱讀與書寫。此後，因為我的受制於工作和環境因素，我的閱讀與書寫也逐漸從人文科學跨入社會科學領域。然而，迄今我仍然無法忘懷於對於喜愛《近代學人著作書目提要》的閱讀與書寫。

截至今天，我最愛不釋手的書還是我早年購讀有關胡適的書刊。譬如 1971 年已經購買臺灣商務印書館人人文庫胡適選註的《詞選》，我長久以來一直將

它帶在身邊，以及後來我增加閱讀傳記文學社於 1981 年 3 月和 11 月分別出版唐德剛譯註的《胡適口述自傳》和其所寫的《胡適雜憶》；聯經出版公司分別於 1984 年出版胡頌平編著的《胡適之先生晚年談話錄》，與 2007 年出版余英時的《重尋胡適歷程：胡適生平與思想再認識》。

　　至於面對當今中國大陸學術界與出版界又彙集出版了許多胡適的相關著作，我因受制於工作、教學與生活所限。未來如有機會赴大陸再行深入做研究，我會繼續選擇有胡適的相關著作，和大陸所出版的評論性專著，作為我未來要以專文介紹的方式來完成這目標。

　　有時候我們總難免感慨於人生的計畫趕不上變化，可是回憶起我的撰寫計畫距現在雖然已經是過了半個世紀了，但只要想起自己這一尚未竟的志業，我都不會感到一絲一毫的遺憾。因為，在我這段自由閱讀、學思與書寫的人生旅程中，總時時刻刻會記起這一檔當年自己年輕時期所立下的宏願。

　　「人生有夢最美，希望相隨」，讓我今天得以有機會寫下這篇〈近代學人 1970 年代重要著作與胡適的文化記述〉補述。也是拜青年時期自己的這份構想與計畫所賜。它時時鞭策著我，讓我始終未放棄自己對於閱讀、學思與書寫的這一份執著，而且一直受教、受惠於多位近代學人的治學精神、處世風範與人生智慧。

第二部分

中華儒家文化

余英時人文主義的通識治學之探討

一、前言

我自 2000 年在中央警察大學專任教職以來，授課科系除了外事系、安全系之外，都是屬於通識教育中心開設的通識課程居多；而兼任臺北城市大學的教授科目也都屬於通識課程。

縱使現在我從中央警察大學退休之後的受聘臺北城市大學榮譽教授，其單位聘書也是隸屬通識教育中心。我與通識課程和其領域可說結下不解之緣，成為畢生教學與研究的理想地方。

我有機會於 2016 年起至 2019 年的連續 4 次，擔任李顯裕老師每年在中央警察大學通識教育中心舉辦「通識教育與警察學術研討會」的與談人。在多次的研討會中李顯裕針對余英時的學術思想主題，一系列的發表論文包括：〈余英時對國民黨的歷史評論〉、〈余英時對臺灣政治發展的評論及其歷史意義——以兩岸關係為中心的初探〉、〈余英時與新儒家〉，及〈余英時對香港政治的評論之探討〉等四篇。

眾所皆知，胡適與余英時兩人在當今的華人與華文世界，享有極為崇高的學術地位，特別是在漢學（sinology）的領域。胡適曾任北京大學教授和校長，國民政府播遷來臺之後，他從美國回來擔任中央研究院院長。

余英時則是曾任哈佛大學教授、香港中文大學副校長與新亞書院校長，2016 年甫從普林斯頓大學講座教授榮退，現在仍是中華民國中央研究院士，乃至於當今被譽為「胡適之後最傑出的華人學人」。特別是2006年余英時榮膺有人文諾貝爾獎之稱的「克魯奇」獎（John W. Kluge Prize for the Study of Humanity），這是他在學術研究上的另一成就。

在中央警察大學每次舉辦的研討會中，我除了利用與談機會做了口頭補充報告之外，基本上我都還特地備有書面文字的資料提供給發表人參考。現在我將自己報告內容經過增修成文，並把它呈現出來。在此，要特別感謝顯裕老師的多次邀約我擔任他論文的與談人。

回溯我在準備評論顯裕老師發表論文的這一段期間，我幾乎停下原已正在審修身邊的所有稿件，把全部精神和思緒都專注在閱讀余英時先生的諸多專著和論文，其中發現他在學術思想上與胡適有許多特別相同或相近之處，值得記述下來，作為自己省思和提供大家參考的地方。

以下本文謹從人文主義思想特質的角度，分學術淵源、史學通識、儒家思想，和人文修養等四大主題，來探討余英時的人文通識治學。

二、余英時的學術淵源

余英時的學術淵源，可從 1937 年到 1946 年其在老家潛山九年鄉間生活期間所受到的家學淵源說起，余英時在其《回憶錄》指出：

> 我那時才七歲，初從城市回到農村，事事新鮮，興奮之至，所以記憶深刻。我在鄉下住了九年，和父親隔得很遠，但他的影響還在我心中發生作用。第一是從他那裏得到重視知識和學問的價值。父親受上一輩人如陳垣、洪業等人影響，尊敬有學問的人，自己也時時進修。他雖在抗戰時期進入考試院做參事，這是清水衙門，仍有時間讀書寫作。抗戰後他在瀋陽受杜聿明委託創辦東北中正大學，這是他在中國大陸上做的最後一件事，仍是研究與教育。
>
> 第二是父親編著的一部幾十萬字《西洋通史》，對我很有啟發。小時候看不大懂，但漸漸入門，對著作很肅然起敬。這大概是我學歷史，又好讀西方文化史之書的一個背景因素。[1]

---

[1] 余英時，《余英時回憶錄》，（臺北：允晨，2018 年 11 月），頁 15-16。

（一）受胡適的思想啟蒙

余英時自述在鄉間第一次聽到陳獨秀的名字，也第一次接觸到胡適的白話詩，大概在他 11、12 歲的時候，因為那時他才具備了初步的閱讀能力。恰巧這兩人都是安徽人。余英時在《回憶錄》分別對於陳獨秀與胡適的初步認知有所敘述：

> 我最初知道有陳獨秀這個人，是聽說他在一個集會的場合曾寫下了「父母有好色之心，無得子之意」，以摧毀「孝」的傳統基礎；又說他公開提倡「萬惡孝為首，百行淫為先」。事實上，這些傳聞都是反對他的守舊派所偽造，並無根據。……由此可見陳在他的故鄉是一個不受歡迎的人物，正合乎西方人所說：「先知」在本土最不受尊敬。我最早接觸到胡適則是通過他的詩和書法。我在家鄉的閣樓上翻到了胡適贈給我父親的一條幅，他寫了自作的五言詩：「風過鏡平湖，湖面生輕縐。湖更鏡平湖，畢竟難如舊。」……我無意間對他產生了一種親切感。後來我又找到他的《嘗試集》，對白話詩雖感新奇，卻並不欣賞。我比較喜歡的還是他的舊體詩，或淺近如說話的舊體詩。[2]

余英時到了 15、16 歲時對舊詩文產生進一步的興趣，他說：

> 1945 年至 1946 年……我在桐城受到了一些「斗方名士」的影響，對舊詩文發生了進一步的興趣。……由於二舅父常和桐城名士來往，我從他們的交談中，偶爾學得一些詩文的知識。……我後來研究的對象像朱熹、方以智、戴震、胡適都是安徽人，但這跟地緣一點也沒有關係，因為我從來沒有很深的鄉土意識。剛好這幾個人在中國學術思想史上佔了很重要的地位，我看這些人時沒有注意是哪裡人，更不是認為他們是我

---

2 余英時，《余英時回憶錄》，（臺北：允晨，2018 年 11 月），頁 23-25。

的同鄉，我一定要予以表揚。[3]

余英時之後的如何受到胡適與梁啟超在學術和思想的影響，他在《回憶錄》繼續寫到：

> 二戰結束以後，回到城市，我最早讀到的課外書是《胡適文存》，對於白話文起源的故事感到十分有趣，因此也在不知不覺中接受了胡適對於「五四」的解釋。……一九一八年北京大學學生傅斯年、顧頡剛等人在籌劃出版一個提倡新思想的刊物—《新思潮》時，胡適便毫不遲疑地將英文刊名定為"Renaissance"。……同時我又讀到梁啟超的《清代學術概論》，也是以文藝復興與清代學術相比擬，我因此頗為此論所說服。[4]

（二）受錢賓四的史學訓練

余英時早期的學術淵源除了受到胡適、梁啟超影響之外，就是錢穆（賓四）了。余英時在《回憶錄》寫到：

> 1947 年夏天，我考進了中正大學歷史系，……我選擇歷史為專業，一方面固然是由於我的數、理不行，但另一方面也受了父親的影響。我父親在燕大已專攻西洋史，後來在哈佛大學則追隨老施萊辛格(Arthur M. Schlesinger)研究美國史，回國後在南開也教西洋史和美國史。我家所藏英文書籍也以西史為主，我雖不能閱讀，但耳濡目染，便起了讀西史的強烈願望。我的課外閱讀則由梁啟超、胡適的作品開始，種下了愛好中國思想史的根苗。中正大學一年級的中國通史由一位年輕講師講授，教材是錢穆《國史大綱》，這是我第一次接觸錢先生的學術著作。因此，

---

[3] 余英時，《余英時回憶錄》，（臺北：允晨，2018 年 11 月），頁 18-19。

[4] 余英時，《余英時回憶錄》，（臺北：允晨，2018 年 11 月），頁 27-28。

我在這所新辦的大學雖然僅讀僅讀了三個月，但我的人生道路卻大致決
定了。[5]

隨著東北瀋陽的淪陷，余英時不得不隨父離開中正大學，到了北平。所以
余英時說：

從一九四七年十月到一九四八年十月，我在北平閒居。……我記得一九
四八年夏天讀到胡適在《獨立評論》上的〈自由主義是什麼？〉一文，
非常興奮，因為胡適在文中強調爭取自由在中國有很長的光輝歷史：他
指出孔子「為仁由己」便是「自由」的另一說法。我也認為很有說服力。
我一直相信中國既是一個古老的文明大國，其中必有合情、合理、合乎
人性的文化因子，經過調整之後，可以與普世價值合流，帶動現代化。
我不能接受一種極端的觀點，即認為中國文化傳統中只有專制、不平
等、壓迫等負面的東西。[6]

余英時在其《回憶錄》裡寫到：

早在一九四六年，先父在瀋陽東北中正大學主持文學院，曾禮聘錢賓四
(穆)師為中國史教授。……這是我第一次聽到賓四師的名字。……後來
他去了昆明，我們當然感到很失望。但中正大學中國通史的課程是用《國
史大綱》為教本。因此我最早接觸到他的著作是在一九四七年的秋季。
兩年後，我在燕京翁獨健先生「史學研究法」的課程上要寫一篇論文代
替考試。由於我早年讀過梁啟超、胡適等人關於先秦思想的研究，對墨
子一派為什麼在秦漢以後忽然消失不見，十分不解，因而提出了「墨學
衰亡考」的題目。翁先生指示我去看章太炎的《國故論衡》、錢穆的《先

---

[5] 余英時，《余英時回憶錄》，(臺北：允晨，2018 年 11 月)，頁 67。

[6] 余英時，《余英時回憶錄》，(臺北：允晨，2018 年 11 月)，頁 70-71。

秦諸子繫年》等書，這樣我才讀到錢先生最精深的學術專注。……因此
我對錢先生確是景仰之至。[7]

　　而余英時從燕京大學轉入新亞書院，從北京移居香港，卻是他生命史上最
重大的轉折點，他的人生徹頭徹尾地改變了。雖然那是偶然中的偶然，只是他
當時對此並未意識到。

　　余英時在其《回憶錄》裡繼續寫到：

我真正認識新亞書院的性質，並奉錢先生為終身之師，是一九五〇年秋
季決定長期留港以後的事……後來我研究中國歷史的一個重要取徑是
通過西方的比較以探求中國文化特色；這顯然是受新亞教學宗旨的長期
影響所致。……學校的精神自然是通過教授個人傳遞到我的身上，因
此……錢賓四師是我最重要的指導教授。[8]

　　錢穆於 1949 秋，隨華僑大學遷香港，之後擔任由張其昀(曉峰)、謝幼偉、
崔書琴創辦之亞洲文商學院(夜校)的院長一職。1950 年秋，創辦新亞書院，任
常務董事、院長。[9]由於創校初期的面臨校舍、校務經費等營運困難。是年冬，
錢穆以新亞全校同仁力促赴臺北，期獲政府救濟，至少可以維持一段時間，再
謀發展。

　　以當時錢穆在學術上的聲望，所以來臺期間深獲蔣介石、蔣經國父子的歡
迎，並有其他黨政要員的居間協助安排，終獲總統府祕書長王世杰得蔣介石面
諭協款的度過難關。緊接著，錢穆應邀在各中學做講演，而時長臺灣教育廳的
陳雪屏，為錢穆在北大舊同事。[10]

---

[7] 余英時，《余英時回憶錄》，(臺北：允晨，2018 年 11 月)，頁 98-99。

[8] 余英時，《余英時回憶錄》，(臺北：允晨，2018 年 11 月)，頁 100-102。

[9] 韓復智，《錢穆先生學術年譜》，(臺北：國立編譯館，2005 年 1 月)，頁 1865、1879。

[10] 錢穆，《八十憶雙親 師友雜憶合刊》，(臺北：東大，1983 年 1 月)，頁 254-256。

　　尤其陳雪屏有一項特殊經歷，就是 1950 年 7 月中國國民黨改造期間，他曾與陳誠、張道藩、張其昀、沈昌煥、連震東、谷正綱、曾虛白、蔣經國等 16 人的黨政要員擔任中央改造委員。改造委員會其下設一處(秘書處)、七組、五會，七組中的第一組負責接管組織部，主任即為陳雪屏。[11]

　　組織部就是組織工作會的前身，在蔣經國黨主席任內特派李煥擔任主任一職，負責吸納本省籍菁英進入黨務體系，參與黨組織的重要工作，也就是所謂 1970 年代前後中國國民黨積極推動的「本土化」策略。

　　高居國民黨黨政要員的陳雪屏，早年就進入北京大學主修哲學、心理學，曾在美國哥倫比亞大學心理研究所進修，並任教北京大學和擔任訓導長職務。1948 年 12 月至 1949 年 4 月短暫代理中華民國教育部部長。陳雪屏女兒陳淑平嫁給余英時，陳雪屏即是余英時的岳父。[12]

　　胡適說：

　　　陳雪屏夫婦六十歲的生日，我想寫一首詩送給他們，但一時做不出來。我想寫沈瑜慶的兩首詩送給他們。沈瑜慶是沈葆楨(文肅公)的第四個兒子，他的母親是林文忠公則徐的女兒。雪屏夫人也是林家的小姐。[13]

　　惟余英時說他在 1950 年代的香港，他們全家生活在窘迫中，他根本沒有動過出國讀書的念頭。[14]但余英時新亞書院的優異表現，錢穆在《師友雜憶》指出：

　　　哈佛燕京社先於四十三年，來函邀請新亞選派一年輕教師，……翌年，

---

[11] 《中國國民黨中央改造委員會會議決議案彙編》，〈中央改造委員會組織大綱〉、〈中央改造委員會組織系統表〉，(臺北：中國國民黨中央黨史委員會，1978 年 9 月)，頁 43。

[12] 林載爵主編，《如沐春風：余英時教授的為學與處世——余英時教授九秩壽慶文集》，(臺北：聯經，2019 年 1 月)，頁 12。

[13] 胡頌平，《胡適之先生晚年談話錄》，(臺北：聯經，1984 年 5 月)，頁 108。

[14] 余英時，《余英時回憶錄》，(臺北：允晨，2018 年 11 月)，頁 152。

又來函要，遂以新亞第一屆畢業留為研究生余英時以助教名義派送前往。一年期滿又獲延長一年。又改請加入哈佛研究院攻讀博士學位。畢業後，留校任教。是為新亞研究院派赴國外留學之第一人。[15]

1960 年春，錢穆赴美國耶魯大學講學和獲頒名譽博士學位，後轉訪哈佛大學、哥倫比亞大學，再赴歐洲訪問。錢穆指出：

學期中，哈佛來邀去作學術演講。晤雷少華，親謝其對新亞研究所之協助。雷少華謂，哈佛大學得新亞一余英時，價值勝哈佛贈款之上多矣，何言謝。英時自去哈佛兩年，轉入研究所讀學位，獲楊聯陞指導，成績優異，時尚在校。……聯陞則畢業清華，留學哈佛，留校任教授職。自哈佛協款新亞，聯陞屢來港，時有接洽。對余及新亞研究所助益良多。余去哈佛，在其東方學研究所作講演，講題為人與學，由聯陞任翻譯。[16]

根據余英時對錢穆這次在哈佛燕京社的演講指出：

錢先生的講題是「人與學」，以歐陽修為例，說明中國學術傳統以「人」為中心，歐陽修一人即兼通經、史、子、集，與西方重專門學術不同。楊先生是介紹人，同時也擔任口譯，他回憶了當年在北大聽錢先生演講的盛況，並推崇錢先生是當代碩果僅存的少數大師之一。……那時楊先生參與哈佛燕京社支援東亞研究所的年度決策，他在臺北的壓力之下仍然堅持給新亞以公平的待遇，這是很可感念的。[17]

---

[15] 錢穆，《八十憶雙親 師友雜憶合刊》，（臺北：東大，1983 年 1 月），頁 272-273。

[16] 錢穆，《八十憶雙親 師友雜憶合刊》，（臺北：東大，1983 年 1 月），頁 293。

[17] 余英時，〈中國文化的海外媒介〉，余英時，《猶記風吹水上鱗——錢穆與現代中國學術》，（臺北：三民，1991 年 10 月），頁 195。

余英時在新亞書院，乃至於後來特別於研究所階段，追隨錢賓四的治學過程，致使其感受到影響最深最大的主要在建立對於「學問」的認識，和奠定其一生學術路向的一段經過。所以，余英時在《猶記風吹水上鱗——錢穆與現代中國學術》的〈序〉中很感傷地寫道：

> 錢（穆）、楊（聯陞）兩先生同是我正是受業的老師，不意同年逝世，相去不過兩個多月。從此我竟成韓愈所謂「世無孔子，不在弟子之列」了，思之尤不勝其傷悼。[18]

（三）受楊聯陞的訓詁治史

對於余英時與楊聯陞的直接師生關係，余英時指出，

> 我研究中國史受兩位老師的薰陶最深，第一位是錢先生，第二位便是楊先生，……我到美國後，中國史的業師是哈佛大學的楊聯陞先生。楊先生既淵博又謹嚴，我每立一說，楊先生必能從四面八方來攻我的隙漏，使我受益無窮。
> 因此我逐漸養成了不敢妄語的習慣，偶有論述，自己一定儘可能地先挑毛病。這樣做雖然不能完全免於犯錯，不過總可以使錯誤減少一些。[19]

余英時說他受益於楊先生的錘鍊並不僅僅是在研究生時代。早在 1956 年 1 月，當他寫成《東漢政權之建立與士族大姓之關係》的再稿之後，送呈楊先生指正；恰好這也是楊先生早年研究過的題目，其批評是第一次將余英時帶進了日本和西方漢學的園地。

---

[18] 余英時，《猶記風吹水上鱗——錢穆與現代中國學術》，（臺北：三民，1991 年 10 月），頁序 2。

[19] 余英時，〈中國文化的海外媒介〉，余英時，《猶記風吹水上鱗——錢穆與現代中國學術》，（臺北：三民，1991 年 10 月），頁 169-170。

　　檢視 1956 年秋到 1961 年冬，余英時正式受業於楊聯陞門下，後來又和他共同講授了九年的中國通史和中國制度史。由於他們長時間的師生關係，余英時認為楊聯陞的考證精道而取材廣博，但他不是傳統意義下的考證學家；他的訓詁和考證都能為更大的史學目的服務。

　　楊聯陞說：

> 他的基本立場是「訓詁治史」，這裡「訓詁」一辭是取西方 Philology 的廣義，即徹底掌握史料的文字意義，尤其重要的是能扣緊史料的時代而得其本意。如果史料中有分歧錯亂的狀況，治史者則必須運用各種方法加以整理。只有通過對史料的嚴格鑑定和精確理解，比較可靠的客觀史實才能建立得起來。這一層次的工作相當於中國清代以來的所謂「考證」，但也和十九世紀末葉以來美國史學主流的取徑相近。美國史學主流深受蘭克一派的影響，一方面強調文獻(特別是檔案)的基礎，另一方面則相信歷史世界的客觀性可以通過價值中立的史學研究而發現。基本上這是一種實證主義的觀點。[20]

所以，余英時認為：

> 楊先生出身中國的史學傳統，他的強調「訓詁治史」，相信中國傳統史學越到後來越重視客觀性，也承認社會科學的概念有助於中國史研究的開展，這是他與美國主流史學相近之處。但是他在「歷史客觀性」的問題上卻沒有照單全收美國史學的預設。……因為他所謂的「訓詁治史」落在史學研究的基層工作上面，對於任何理論觀點都是中立的。……楊先生以「訓詁治史」便是要嚴守史學研究的基線，防止「斷章取義」、「隨心假設」、「放手抓證」等等流弊。唯有如此，中國史研究在美國

---

[20] 余英時，〈中國文化的海外媒介〉，余英時，《猶記風吹水上鱗——錢穆與現代中國學術》，(臺北：三民，1991 年 10 月)，頁 183-184。

才能取得學術紀律的尊嚴，並進而與現代史學匯流。[21]

回溯楊聯陞和現代史學的關係，從 1930 年代中國在清華大學念書受教於崇尚自由主義的葉公超，也受到王國維、陳寅恪等人的影響，充分認為「同情的理解」、「文學的想像」在史學研究中的重要作用。而且到了 1960 年代中期的美國哈佛校園，他的研究工作都是在史學主流的典範之下進行的。

當胡適自 1942 年 9 月卸任駐美大使之後，長期住在紐約，但常常接受哈佛大學的邀請，前往講學或正式任教。楊聯陞不但與胡適過從甚密，他同時是余英時博士論文的指導教授，余英時的學術淵源所受到楊聯陞與胡適的影響不可不謂不深。

余英時師承錢穆與臺灣的特殊關係，可以回溯 1966 年至 1976 年間中共發動的文化大革命，中華文化面臨空前浩劫。當時在臺灣的孫科、王雲五、陳立夫、孔德成等人，聯名發起「中華文化復興運動」。

中華文化復興運動推行委員會成立，在這推動中華文化復興運動的期間，當時兼任會長的總統蔣介石還特別禮聘錢穆於 1967 年 10 月遷臺北，先住市區金山街，翌年 7 月安排他住進外雙溪，該所之建築，全由陽明山管理局負責，並為政府一賓館。[22]

所以，余英時 1972 年告假回新亞書院，履行了當年承諾的義務，但那時錢穆卻已定居在臺北了。無論如何，失去向晚年的錢先生從事系統學問的機緣，遂是余英時認為是他生平最大一憾事。[23]

在國民黨政府積極推動中華文化復興運動的時期，先後從旅居在外回來臺灣的重要學術界人士，除了胡適早於 1957 年 11 月當選中央研究院院長，並於隔年的 4 月間回到臺灣的定居臺北南港之外，還有林語堂於 1966 年的回臺定

---

[21] 余英時，〈中國文化的海外媒介〉，余英時，《猶記風吹水上鱗——錢穆與現代中國學術》，(臺北：三民，1991 年 10 月)，頁 185-186。

[22] 錢穆，《八十憶雙親 師友雜憶合刊》，(臺北：東大，1983 年 1 月)，頁 318。

[23] 余英時，《余英時回憶錄》，(臺北：允晨，2018 年 11 月)，頁 182。

居在臺北陽明山，這是中華文化復興的再起，和臺灣繼起中華文化傳承的重責大任，以及臺灣成為國際漢學研究中心的一個重要歷史階段。

林語堂曾在 1967 年 1 月 9 日《中央日報》的一篇〈論文藝如何復興法子〉文中指出，他想到梁啟超(任公)《清代學術概論》及江藩《漢學師承記》，是他少時摸到清代學術思想門徑的好指導，得益匪淺。後來梁啟超將《清代學術概論》增修寫成《中國近三百年學術史》。林語堂稱任公本是學者，是在學海堂故紙堆中埋頭用過苦工的人，學者而能筆下發出光輝。所以是聰明才士。王國維便是純粹學者，而二者不同，乃在任公之時代感特別敏感，所以他的文字力量感人甚深。[24]

胡適、林語堂、錢穆三人都以實際行動支持當年中華民國在臺灣的推動中華文化復興運動。在學術思想上胡適肯定錢穆的研究成果，致使外界誤以為錢穆亦喜治乾嘉學，其實錢穆在治學方面與胡適仍有許多相異之處，特別是錢穆對於胡適在五四時期的與陳獨秀排斥中國固有文化的發起新文化運動，乃至於主張的「文學革命」，因而發出撻伐之聲，要求胡適、陳獨秀等人珍重文壇開國史。畢竟錢穆追求的從來不是中國舊魂原封不動地還陽，而是舊魂引生新魂。[25]

余英時認為胡適有「但開風氣不為師」的風範，對於胡適的個人情感也是很深厚。余英時的受胡適思想影響除了因為恩師楊聯陞推崇胡適的關係之外，他在北京讀書期間讀了許多胡適的著作，認為胡適對於西方文化的認識遠在梁啟超之上。他了解到如果想要真正了解中國的傳統，必須同時對西方傳統和現代世界有深入的體認，這便把余英時推向另一個知識的領域。[26]

尤其余英時在 1970 年代初期以章學誠與戴震而展開的清代學術思想史研究，與他早期熟讀過胡適於 1922 年出版的《章實齋年譜》，和 1927 年出版的

---

[24] 林語堂，〈論文藝如何復興法子〉，《中央日報》，1967 年 1 月 9 日。收錄：胡適等著，《胡適與中西文化──中國現代化之檢討與展望》，(臺北：水牛，1968 年 1 月)，頁 309-310。

[25] 余英時，〈一生為故國招魂〉，余英時，《猶記風吹水上鱗──錢穆與現代中國學術》，(臺北：三民，1991 年 10 月)，頁 25。

[26] 余英時，〈我所承受的「五四」遺產〉，余英時，《中國文化與現代變遷》，(臺北：三民，1992 年 11 月)，頁 91。

《戴東原哲學》等相關著作，凸顯其所受到胡適思想的影響很有一定程度關聯，亦始終秉持著胡適自由主義為價值的人文關懷。

三、余英時的史學取徑

檢視近代中國史學一向有史料學派與史觀學派的兩大派別之分。史料學派是以史料之蒐集、整理、考訂與辨偽為史學的中心工作，代表人物如胡適、傅斯年等實證主義者；而史觀學派是主張以系統的觀點，通釋中國史的全程為史學的主要任務，如馬克思唯物史觀的特質和內在限制。

余英時認為楊聯陞雖與實證史學有著最深厚的淵源，他卻從來沒有宗派意識或門戶之見，同時他的興趣也非實證史學所能限。他重視實證，但不是實證主義者。他和胡適之、傅孟真兩先生的主要不同之處即在此處。[27] 余英時指出：

> 史學論者必須論證(argument)和證據(evidence)兼而有之，此古今中外之所同。不過二者相較，證據顯然佔有更基本的地位。證據充分而論證不足可能是比較粗糙的史學；論證滿紙而證據薄弱則不能成其史學。韋伯的歷史社會學之所以有經久的影響，其原因之一是它十分尊重經驗性的證據。[28]

（一）實證與詮釋並重

以歷史淵源而論，楊聯陞和胡適以及中央研究院歷史語言研究所的關係自然遠為深厚，但在學術上他對錢穆和新亞書院絕未見有絲毫歧異。余英時係承繼錢穆的史學的取徑，修正史料學派與史觀學派的論點指出，其研究取徑可以

---

[27] 余英時，〈中國文化的海外媒介〉，余英時，《猶記風吹水上鱗——錢穆與現代中國學術》，(臺北：三民，1991 年 10 月)，頁 193。

[28] 余英時，〈原商賈——余著《中國近世宗教倫理與商人精神》序〉，余英時，《中國近世宗教倫理與商人精神》，(臺北：聯經，1987 年 6 月)，頁(七三)。

說是承續楊聯陞訓詁治史的途徑。

訓詁治史的取徑是實證與詮釋之交互使用，實證是求取知識的常法，詮釋則是通解文獻涵義的竅門，這一研究取徑是較史料學派和史觀學派成熟的。亦是與熊十力、唐君毅、牟宗三、杜維明等新儒家的走哲學取徑大異其趣。

同時，余英時的乾嘉考證學則是近代中國史學家共同的傳統，然而近代中國的新儒家，他們自認為他們的學說主張，不是一般意義下的學而是道，是帶有某種宗教的意味了。

余英時指出：

> 胡適的學術基地自始即在中國的考證學，實驗主義和科學方法對於他的成學而言都只有緣助的作用，不是決定性因素。我們已看到清代考證學自嘉、道以來便面臨種種技術崩潰的內在危機，舊典範雖屢經修正而終不能容納與來愈多的「變異」。經過這一長期的發展，最後才有新典範的脫穎而出，這個新典範之所以在胡適手中完成，正因為他是從考證學傳統中出身的人。這絕不僅僅是他從杜威那裏學到了實驗主義方法論便能辦得到的。[29]

余英時在「傳統與現代化」這一課題上，他的思想是與五四反傳統主義者，如胡適、魯迅、陳獨秀有本質上的不同，而是與嚴復、王國維、陳寅恪、蕭公權、錢穆等人的思想相接近。誠如錢穆對「傳統與現代化」的比喻：

> 我之一生，時常在今日國人所提倡之「現代化」一詞中。如我某年得某失某友，某年又得某師某友，所變多，此非我生之一種現代化而何。然在我記憶中，亦常若有一條線貫穿此多變而存在，此即我之生命傳統。必打破傳統來求現代化，則我之現代乃在臺北之外雙溪，而我猶憶我乃從無錫之七房橋來，幸而有此傳統常存我記憶中，故我乃覺有此一生

---

[29] 余英時，《中國近代思想史上的胡適》，（臺北：聯經，1984 年 5 月），頁 89。

命。若僅有現代化，失去此傳統，並求盡力打破此傳統，只知我在外雙
溪，不記我從何來，則以失卻了此我，即不啻失卻了我此一生命。則一
切完了，復何意義價值可言。故知人生一切意義價值盡在記憶中，即盡
在傳統中。惟此一傳統則勢必現代化，亦不得不現代化。但此一傳統只
存在於我之以往記憶中，而現代化則屬外在未來之遭遇。記憶在我心之
內，由我作主。遭遇在我身之外，非我之所能主。[30]

錢穆更指出：

至言於學術思想，孔子信而好古，述而不作，亦有所因，亦有其損益。
故孟子曰：「孔子聖之時者也。」可為孔子乃上承周公而亦現代化。孟
子又曰：「乃吾所願，則學孔子。」孟子則亦可謂乃承孔子而現代化。
荀子亦然。孟荀之於孔子，其所損益各不同，而高下得失亦以是而判。
兩漢以下，中國全部儒學史，亦復如此。同因於孔子，同有所損益以求
其現代化。[31]

　　余英時也認為中國的問題必須放在中國的歷史脈絡之中尋求其解決，所以
必須先「實事求是」的在中國的歷史古典文獻脈絡中，探知中國問題的特殊性，
而西方理論和方案只有輔助詮釋性質，而非主體性的全面作為解釋或解決中國
問題的方案。
　　承此，余英時接受五四知識份子所提出的民主與科學的主張，但他認為如
要中國能產生民主與科學的目標，是不可能移植西方理論全盤西化就可達成
的。　我們理解余英時在學術思想上，除了受到錢穆和楊聯陞等人的影響非常
深之外，特別胡適在近現代中國學術思想史上強調「治古書之法，無論治經治
子，要皆當以校看訓詁之法為初步。校勘已審，然後本子可讀；本子可讀，然

---

[30] 錢穆，〈傳統與現代化〉，《晚學盲言(下)》，(臺北：東大，1987 年 8 月)，頁 714-715。

[31] 錢穆，〈傳統與現代化〉，《晚學盲言(下)》，(臺北：東大，1987 年 8 月)，頁 712。

後訓詁可明；訓詁明，然後義理可定」的治學取徑。

（二）西方理論緣助性

余英時認為胡適的貢獻是再把中國從原有封閉的一種傳統中，帶到一個現代世界上，是對中國文化的一種現代化和學術現代化的啟蒙作用。胡適除了在白話文打破了傳統士大夫和民眾之間的隔閡，和把古典文化和通俗文化連結起來，這是中國傳統國學的現代化，從而奠定了胡適在學術思想上的地位。

余英時對於自己史學取徑的明確地指出：

> 我個人一向是從史學的觀點研究中國傳統的動態，因此不但要觀察它循著什麼具體途徑而變動，而且希望儘可能地窮盡這些變動的歷史曲折。依我的偏見，這是展示中國文化傳統的獨特面貌的一個最可靠的途徑，我雖然也偶而引用西方的理論和事實以為參證比較之資，但其目的只是為了增加說明上的方面，決非為了證實或否證任何一個流行的學說。[32]

余英時認為其在中國思想史研究中所偶然引用的西方觀念都只有緣助性的作用。其立足點永遠是中國傳統及其原始典籍內部中所呈現的脈絡，而不是任何一種西方的理論架構。嚴格地說，沒有任何一種西方的理論或方法可以現成地套用在中國史的具體研究上面。[33]

在這思維上，讓我記取 1970 年代支持我、鼓勵我撰寫《近代學人著作書目提要》的恩師曹昇教授，他對我所說的他不贊成胡適（1891-1962）、殷海光（1919-1969）等人主張的全盤西化，而是贊同王國維（1877-1927）、陳寅恪（1890-1969）、錢穆（1895-1990）等人的維護中國傳統文化的觀點來。

---

[32] 余英時，〈關於「新教倫理」與儒學研究〉，收錄：余英時，《中國文化與現代變遷》（臺北：三民，1995 年 8 月），頁 221。

[33] 余英時，〈關於「新教倫理」與儒學研究〉，收錄：余英時，《中國文化與現代變遷》（臺北：三民，1995 年 8 月），頁 223-224。

四、余英時的儒家思想

（一）儒家思想的源流

中國思想史的從老子、孔子（前 551-前 479）到荀卿（約前 316 年-約前 237 年）、韓非（約前 281-前 233），從前 6 世紀到前 3 世紀是中國古代思想史的分化時期。這時期裏的思想家都敢於創造，勇於立異；他們雖然稱道堯舜，稱述先王，終究遮不住他們的創造性，終究壓不住他們的個性。[34]

在前 246 年秦國統一之前的思想雖有混合的趨勢，終究因為在列國分立的局勢之下，各種思想仍有自由發展的機會。這種不肯枉己而直人，不肯枉尺而直尋的精神，是古儒者留給後世的一種貴重遺風。但是到了秦帝國一統的階段之後，便沒有這種自由選擇的機會了。

「擇主而事」已成了一句空話，當時儒者是想積極有為的，直到西漢武帝（前 156-前 87）採納董仲舒（前 192-前 104）建議的罷黜百家獨尊儒術。隋唐時期(581-907)更採行科舉取仕，把儒家經典列為考試科目，獨尊儒術政策成為國家一統的思想制度，殘害了人類本應可以自由、多元的創意文化。魏晉(907-960)以後至宋(960-1279)的佛道二教雖然興起，但居於正統地位的儒學，仍不是佛道二教所能取代的。

歷經千年的長時期歲月累積和社會變遷，形塑許多士子皓首窮經的仰慕功名風氣，但是能夠榜上有名，得以光宗耀祖的畢竟是極少數，這些落榜的莘莘學子是多麼徬徨無助的終致成為社會邊緣人，其低落情緒和被排斥於勳業之外，也都只能無奈漂泊而散居在各地，苟且偷生，久而久之難免引發社會最底層庶民的普遍對國家發展與制度失去信心。

再加上儒學發展煩瑣的注疏訓詁，尤缺少佛道對人心、人性超越現實的精神寄託和終極關懷。逮至有唐韓愈（768-824）提出了儒家的道統觀，更形塑成宋代(960-1279)理學的主流，也延續對於明代(1368-1661)儒家哲學思想的影響。但理學與以往的儒學不同之處在於：漢儒治經，側重訓詁制度；宋儒則附

---

[34] 胡適之，《中國中古思想史長編》(手稿本)，(臺北：中央研究院胡適紀念館，1971 年 2 月)，頁 1。

會經典義理，而說「天人性命之理」的所謂「理學」。

理學在北宋時期(960-1127)周敦頤（1017-1073）、張載（1020-1077）、程顥（1032-1085）、程頤（1033-1107），乃至南宋時期(1127-1279)朱熹（1130-1200）最後完成的以儒學精神為本，並相容佛道部分思想而形成一種新的思想體系。到了明代(1368-1661)理學的發展，心學的集大成者王陽明（1472-1529）的哲學思想，是承續南宋陸九淵（1139-1193）的心學，有陸王學派之稱。程、朱強調「性即理」的認識論；陸、王強調「心即理」的認識論。

王陽明主張以心為本體，提出致良知、良知良能、格物致知、自求於心、心之本體無所不該、意之所在便是物的思想。心的本體是無所不包，有我的感覺就有物，而物質就是我的意志，我的意志就是一切。他反對朱熹的外心以求理，提出求理於吾心的知行合一說，這是對孟子良知說的發揮。王陽明是孔子為仁方法的踐行者。

孔子《論語・里仁第四》說：

> 我未見好仁者，惡不仁者。好仁者，無以尚之。惡不仁者，其為仁矣，不使不仁者加乎其身。有能一日用其力於仁矣乎，我未見力不足者。蓋有之矣，我未之見也。[35]

孔子強調，道德修養要依靠自覺的努力。而且重要的是從當日起就去做，今天行仁了，今天就得到了仁。孔子的這一種思想，一直影響著明代王陽明的知行合一心學。仁德之道，關鍵在於踐行，一個若能終日行仁德之事，是不會感到力量不足的。陸王學派自言來自孟子，在實踐孟子的功夫上竟與禪學接近，可見共通處，亦是宋明儒學佛老思想的闡發。

儒家崇尚成聖的存心養性，正己修身；道家崇尚成仙的修心煉性，功德度世；佛家崇尚成佛的明心見性，去惡行善。總歸儒、道、釋三家都是從心做起，天人性命之理，殊途同歸，萬法合宗，其實質都是一種道德理論。

---

[35] 謝冰瑩等註譯，《新譯四書讀本》，（臺北：三民，1978 年 10 月），頁 80。

（二）余英時與新漢學

余英時指出：

> 「五四」前夕，中國學術思想的主流仍然是儒家。儘管兩千年來儒學內部各層面已先後吸收了許多其他學派的成分，儘管儒學自晚清以來已因受到西方觀念的衝激而搖搖欲墜，但大體而論，儒學的基本架構依然存在，依然維持著它在上層文化或大傳統中的主流地位。民國成立以後，袁世凱曾屢頒尊孔之令，並於民國三年三月六日親行祭孔大典；同時康有為、陳漢章等人則提倡中國正式奉儒學為宗教；他們所組織的「孔教會」更是十分活躍。孔教問題當時也一度困擾遠在美國的胡適。胡適基本上是不贊成這些舉動的，不過他最先的反應則表現為審慎的思考，而不是強烈的批判。這一歷史背景，可以使我們了解為什麼新文化運動最後歸宿到全面性的反傳統、反儒家的思想革命。……所以，摧毀儒家意識形態——即所謂「打倒孔家店」—已到了水到渠成的階段，但是儒學作為一種學術思想而言，則在當時不但具有很大的活力，而且仍居於最高地位。[36]

余英時在思想上大抵接受五四知識份子所提出的「民主」與「科學」的主張，但他認為如要中國能產生「民主」與「科學」的目標，是不可能移植西方理論全盤西化就可達成的。換言之，「民主」是一種生活的態度，何止是投票與普選的行為或方式而已；「科學」則是知識的追尋，何止是強調船堅炮利的國家發展政策而已。

是以，余英時對於如何去開展出西方的為知識而知識的精神，而不為純粹的道德所束縛，余英時指出：

---

[36] 余英時，《中國近代思想史上的胡適》，（臺北：聯經，1984 年 5 月），頁 35-36；〈中國近代思想史上的胡適——胡適之先生年譜長編(初稿)序〉，《聯合報》連載，1983 年 5 月 4 日-14 日）。

胡適從考證學出發，上接程、朱的「窮理致知」的傳統，因而對陸、王
不免有排斥的傾向。……今天看來，無論是西方還是中國，這兩個主要
思想流派必然是一個長期共存的局面，因為兩派各有立場、各有領域、
也各有成績，誰也不能把誰完全壓倒的。……但是異同雖不能相合，卻
未必完全不能相通。[37]

胡適曾指出理學的兩條路，即程頤說的「涵養須用敬，進學則在致知」。
程、朱一派走上格物致知的大路，但終丟不了中古遺留下來的那一點宗教的態
度，就是「主敬」的態度。他們主張靜坐，主張省察「喜怒哀樂未發之前是何
氣象」，主張無欲，都屬于這個「主敬」的方面，都是中古宗教的遺毒。因為
他們都不肯拋棄這條宗教的路，故他們始終不能徹底的走那條格物致知的路。
萬一靜坐主敬可以得到聖人的境界，又何必終身勤苦去格物致知呢？[38]

《禮記・大學》的欲明明德於天下的順序是：格物、致知、意誠、心正、
修身、齊家、治國、平天下，所以要達到誠的地步，必須要先窮極萬物的道理，
即格物和致知。[39]但是在《禮記・中庸》卻說至誠之道，可以前知，還說了唯
天下至誠，可以盡其性，是說要先心誠才能盡性、贊化育、參天地，達到前知，
通曉萬物的道理。「中」有指「不偏」的「天下正道」；「庸」有指「不易的
天下定理」，是孔門傳授心法。[40]

「格物致知」就是由明而誠的受教育成聖人，誠明之人才能前知，但是也
有一說，說格物不是格外物，那個物就是心，格心那就是由誠而明的發揮善性，
成為誠明之人也一樣能前知。其實「格物致知」也可說就是一種「博學」說法
的銓釋，猶如在人文學與社會科學的實際研究過程中，科學方法和解釋學的方

---

[37] 余英時，《中國近代思想史上的胡適》，（臺北：聯經，1984 年 5 月），頁 73-74。

[38] 胡適，〈幾個反理學的思想家〉，收錄：《胡適文存》（第三集），（臺北：遠東，1953 年 12 月），頁 71。

[39] 謝冰瑩等註譯，《禮記・大學》，收錄：《新譯四書讀本》，（臺北：三民，1978 年 10 月），頁 1-16。

[40] 謝冰瑩等註譯，《禮記・中庸》，收錄：《新譯四書讀本》，（臺北：三民，1978 年 10 月），頁 17。

法為什麼不能同時並用。

余英時在某個層面與胡適、傅斯年以來考證學的新漢學傳統關係至深，然而他又不為新漢學的實證觀點所限，而走向錢穆的史學通識關懷當代中國的文化轉型的問題。余英時的史學雖延續近代中國新漢學的「乾嘉考證」之風，但有其超越新漢學的「實證」科學之處。

余英時一方面受胡適五四啟蒙運動的影響，關心民主、科學的課題，同時在他史學的風格上，呈現了錢穆、陳寅恪將史學與時代結合的論題選擇，虛心接受「科學精神」，不過不能接受「科學主義」罷了。[41]

五四以前的儒家思想，基本上儒家思想的兩大傳統概念是「尊德性」與「道問學」。然而，儒家思想發展到了宋明時期程朱學派的「道問學」已從「尊德性」的思想根基，過渡到了清代時期開展出的乾嘉考證之學。

胡適〈說儒〉指出：

> 孔子改造的新儒行，他把那有部落性的殷儒擴大到那「仁以為己任」的新儒；他把那亡國遺民的柔順取容的殷儒抬高到那「弘毅進取」的新儒。這真是「振衰而起懦」的大事業。[42]

胡適在〈幾個反理學的思想家〉的一文中指出：

> 宋儒以來的理學掛著孔教的招牌，其實因襲了中古宗教的種種不近人情的教條。中古宗教的要點在於不要做人而想做菩薩神仙。這固是很壞，然而大多數的人究竟還想做人，而不想做菩薩神仙。固中古宗教的勢力究竟還有個限度。到了理學家出來，他們把中古宗教做菩薩神仙之道搬運過來認為做人知道，這就更壞了。……人人亂談「存天理，去人欲，」

---

[41] 余英時，〈一生為故國招魂〉，收錄：余英時，《猶記風吹水上鱗——錢穆與現代中國學術》，（臺北：三民，1991 年 10 月），頁 24。

[42] 胡適，〈說儒〉，收錄：《胡適文存》（第四集），（臺北：遠東，1953 年 12 月），頁 66。

人人瞎說「得乎天理之極而無一毫人欲之私」，於是中國的社會遂變成
更不近人情的社會了。[43]

儒家的有為主義，儒家的特別色彩就是想得君行道，想治理國家。孔子的
栖栖皇皇之「知其不可而為之」，便是這種積極精神。曾子說：「士不可不弘
毅，任重而道遠。」這是何等氣象！孟子說大丈夫應該「居天下之廣居，立天
下之正位，行天下之大道；得志，與民由之；不得志，獨行其道。富貴不能淫，
貧賤不能移，威武不能屈。」這都是儒家的積極人生觀。[44]

儒學成為漢帝國的儒教是漢武帝、董仲舒、公孫弘三人的成績。漢帝國的
立國創業者從民間來，智識不高，而專制的淫威卻不減於始皇二世，夷三族、
具五刑，不但刑於高帝呂后之時，並且見於寬仁的文帝時代。儒家學者對於這
獨裁政體，竟沒有抵抗的辦法，只有抬出一個天來壓住皇帝，希望在那迷信的
帝國宗教底下的着一點點制裁皇帝的神權。[45]

胡適受墨子「天志」的影響，認為「天人感應」是漢代儒教的根本教義。
1921 年梁啟超將其作品《墨經校釋》四卷，還送請胡適作序。有關五四以後的
科學與玄學論戰，胡適指出：

民國十二年〔1923〕，中國的思想界裏忽然起了一場很激烈的筆戰，當
時叫做「科學與玄學的論戰」，……引起爭端的導火線是張君勱先生的
一篇〈人生觀〉；在此文裏，張先生很明白地說：自孔、孟以至宋、元、
明之理學家，側重內心生活之修養，其結果為精神文明，三百年來之歐
洲，側重以人力支配自然界，其結果為物質文明。……所謂「科學與玄

---

[43] 胡適，〈幾個反理學的思想家〉，收錄：《胡適文存》（第三集），（臺北：遠東，1953 年 12 月），頁
79-80。

[44] 胡適，《中國中古思想史長編》（手稿本），（臺北：中央研究院胡適紀念館，1971 年 2 月），頁 587-588。

[45] 胡適，《中國中古思想小史》，（手稿本），（臺北：中央研究院胡適紀念館，1969 年 4 月），頁 33-41。

學」的爭論，其實只是理學與反理學的爭論的再起。[46]

對於五四運動被胡適視為是中國的文藝復興，是現代性肇端；或是馬克思主義者界定的中國的啟蒙運動，是為政治服務。余英時認為在西方宣揚中國的文藝復興的理念，胡適比任何人都更為重要，並且從 1917 年起，胡適始終堅持五四運動作為一種思想或文化運動，必須被理解為中國的文藝復興運動，主要是出於對中國古文明的創新規劃。

但是，余英時也點出胡適的觀點或做法是將西方的歷史概念套用在中國具體歷史當中，是不科學的。所以，余英時在五四運動的 80 年過後，他於 1999 年 5 月 1 日的《聯合報》發表了一篇名為〈文藝復興乎？啟蒙運動乎？一個史學家對五四運動的反思〉的文中，除了修正了胡適的觀點之外，他認為要界定五四，就首先要承認它是一種自西方取經，我們必須從多重面向性與多重方向性的角度來了解五四的時代。[47]

我們回溯 1919 年胡適認為新思潮的根本意義只是一種新態度。這種新態度可叫做「評判的態度」。[48]所以，探究五四思想史的一種新方式，如果新思潮或新文化的中心意義是在批判精神指引之下研究中學與西學，而研究的目的又是使兩者互相闡明以求最後獲得一種創造性的綜合，那麼新文化或新思潮的概念便必須擴大到可以包括參加五四運動的活躍分子。

後人對於胡適思想有關早期的主張「全盤西化」，或使用「充分世界化」的討論題，包括胡適 1931 年在給〈與錢穆先生論老子問題書〉信裡，指出錢先生「對於古代思想的幾個重要觀念，不曾弄明白，故此文頗多牽強之論。」[49]余英時可以說拋棄了胡適對於五四運動是文藝復興或啟蒙運動的比附做法，

---

[46] 胡適，〈幾個反理學的思想家〉，收錄：《胡適文存》(第三集)，(臺北：遠東，1953 年 12 月)，頁 84-85。

[47] 余英時，〈文藝復興乎？啟蒙運動乎？一個史學家對五四運動的反思〉，《聯合報》，1999 年 5 月 1 日。

[48] 胡適，〈新思潮的意義〉，收錄：《胡適文存》(第一集)，(臺北：遠東，1953 年 10 月)，頁 728。

[49] 胡適，〈評論近人考據老子年代的方法〉，收錄：《胡適文存》(第四集)，(臺北：遠東，1953 年 12

但對於胡適對現代性肇端則採取接納的態度。

（三）余英時與新儒家

余英時在〈錢穆與新儒家〉指出：

> 錢(穆)先生既已抉發中國歷史和文化的主要精神及其現代意義為治學的
> 宗主，最後必然要歸宿到儒家思想。[50]

錢先生對宋明理學是十分推崇的，但他不能接受理學家的道統觀。余英時
認為錢穆畢生「論學不立門戶」觀點，和「治中國學問，無論所專何業，都必
須具有整體的眼光」、「道欲通方而業須專一」，以及分疏了錢穆與當代新儒
家熊十力（1885-1968）、唐君毅（1909-1978）、牟宗三(1909-1995)、徐復觀
（1904-1982）等人，在儒家思想上的異同。[51]
譬如，徐復觀於 1955 年在〈儒家的修己與治人的區別及其意義〉一文中，
批評錢先生在其《四書釋義》中關於《論語》中「仁」字的解釋，錢先生則以
〈心與性情與好惡〉一文作答。徐復觀指出：

> 孔孟乃至先秦儒家，在修己方面所提的標準，亦如在學術上所立的標
> 準，和在治人方面所提出的標準，亦即在政治上所立的標準，顯然是不
> 同。修己的，學術上的標準，總是將自然生命不斷底向德性上提，決不
> 在自然生命上立足，決不在自然生命的要求上安設人生的價值。治人的
> 政治上的標準，當然還是承認德性的標準；但這只是居於第二的地位；
> 而必以人民的自然生命的要求居於第一的地位。治人的政治上的價值，

月），頁 128-131。

[50] 余英時，〈錢穆與新儒家〉，余英時，《猶記風吹水上鱗——錢穆與現代中國學術》，（臺北：三民，
1991 年 10 月），頁 46。

[51] 余英時，〈錢穆與新儒家〉，收錄：余英時，《猶記風吹水上鱗——錢穆與現代中國學術》，（臺北：
三民，1991 年 10 月），頁 31-37。

首先是安設在人民的自然生命的要求之上；其他價值，必附麗於此一價值而始有其價值。[52]

　　又錢先生於次(1956)年發表〈中庸新義〉，依莊子義解釋《中庸》，為中庸易傳，係匯通老莊孔孟。徐先生乃撰寫〈中庸的地位問題——謹就正于錢賓四先生〉一文以就正之。[53]錢先生則答以〈關於中庸新義之再申辯〉一文。

　　然而，最嚴重的爭論是關於「中國歷史上是否有專制政治」的問題。錢先生一貫反對以將秦、漢以後的中國傳統政治視為「專制政治」。錢穆指出：

> 我們要反對孔孟儒家，也不當專據一部《論語》、一部《孟子》，還該看此下讀《論語》、《孟子》，信仰孔孟的許多人之所表現。譬如孔孟儒家愛講治國平天下，我們至少要看漢、唐、宋、明諸朝，他們一些治國平天下的想法和做法。元清兩代，尤其是清代，實際上掌握行政事務的，大部分也都是中國人，還是所謂儒生。
>
> 我們該要注意到這被儒生層如何來治理這個國家，這樣才能判定孔孟儒家思想究竟在中國有價值與無價值，其利、其弊就在那裡。[54]

錢穆繼續指出：

> 我在北京大學歷史系曾開一課，講中國政治制度史，當時學系同仁表示反對，認為「這課不必開，今天的中國，還要來管秦始皇到清宣統的這

---

[52] 徐復觀，〈儒家的修己與治人的區別及其意義〉，收錄：徐復觀文錄，【港版】《學術與政治之間》(甲乙集合訂本)，(香港：南山書屋，1976 年 3 月)，頁 187。原登載於 1955 年 6 月 16 日《民主評論》(第六卷第十二期)。

[53] 徐復觀，〈中庸的地位問題——謹就正于錢賓四先生〉，收錄：徐復觀文錄，【港版】《學術與政治之間》(甲乙集合訂本)，(香港：南山書屋，1976 年 3 月)，頁 322-338。原登載於 1956 年 3 月 1 日《民主評論》(第七卷第五期)。

[54] 錢穆，〈談中國文藝復興運動〉，收錄：錢穆，《中國文化叢談(一)》，(臺北：三民，1970 年 8 月)，頁 90。

一套政治嗎？」我說：「若講此下的新政治或可不管這一套，要講歷史則這一套非講不可。漢武帝、唐太宗，怎樣治國，總該有一套，我們不能不講。」即如孫中山為什麼要監察院、考試院，要創建五權憲法？還不是根據了中國歷史傳統。難道中國歷史從秦始皇到清宣統，就只是一個專制獨裁的黑暗政治嗎？在專制獨裁的黑暗政治之下，怎會有考試權、監察權？這些自該研究。[55]

錢穆被批評講歷史不夠現代化，怎能說中國傳統政治不是一套專制政治政呢？錢穆認為我們講歷史要客觀，若自秦始皇到清宣統中國歷史只是一套帝王專治的黑暗政治，我們也可不必在講中國傳統文化，因為中國傳統文化就是太無價值了。

所以，錢穆亦曾在 1950 年發表了〈中國傳統政治〉一文，申論此義。張君勱（1887-1969）為反駁此文之論點，竟然撰成一巨冊的《中國專制君主政制之評議》。徐復觀先生也於 1978 年 12 月 16 日至 20 日的《華僑日報》上發表〈良知的迷惘──錢穆先生的史學〉一文，駁斥錢先生此論。至於唐君毅對錢先生的評價「其情欲即性理一路清人之思想」，即指戴東原（1724-1777）之思想，而為唐(君毅)、牟(宗三)、徐(復觀)、張(君勱)四人所共同反對。[56]

這論辯過程也相當程度說明了錢穆與新儒家的儒學觀雖極有關係，但畢竟錢穆將與儒學提升為近乎於「教」地位，且以「心性之學」為中國文化的道統的新儒家思想有所不同。

錢穆強調的是從史學的角度出發，來肯定儒學中歐陽修（1007-1072）、朱熹（1130-1200）的匯通經、史、文、集的傳統，而獨尊朱子(熹)學說。這也相當程度地影響余英時會深入探討，和撰述諸多儒學中的論著，諸如在《朱熹的歷史世界──宋代士大夫政治文化的研究》書中，對於理學史上「道統」、「道

---

[55] 錢穆，〈談中國文藝復興運動〉，收錄：錢穆，《中國文化叢談(一)》，(臺北：三民，1970 年 8 月)，頁 90-91。

[56] 李明輝，〈牟宗三思想中的儒家與康德──戰後臺灣儒家思想發展之一例〉，收錄：宋光宇編，《台灣經驗(二)──社會文化篇》，(臺北：東大，1994 年 7 月)，頁 93-94。

學」、「道體」等關鍵性概念的深入探討。[57]

余英時除了避言新儒家以中國文化可以開出民主論的說法之外，余英時雖然與新儒家同樣都關心「傳統與現代化」議題的中國文化在西方衝擊之下的轉型，然新儒家走的是一條建構「心性之學」的形上之學之路，諸如在重建新儒學的工作中，梁漱溟和熊十力的從佛學中擷取思想資源，張君勱、唐君毅、牟宗三的從西方哲學中擷取思想資源。而余英時則從史學關注具體歷史的發展，即「即事以言理」之路，與其諸位的研究取徑是不同的。把儒家的歷史學當作儒家人文主義的基礎，在這方面的研究，余英時是比較接近於徐復觀的激進儒家思維。

余英時指出：

> 根據比較嚴格的史學觀點，我們不能僅僅滿足於從直覺或整體印象所獲得的抽象論斷。怎樣將這一論斷建立在可以客觀檢證的歷史事實之上，才是專業史學的本格任務。[58]

儒學從漢初董仲舒所建立天的哲學以來，尤其經過宋明理學已不只是一種單純的哲學或宗教，而是一套全面安排人間秩序的思想系統，從一個人自生到死的整個歷程，到家、國、天下的構成，都在儒學的範圍之內。

余英時認為有清一代的考證運動，在儒學史上發揮了一個十分重大的功能，就是將「道問學」的強調知識或學問的價值普遍地創建了起來，顯示「知識」的地位已大為提高，足以和「道德」並駕齊驅了。而不再只是宋明理學所強調「道問學」是為「尊德性」服務的論調，服膺「尊德性」才真正儒學的終極追求。

余英時指出：

---

[57] 余英時，《朱熹的歷史世界──宋代士大夫政治文化的研究【上篇】》，(臺北：允晨，2003 年 6 月)，頁 13。

[58] 余英時，《朱熹的歷史世界──宋代士大夫政治文化的研究【上篇】》，(臺北：允晨，2003 年 6 月)，頁 11-12。

十五世紀以來「棄儒就賈」是中國社會史上普遍的新現象。不但商人多從士人中來，而且士人也往往出身商賈家庭。所以十九世紀的沈垚說：「天下之士多出於商。」最近讀到漢譯本澀澤榮一《論語與算盤》，我十分欣賞他所創造的「士魂商才」的觀念。明清的中國也可以說是一個「士魂商才」的時代。不過中國的「士」不是「武士」而是「儒士」罷了。[59]

但從清末到民初以來，中國正面臨全面社會解體的過程，政治制度崩壞最早，緊接著是一切社會制度的全面動搖。對於西方文化的東來，尤其受到資本主義思潮的影響，尤其韋伯(Max Weber, 1864-1920)的提出，基督新教的喀爾文教派，其教義中的宗教入世的制欲精神，是促成西方資本主義產生的一個重要思想因素。

余英時特別針對中國社會自宋代以來，宗教思想的入世轉向發展及其與中國商人精神之間關聯性提出了見解。余英時老師楊聯陞在其《中國近世宗教倫理與商人精神》一書的〈序〉中指出：

> 近二三十年來，明清社會經濟史，已有不少收穫，研究仍在逐步深入中。所謂「資本主義萌芽」，曾引起不少討論，現在塵埃似已大致落定，亟待新的構想指引。英時此書，貢獻正得其時。[60]

余英時對於西方現代資本主義社會所呈現的歷史現象，諸如現代企業與社會關係的形成、組織與發展，對於私利的定義與價值的肯定，以及經濟利益的倫理與道德之間的分際，特別是資本主義發展的社會功能等等的探討。

余英時是以明清社會變動與儒學轉向的關係，透過士商合流和專制政治兩

---

[59] 余英時，〈「士魂商才」〉，收錄：余英時，《中國文化與現代變遷》，（臺北：三民，1995 年 8 月），頁 259。

[60] 余英時，〈原商賈——余著《中國近世宗教倫理與商人精神》序〉，收錄：余英時，《中國近世宗教倫理與商人精神》，（臺北：聯經，1987 年 6 月），頁(一)。

個方面，試圖從中國傳統具體的歷史脈絡中，去尋求中國傳統思想的資源，並在此基礎上去尋求其創造性的轉化，以銜接西方現代社會的文明價值。這也是余英時建構現代儒學思想與新儒家「心性之學」的最大不同，和其跨越「傳統與現代化」的更具體見解。

余英時謙稱自己並不是儒家，他最怕那些到處自稱為儒家的人。陳昭瑛在論述激進的儒家徐復觀時指出，以儒學為研究對象，但對儒學無歸屬感的，只是儒學研究者，不宜稱為儒家，至於自許獻身儒學者是否即為儒家亦有待辨明。[61]以余英時的才學風範，他尚不敢自稱是儒家的人，正凸顯儒家典範樹立的不易，和儒學思想的博大精深。

余英時接受馬國川訪問，在〈回首辛亥革命，重建價值觀念〉的文中認為儒家思想是不可能當作意識形態的，不可能用它來規劃公共領域。[62]余英時對於現在許多人講有關基督教倫理和西方資本主義精神的淵源，極力鼓吹西方文化特色在於合理主義，但資本主義只有「手段合理」，而社會主義只有「目的合理」，兩種合理都達到自我撞著(paradox)，如果由此推論到儒家倫理和東亞四小龍的經濟發展的關係，他認為後者仍然是一個懸而未決的問題，若硬行把西方理論搬到東方來，不一定會完全適用。

當今「儒學資本主義」的概念是否可以形成？值得深入探討。譬如在中國的明末清初，從 16 到 19 世紀商業特別發達，商人的地位也提高，哪為什麼有這種現象？這種現象和儒家倫理及思想有沒有關係？有的話，是什麼關係？沒有的話，中國商人的精神淵源又是從那裡來的？所以，1976 年 8 月余英時在臺北時，也呼籲學者從比較思想史的立場，留意東亞國家日、韓、越等儒學的發展。[63]

---

[61] 陳昭瑛，〈一個時代的開始：激進的儒家徐復觀〉，收錄：《臺灣文學與本土化運動》，(臺北：臺大出版社，2009 年 10 月)，頁 339。

[62] 馬國川，《沒有皇帝的中國——辛亥百年訪談錄》，(香港：牛津大學出版社，2011 年 10 月)，頁 213-234。

[63] 黃俊傑，〈東亞儒學史研究的新視野：儒家詮釋學芻議〉，收錄：《東亞儒學史的新視野》，(臺北：喜瑪拉雅研究基金會，2001 年 10 月)，頁 1-38。

五、余英時的人文素養

胡秋原（1910-2004）在其《文學與歷史——胡秋原選集第一卷》〈自序〉中指出：

> 自由主義以人文主義與理性為核心，二者是人能創造文化的基本能力。……我深感中西文化並無根本的不同，而中國文化在科學、民主方面都有很大的成就，而在人文主義方面尤有甚高成就。我又認為中國史書中所說「鑑往知來」，「通古今之變」，「知治亂興衰之故」，「因革損益」，「因史立法」這些觀念，都非常有價值。[64]

胡秋原的指出，自由主義是以人文主義與理性為核心，是人類創造文化的基本能力，而中國文化在科學、民主方面都有很大的成就，在人文主義方面尤有甚高成就。余英時強調人文修養對民主有很重要的關係，民主不只是「量」(quantity)的問題，一人一票。民主有「質」(quality)的問題，就是領導社會、政府各階層的領袖，必須要有高度人文修養，否則不配做民主時代的領袖。[65]

針對這有關人文主義的文化，余英時是非常認同胡適的所謂「通才論」，和接受其師錢賓四的所謂「道尊觀」。

（一）認同胡適的「通才論」

余英時在《重尋胡適歷程——胡適生平與思想再認識》一書中指出：

> 在人文學的領域內，胡適可以說是以均衡的通識見長。一涉及專業—任何一方面的專業—許多專家都勝過他。這是為什麼以專門絕業自負的人士都對他不服氣，但又似乎不便徹底否定他的整體貢獻，也許開風氣的

---

[64] 胡秋原，《文學與歷史——胡秋原選集第一卷》〈自序〉，（臺北：東大，1994 年 2 月），頁 15。

[65] 余英時，《中國與民主》，（香港：天窗出版社，2015 年 5 月），頁 30-31。

啟蒙人物正當如此。胡適在中國提倡民主自由運動恰好能發揮他的通識
的長才，因此他在這一方面的言論在今天還有值得參考的地方。[66]

對於胡適的通識治學，余英時認為胡適最愛好的還是做學問，一生以學人
自居。胡適常提「做學問要在不疑處有疑，待人要在有疑處不疑」。他總說「不
做無益事，一日當三日；人活五十年，我活百五十」。

特別是他在 1942 年的駐美大使卸任後，他謝絕一切教書，想恢復做學問的
能力，所以接受了美國學術聯合會的資助，專門研究中國哲學史。但 1943 年
11 月便一頭埋進《水經注》的研究，縱使後來回到臺灣擔任中央研究院院長期
間仍繼續這方面的研究，只是他在政治上對蔣介石和國民黨的批評較多，也引
來不少麻煩和虛耗了做學問的時間。

所以，余英時明確指出二十世紀真能傳承「以道抗勢」的傳統的，胡適是
最突出的一個例子。[67]難怪胡適會強調金錢不是生活的主要支撐物，有了良好
的品格，高深的學識，便是很富有的人了。

《周書》：「經師易求，人師難得。」以其精湛的專業知識傳授他人的作
經師並不難；而能以其淵博的學識，高尚的人格修養去教人如何做人師就不那
麼容易了。換言之，有學識無人品，難為大師格局，就連起碼的教書匠都稱不
上。

胡適紀念館印製胡適用毛筆字寫的明信片，其中有張胡適引用唐初白話詩
僧王梵志（？-670？）的詩：「梵志翻著襪，人皆道是錯，乍可刺你眼，不可
隱我腳」。胡適在政治人格與言論自由的批評態度上，王世杰（1891-1981）指
出：

> 胡適博士也有他的特殊見解，在大陸淪陷之後，一般人都知道，胡先生

---

[66] 余英時，《重尋胡適歷程——胡適生平與思想再認識》，（臺北：聯經，2004 年 5 月），頁 259。

[67] 周質平，〈自由主義的薪傳——從胡適到余英時〉，收錄：林載爵，《如沐春風：余英時教授的為學
與處世——余英時教授九秩壽慶文集》，（臺北：聯經，2019 年 11 月），頁 206。

對於政府，依然採取他的一貫批評態度，他常常言人之不敢言，言人之不肯言，他曾對我們政府及許多國民黨員說過：「我將做你們的『諍友』。」同時他認為「在這樣一個艱苦危難的時期，凡是可以回到臺灣來的人，對政府的批評，在原則上應該回到臺灣來批評。大陸淪陷之後，他自己對於政府的批評，幾乎都是來到臺灣發表的，他是一個言論自由的信徒，可是他所提倡的是『負責的言論』，他所身體力行的也是『負責的言論』這個大原則。」[68]

胡適在 1961 年 7 月給雷震(字儆寰，1897-1979)65 歲生日的卡片，引用南宋大詩人楊萬里（1127-1206）的〈桂源舖〉絕句：「萬山不許一溪奔，攔得溪聲日夜喧，到得前頭山腳盡，堂堂溪水出前村」，胡適還註記說是他最愛讀，特別寫給儆寰老弟，除了表示他與雷震的交情之外，也凸顯他支持雷震主持《自由中國》雜誌的堅持民主自由與言論批評的態度。

余英時在《人文與民主》書中指出：

胡適在美國講中國民主歷史的基礎，也提到中國有許多好的傳統，可以和民主制度配合的。所以，我們不可一口咬定儒家文化不一定不能建立民主制度。[69]

對於胡適出版的有關於《中國哲學史》和《白話文學史》的部分，經常被人質疑為什麼胡適都僅完成〈上卷〉的部分？乃致使他後來遭致有「胡半部」之譏。或許胡適成名得太早，也走得太快，只活到 71 歲；也或許胡適因為喜歡交朋友，而犧牲了自己的寶貴時間，但這對胡適一生的通識治學，仍不損其學術「但開風氣之先不為師」的成就，這是值得令人敬佩他通識治學的研究創

---

[68] 李青來，〈王世杰談胡適與政治〉，《中央日報》，(1962 年 3 月 1 日)。

[69] 余英時，〈人文與民主——余英時院士「余紀忠講座」演講全文〉，收錄：余英時，《人文與民主》，（臺北：時報文化，2010 年 1 月），頁 89。

新精神。

余英時指出：

> 無論我們說他(指胡適)是「少有大志」也好，「狂妄自大」也好，或者
> 「好名心切」也好，總之，他在留美這幾年中確實自覺地想「把自己這
> 塊材料鑄造成器」。而且他所嚮往的「器」始終是通才而不是專家。……
> 他往往偏重通博一路而不大能專精。但是他的「求博而不務精」主要還
> 是念念不忘要「為他日國人導師之預備」。[70]

余英時的專業是中國思想史、社會史及文化史的研究。在學術淵源上，他
傳承錢穆與楊聯陞（1914-1990）的乾嘉考證與人文通識治學，既有著知識份子
創造知識的成就，也有著知識份子現世關懷的人文主義精神。

尤其是一個在大時代裡生存的人，不可能不面對自己身處的歷史，余英時
從潛山的鄉村經驗到新亞、哈佛，再到耶魯、普林斯頓，他都不斷反思，不斷
自我挑戰，這樣才可能成就其真正的文化素養。所謂「好學深思，心知其意」
是每一個真正讀書人所必須達到的最高階段。[71]

（二）接受錢賓四的「道尊觀」

余英時在〈猶記風吹水上鱗〉中有段對錢穆的儒學素養描述：

> 我跟錢先生熟了以後，真可以不拘行跡，無話不談，甚至彼此偶而幽默
> 一下也是有的。但是他的尊嚴永遠是在那裏的，使你不可能有一分鐘忘
> 記。但這絕不是老師的架子，絕不是知識學問的傲慢，更不是世俗的矜
> 持。他一切都是自自然然的，但這是經過人文教養浸潤以後的那種自

---

[70] 余英時，《中國近代思想史上的胡適》，（臺北：聯經，1984年5月），頁25-26

[71] 余英時，〈怎樣讀中國書〉，收錄：余英時，《中國文化與現代變遷》，（臺北：三民，1995年8月），頁266。

然。我想這也許便是中國傳統語言的所謂「道尊」，或現代西方人所說的「人格尊嚴」。[72]

余英時在哈佛師學楊聯陞，而楊聯陞的溯自曾受業於 1930 年代的葉公超（1904-1981）。1959 年 5 月 15 日為紀念五四運動，哈佛燕京學社和東亞研究中心聯名邀請葉公超到哈佛大學演講，題目是〈五四前後的中國文學〉。楊聯陞指出：

> 業師坐下來演講，手無片紙而話如行雲流水，由清末講到左翼作家聯盟，講故事甚多，即有風趣，講完略有討論，大家都很欣賞，連以《五四運動》一書起家的周策縱兄都表示欽佩。[73]

從余英時從與錢穆的談論中，余英時逐漸領悟到中國傳統學術一方面自有其分類和流變，另一方面又特別注重整體的觀點。這是「專」與「通」的大問題，他認為錢先生走出了自己的獨特「以通馭專」的道路。現在大家把他當作學術思想史家，其實他在制度史、沿革地理，以至社會經濟史各方面都下過苦功，而且都有專門著述。[74]

錢穆說：「中國文化有一點最重要的，就是所謂人生修養。」[75]而素養可指修習涵養，《漢書‧李尋傳》：「馬不伏歷，不可以趨道；士不素養，不可以重國。」宋‧陸游（1125-1210）《上殿札子》：「氣不素養，臨事惶遽。」素養亦可指平素所供養。《後漢書‧劉表傳》：「越有所素養者，使人示之以利，必持眾來。」

---

[72] 余英時，〈猶記風吹水上鱗〉，收錄：余英時，《猶記風吹水上鱗——錢穆與現代中國學術》，（臺北：三民，1991 年 10 月），頁 6。

[73] 林博文，〈悲劇外交家葉公超〉，《中國時報》，2015 年 5 月 29 日。

[74] 余英時，〈猶記風吹水上鱗〉，收錄：《猶記風吹水上鱗——錢穆與現代中國學術》，（臺北：三民，1991 年 10 月），頁 10。

[75] 錢穆，〈談中國文化復興運動〉，收錄：《中國文化叢談(一)》，（臺北：三民，1970 年 8 月），頁 105。

素養可解讀讀書人平素的修習涵養，俗言道：「人沒有冷淡的自由，愛與包容是一種教養。」其為未來負起國家設計的重責而做好準備。用最簡單的現代知識話語則可稱為「最有價值的知識是活用的知識，一種融會貫通後能在生活中活用的跨域知識」。

這也就是東漢時期王充（27-約97）所指的鴻儒，就是能夠深入思考古今各種問題，作出系統概括，提出自己的理論體系，寫成高水平的專著，那就是鴻儒。鴻儒的特點就是能夠立義創意，眇恩自出於胸中，就是在理論上有所創見。鴻儒就是現在所謂的思想家、哲學家、理論家。是最高級的知識分子，他所謂教育能夠培養出道德高尚、知能十倍的人。

胡適、錢穆、楊聯陞與余英時的人文素養，即是在強調人文主義思想在生活中活用的跨域知識，和為人處世的真誠。《論語・學而第一》子曰：「君子不重則不威，學則不固。主忠信。無友不如己者。過則勿憚改。」[76]另《論語・子罕第九》子曰：「主忠信。毋友不如己者。過則勿憚改。」[77]

上述所謂的「無友不如己者」，是特別指「友所以輔仁，不如己，則無益而有損」，君子求在於「我」，而不在於「他」。所以，儒家交友很講究，不僅僅是求一時的歡愉，還要看彼此是否有一個向善的追求，是是否講是非公道，有沒有對真理的追求。如果沒有，就算不得真正的朋友。這是儒家講的尊重人格尊嚴與重視人文素養。不隨意評價人，是一種修養；不活在別人評價裡，是一種修行。

六、結論

(一)從余英時的學術淵源，余英時說錢穆一生獻身於中國史，特別是學術思想史的研究，與其說是為了維護傳統，毋寧說是為了傳統的更新而奠定歷史知識的基礎。當然余英時這一學術風格的形成，也同時受到他另一業師楊聯陞的

---

[76] 謝冰瑩等註譯，《論語·學而第一》，收錄：《新譯四書讀本》，（臺北：三民，1978 年 10 月），頁 55。

[77] 謝冰瑩等註譯，《論語·子罕第九》，收錄：《新譯四書讀本》，（臺北：三民，1978 年 10 月），頁 136。

考證學和現代型專業史學風格的影響。

(二)從余英時的史學取徑，這也同時正凸顯余英時現代型學者性格，對知識獨立自主性的尊重，他融有西方強烈的重智傳統，和發揮「道尊於勢」的傳統儒家批判意識，他又不為傳統士人的「學而優則仕」的型態所限，其所更體現了現代知識份子的自主性精神。

(三)從余英時的儒家思想，錢穆、余英時師徒獨尊儒家的朱子學思想。錢穆、余英時師徒的研究朱子學思想，讓人聯想到朱熹是徽州婺源(今安徽省婺源縣)人。朱熹、胡適、余英時可說都是安徽的同鄉。

我印象很深刻是我在年輕時期曾看過有戶人家門上的一幅朱熹對聯：「讀書志在聖賢，為官心存君國。」儘管儒家思想往往被一般人認為，對生命體會膚淺、道德思想流於虛玄、泛孝的流弊，和外王的消除等根本缺陷，但我想朱熹這對聯凸顯 1950 年代至 1970 年代的 30 年間，臺灣社會還普遍存在著對這位儒學名賢思想言論的崇敬。

如果以現在民主政治的角度而論，或許為官之道只存「忠君」的思想，是比較難被現代思潮所接受，但是在朱熹處在當時大明帝國的政治體制之下，為官能為邦國和為社稷著想已難能可貴。又如朱熹所說「和順齊家」、「勤儉治家」亦都有齊家治國平天下的儒家「內聖外王」思想。

(四)從余英時的史學通識，余英時的兼治錢穆的史學通識與胡適的考證治學，整合地建立自己的治學之路。尤其余英時受其業師楊聯陞影響的提出「儒商」概念，有助於解決古典經濟學資本主義市場經濟與民主政治之間關係發展的問題，以及余英時歷史世界的強調人文與社會科學的整合性通識治學。

當前臺灣民主化是極重要的發展，但仍須從人文修養培養出民主修養，民眾才不會人云亦云被操縱，政權爭奪不只是選票量的問題，如果不能提高，民主永遠停在低水準。所有的公民抗爭運動，其本質上就應具有最基本的人文與民主修養，別偏離民主軌道，這才是追求自由民主社會的真諦。

在史學通識的治學途徑，余英時認為胡適是一位人文學的通才，在近代的思想界，有這種影響力除了梁啟超之外，胡適也可說是學術思想上重要的通識

治學之士。

我們也應常記取諸葛亮（181-234）《誡子書》提到，非學無以廣才，非志無以成學；蘇東坡（1037-1101）在治學的須博觀而約取，厚積而薄發；朱熹則認為讀書之要，在於循序而漸進，熟讀而精思。這與胡適強調「為學要如金字塔，要能廣大要能高」的目標，皆是強調治學取徑的博與精，都有異曲同工之妙。

(五)總結人文主義思想。在余英時通識治學的道路上，兼具錢穆的中國傳統文化、胡適的西方現代文化，與楊聯陞的社會科學等三位老師的學術研究精華，蔚成當代中國學術思想的巨擘。

我未來希望自己也能整理出一篇〈余英時先生著作書目提要〉，對有意研究「余英時思想」的後學者具有導讀的功用。

最後，我從自己長期從事通識教育的經驗，舉如「專業的通識」與「通識的專業」在意涵上有何不同？以我個人在警察大學通識教育服務的期間為例，我追求的是「通識的專業」，有別於警察官所要強調的是「專業的通識」。

我的「通識的專業」是人文與社會科學整合的通識專業；而不是警察官所主張警察專業科目的通識，我堅持走我的「通識的專業」之路，也以推廣通識教育為職志。

第三部分

中華文化主體性

徐復觀激進的儒家思想與本土化思維

一、前言

我在 1970 年代初期構思撰寫《近代學人著作書目提要》時，除了特別購讀胡適、梁啟超、錢穆等人的著作之外，尤其是 1970 年秋開始，我在輔仁大學追隨恩師曹昇教授研讀中國古籍期間，恩師每每與我談及與其同是出身上海中國公學的馮友蘭，以及梁漱溟、胡秋原、錢穆、徐復觀、張君勱、唐君毅、牟宗三等多位為維護中華文化所做的努力。

恩師更特別提到他個人非常支持徐復觀所論述儒學思想與臺灣這塊土地的連結，恩師也很期望年輕的一代，尤其是本省籍學生能多多深入了解中華文化的精深，進而對自己國家、民族產生深厚的情感。儘管恩師對我的期待已經過了半個世紀之久，迄今我總還念起恩師他們那一代的愛國情操，更不敢或忘他的殷殷教誨。

特別是 2020 年 1 月 11 日在蔡英文總統當選連任之後，接受英國廣播公司（BBC）記者沙磊（John Sudworth）專訪的略謂：中國需「面對現實」並「尊重」臺灣，臺灣擁有獨立的身分，有自己的國家，臺灣的主權無庸置疑也沒有談判的餘地。「我們不需要宣告自己獨立的地位，我們已經是獨立的國家，名字叫中華民國臺灣。」（We are an independent country already and we call ourselves the Republic of China (Taiwan).)

很顯然，蔡總統認為她的勝選證明了「一個中國」的概念不僅不符合臺灣民意，也模糊了臺灣真正的地位。她認為真正需要做出改變的是中國。面對支持她理念的年輕族群，「我們擁有獨立的身分，我們有自己的國家」、「我們有成功的民主制度，良好經濟，我們值得中國的尊重。」

　　回顧 1996 年中華民國直選總統以來，歷任總統對於表述中華民國，李登輝主張「中華民國在臺灣」、陳水扁主張「中華民國是臺灣」、馬英九主張「中華民國與兩岸」，現在蔡英文主張「中華民國臺灣」是整個社會的最大共識。民進黨更挾總統的高票當選，和立法委員在立法院席次過半的多數民意基礎，和蔡英文的重申「和平、對等、民主、對話」的基礎上，促成兩岸互動，而任何型態的互動，她都可以考量。

　　針對蔡英文宣稱我們國號就是「中華民國臺灣」，中共一反過去慣用的「一中三段論」，也就是「世界上只有一個中國、中華人民共和國是代表全中國的唯一合法政府、臺灣是中國領土不可分割的一部分」，現在有別於將第三段文字的刻意凸顯「臺灣是中華人民共和國不可分割的部分」。可預見的未來，在兩岸關係發展的處理上將會面臨更加緊張與嚴峻的考驗。[1]

　　承上述，當前涉及中國與臺灣關係的錯綜複雜議題，本文特從「土地意識」與「歷史發展」的角度，探討徐復觀新儒家文化在彰顯儒學為其常規正道，而體現於中華文化原鄉的根源意識和臺灣區域性的本土化運動。

二、徐復觀的政治與學術之間

　　1970 年代也因為我深受恩師推崇中華文化底蘊，與薦紹中國儒家思想的影響，在那階段我也就開始購讀在學術思想上，與胡適思想和主張「全盤西化」的蔣夢麟、陳之邁、殷海光、李敖等人，相對處於對立面的所謂「新儒學八大家」的著作。所謂的「新儒學八大家」，指的是：熊十力、梁漱溟、張君勱、馮友蘭、方東美、唐君毅、牟宗三、徐復觀等 8 人。[2]

　　當時我最主要買了徐復觀當時在大學裡流傳較廣的著作，諸如 1968 年由東海大學再版的《中國思想史論集》，1971 年由寰宇出版社出版的《徐復觀文錄》，

---

[1]　陳天授，〈蔡英文總統的所謂「中華民國臺灣」〉，《臺灣商報》http://tbnews.com.tw/column/20200121-217
　　13.html(2020 年 2 月 24 日瀏覽)

[2]　https://zh.wikipedia.org/zh-tw/新儒家#八大家。(2020 年 2 月 21 日瀏覽)。

分文化、文學、藝術和雜文的 4 冊，和 1976 年由香港南山書屋出版的《學術
與政治之間(甲乙集合訂本)，並對徐復觀的人生經歷與學術思想產生濃厚的興
趣與閱讀。

（一）先期政治的軍旅與黨政生涯

牟宗三在〈悼念徐復觀先生〉提到：

> 徐復觀原名佛觀，熊十力(子貞)為之改名復觀。熊先生意觀佛不若觀
> 復。老子云：「萬物並作，吾以觀復」。徐先生敬謹領受。熊先生又告
> 予曰：此人將來可以作學問。後果如熊先生言。徐先生思想大體方向皆
> 熊先生有以啟之也。[3]

徐復觀 1903 年出生在湖北浠水，15 歲就讀於湖北(武昌)省立第一師範學
校，再進武昌國學館，就此奠定了其研究國學的基礎。並在 1928-1931 年東渡
日本就學於陸軍士官學校，嗣因九一八事變返國抗日。

1932-1940 年間先後在廣西南寧警衛團、南京市政府、杭州浙江省政府等等
及其所屬單位，和 1940-1945 年曾在重慶軍事委員會及委員長侍從室，以及
1945-1948 年在南京國民黨中央黨部聯合秘書處等等單位服務。

對日抗戰期間，徐復觀受軍事委員會委員長兼參謀總長蔣介石賞識，更於
1942 年曾以國軍少將軍階、軍令部聯絡參謀的名義派駐延安，期間歷時半年，
並與中共高領導層有過接觸。[4]

1945 年抗戰勝利後徐復觀主辦《學原》雜誌。1946 年徐復觀辦理志願退役。
1949 年 3 月應蔣介石之召，到溪口住了一段時間，曾提出希望三民主義的信徒
能和自由主義者團結的構想。徐復觀指出：

---

[3] 牟宗三，〈悼念徐復觀先生〉，《聯合報》，(1982 年 4 月 25 日)。

[4] 徐復觀，〈曾家岩的友誼〉：https://sites.google.com/a/xufuguan.net/timeandlife/home/timeandlife02/
14(2020 年 2 月 23 日瀏覽)。

民國三十八〔1949〕年春，奉化蔣公退居溪口，我奉電由廣州前往省候。
當時土崩瓦解之勢已成，奉化蔣公為了再造國運，正做嚴肅地思考。我
因為下面三個動機，建議在香港辦一個刊物：一，以當時奉化蔣公對我
期望之殷，我沒有理由不參加他的中興大業。……在快要成為鬥爭最前
線的香港辦個刊物，擔當一份思想鬥爭的責任。……二，中興大業的進
行，怎麼也離不開國民黨和社會上層的自由主義者。…對於這些只知自
私自利的人們，……良心的發現，有待於思想的鍼砭和啟發。這便需要
一個思想性的刊物。三，在南京的時候，常和牟宗三、唐君毅諸位先生
談到：中國的問題，最根本的還是文化的問題。……這也不能缺少一個
刊物。[5]

1949 年 6 月 16 日徐復觀於香港創辦《民主評論》半月刊，直到 1966 年停
刊的 18 年期間，尤其是在臺北有分社之後，徐復觀的常奔走於港臺之間。牟
宗三指出：

吾於民國三十八〔1949〕年來臺，適值友人徐復觀創辦《民主評論》半
月刊於香港。時大陸淪陷，天翻地覆；人心惶惶，不可終日。吾以流浪
天涯之心境，逃難於海隅。自念身處此境，現實一切，皆無從說起。唯
有靜下心去，從事文化生命之反省，庶可得其原委而不惑。面對時代，
身為中華民族何以到此地步，實不可不予以徹底之疏導。[6]

徐復觀在香港發行的《民主評論》半月刊，與雷震在臺灣發行《自由中國》
半月刊，他們這兩大知名刊物之間所發表的言論和立場。在政治上從這兩刊物
的名稱，顧名思義《民主評論》與《自由中國》都凸顯了推動自由民主的政治

---

[5] 徐復觀，〈民主評論結束的話〉，《徐復觀文錄(四)雜文》，（臺北：寰宇，1971 年 1 月），頁 173-174。

[6] 牟宗三，《道德的理想主義·序(1959)》，收錄：《牟宗三先生全集》(9)，（臺北：聯經，2003 年 4
月）。

理念，但兩刊物在文化上卻分別《民主評論》雜誌由唐君毅、牟宗三、錢賓四、胡秋原等人所代表對維護中國文化的言論，和《自由中國》雜誌以胡適、雷震、殷海光、李敖等人所代表接受西方文化的不同言論立場。

（二）後期學術的教學與文化評論

1952 年起，徐復觀住在臺中，最先在臺中省立農學院（國立中興大學前身）兼任講授「國際組織與國際現勢」課程。第二年改聘專任，改教大一國文。徐復觀自謙是半路出家，所以把全部時間，都用在功課的準備上。1955 年轉進東海大學中文系任教，並曾兼任系主任的行政工作，展開他後半輩人生的專心致力於學術研究與教學工作。[7]

聶華苓在《三輩子》書中回憶：

> 1960 年《自由中國》遭封後，她完全孤立了，1962 年臺灣大學中文系系主任臺靜農邀她教小說創作。東海大學中文系教授徐復觀也邀她教小說創作，她又見天日，和學生們在一起是最自在的時候。[8]

徐復觀的邀請聶華苓到東海授課，凸顯他並不忌諱聶華苓與《自由中國》的密切關係，以及不受到當時國內戒嚴時期的肅殺氛圍的影響。徐先生亦曾因與李敖的「小瘋狗」筆墨官司，被李敖告上法院，但最後法院判獲無罪。李敖在〈徐復觀是好漢嗎？〉文中提到，徐復觀於 1964 年 7 月 5 日的《民主評論》上寫文章說：

> 1.「以胡適為衣食父母的少數兩三人……豢養一兩條小瘋狗。專授以「只咬無權無勢的人」的心法，凡是無權無勢的讀書人，無不受到這條小瘋

---

[7] 徐復觀，〈我的教書生活〉，收錄：《徐復觀文錄(三)文學與藝術》，（臺北：寰宇，1971 年 1 月），頁 157-164。

[8] 聶華苓，《三輩子》，（臺北：聯經，2011 年 5 月），頁 174(照片說明)。

狗的栽誣辱罵。」2.「這種小瘋狗年來便一口罵盡中國文化，一口罵盡
講中國文化的人是義和團，意思是要請洋人來開刀，以便在精神上完全
切斷民族團結的紐帶，完成他們『是漢奸的奴才』的目的。」[9]

　　1969 年徐復觀因與東海大學同事梁容若，為揭發所謂「文化漢奸」事件的
發生筆戰。[10]或許徐復觀受到此些因素的影響，1969 年遂於屆滿 65 歲的那年即
自東海大學退休，離開執教 14 年之久的東海大學。

　　劉述先在〈經師與人師─悼念徐復觀先生〉的一文中提到他初入東海時，
就有流言傳說徐先生找了個年輕打手進來，但我〔劉述先〕只潛心研究與教學
之事，無心旁騖。徐先生與人打筆墨官司，從不找晚輩幫腔，而且他的文章必
有對象在心目中才寫得精彩，「因為他如果不寫，簡直就沒有人敢去觸犯傅孟
真這一幫人的權威，這樣我還有甚麼話可說呢？」。[11]

　　徐復觀對於自己從東海大學的退休，在其〈無慚尺布裹頭歸〉文中，有隱
約寫到他之所以從這所美國基督教會在臺灣所創辦大學的退休原因。其中有部
分文字提到：

　　……更從董事會發出抗議的聲音說，「學生受洗的所以少，是因為牟宗
　　三徐復觀講中國文化的關係。我們的學校，不是為中國文化辦的」。諸
　　如此類的一連貫下來的情形，當然會引起我更深的思考。……有的人告
　　訴我「西方的自由民主，是從基督教來的；你要中國能自由民主，便只
　　有信基督教。」……我之所以不當基督教徒，不是為了旁的，只是要為
　　中國文化當披麻帶孝的最後孝子」。[12]

---

[9] 李敖，〈徐復觀是好漢嗎？〉，收錄：《放火‧放水‧逃》，【李敖千秋評論叢書 11】，(臺北：四季，
　　1982 年 7 月)，頁 77。

[10] 王驥，〈薪盡火傳，徐氏藏書贈東海；典範長存，如椽巨筆垂千古〉，《中國時報》，(1982 年 7 月
　　9 日)。

[11] 劉述先，〈經師與人師──悼念徐復觀先生〉，《中國時報》，(1982 年 4 月 18-19 日)。

[12] 徐復觀，〈無慚尺布裹頭歸〉，收錄：《徐復觀文錄》(三)文學與藝術，(臺北：寰宇，1971 年 1 月)，

徐復觀的離開東海大學，或許仍然帶有一份為中國文化盡全力的使命吧！他自敘其依然受感動於呂晚村的「誰教失足下漁磯，心跡年年處處違。雅集圖中衣帽改，黨人碑裡姓名非。苟全始識談何易，餓死今知事最微。醒便行吟埋亦可，無慚尺布裹頭歸」。他說這不是他的勇敢，而是他堅守由幾千年的聖賢所織成的這一尺布，即是他生命的自身，他有甚麼方法或理由要把它拋棄呢？[13]

同年秋，徐復觀赴香港新亞書院任教，仍專注於撰寫政治評論與雜文，他特別指出：

> 大陸人民假使能從極權中站了起來，還是要憑藉著以性善為基底所建立起來的中國文化中的人倫之教。因此，把中國文化從歷史的專制政治的汙泥中澄汰出來，使其人性純白之姿，向大陸呼喚，像人類呼喚，正是這一代的偉大使命。當我說這種話時，還沒有估計到這樣快的，中共內部變像今日樣，正是以中國文化，展開了對毛澤東極權思想的生死戰。[14]

由於徐復觀言論的強烈批評極權主義和殖民主義者及其走狗們，遂遭致香港左派人士的批評與辱罵。質言之，當 1960 年代錢穆與唐君毅等人於香港籌辦香港中文大學，徐復觀就曾在中文大學講學與研究，早已被視為當代「以傳統主義論道，以自由主義論政」的思想評論家。

1980 年 9 月徐復觀回臺灣參加國際漢學研討會時，順道做了身體檢查，卻發現已得胃癌。兩年後，不幸於 1982 年 4 月病逝，享年 80 歲。2009 年及 2013 年國立臺灣大學人文社會高等研究院曾分別舉辦「徐復觀學術思想的傳統與當代」，及「徐復觀先生的政治思想」兩場學術研討會，就徐復觀先生的思想史、文學史、藝術史、政治思想與經學思想等各方面進行深入討論。

頁 204-205。

[13] 徐復觀，〈無慚尺布裹頭歸〉，收錄：《徐復觀文錄》(三)文學與藝術，(臺北：寰宇，1971 年 1 月)，頁 206-207。

[14] 徐復觀，〈民主評論結束的話〉，收錄：《徐復觀文錄(四)雜文》，(臺北：寰宇，1971 年 1 月)，頁 175-178。

同時也將這兩次會議的論文集彙整為兩冊，一冊為《徐復觀的思想史研究》，另一冊為《徐復觀的政治思想》，充分展現徐復觀先生思想的跨越傳統與現代，跨越各學科、各領域的學術成就。

三、新儒家文化的緣起與發展

對於新儒家的定義，主要是指 1958 年元旦，當時張君勱、唐君毅、牟宗三、徐復觀四人在香港《民主評論》與《再生》二雜誌上共同發表了一篇宣言──〈中國文化與世界──我們對中國學術研究及中國文化與世界文化前途之共同認識〉。

（一）徐復觀與新儒家宣言

這篇〈宣言〉中談及中國「心性之學」正為中國學術思想之核心，亦是中國思想中之所以有天人合德之說，強調中國文化中的「心性之學」是新儒家最重要的學派思想特色。

新儒家在該〈宣言〉中的針對所謂中國文化中「心性之學」的意義指出：

> 中國由孔孟至宋明儒之心性之學，則是人之道德實踐的基礎，同時是隨人之道德實踐生活之深度，而加深此學之深度的。這不是先固定的安置一心理行為或靈魂實體作對象，在外加以研究思索，亦不是為說明知識如何可能，而有此心性之學。此心性之學……如果一個人其本身不從事道德實踐，或雖從事道德實踐，而只以之服從一社會的道德規律或神之命令與新舊約聖經一章一句為事者，都不能真有親切的了解。……我們必須依覺悟而生實踐，依實踐而更增覺悟。知行二者相依而進。
> 此覺悟可表達之於文字，然他人之了解此文字，還須自己由實踐而有一覺悟。……人之實踐的行為及於家庭，則此內在之覺悟中，涵攝了家庭。及於國家，則此內在之覺悟中，涵攝了國家。及於天下宇宙，及於歷史，及於一切吉凶禍福之環境，我們之內在的覺悟中亦涵攝了此中之一切。

由此而人生之一切行道而成物之事，皆為成德而成己之事。

凡從外面看來，只是順從社會之禮法，或上遵天命，或為天下後世立德立功立言者，從此內在之覺悟中看，皆不外盡自己之心性。……而由此印證，即見此心此性，同時即通於天。於是能盡心知性則知天，人之存心養性亦即所以事天。而人性即天性，人德即天德，人之盡性成德之事，皆所以贊天地之化育。

所以宋明儒由此而有性理即天理，人之本心即宇宙心，人之良知之靈明，即天地萬物之靈明，人之良知良能，即乾知坤能等思想，亦即所謂天人合一思想。……此即中國心性之學之傳統。……而當知在此心性學下，人之外在的行為實無不為依據亦兼成就人內在的精神生活，亦無不兼為上達天德，而贊天地之化育者。此心性之學乃通於人之生活之內與外及人與天之樞紐所在，亦即通貫社會之倫理禮法，內心修養，宗教精神，及形上學等而一之者。[15]

然而，新儒家在〈宣言〉中提到，所謂新文化運動時整理國故之風，亦是以清代之治學方法為標準。且自清末到五四時代之學者，都不願信西方之宗教，亦不重中國文化之宗教精神。五四運動時代領導思想界的思想家，又多是一些只崇拜科學民主，在哲學上相信實用主義、唯物主義、自然主義的人，故其解釋中國之學術文化，亦儘量從其缺宗教性方面看。[16]

是以對於五四新文化運動以來，有關胡適、傅斯年、顧頡剛的新漢學史學運動，新儒家顯然是不滿的，而新漢學所標榜的實證主義的科學研究方法，新儒家認為那是無法真正進入了解中國文化的核心，是以他們所追求的是生命的

---

[15] 張君勱、唐君毅、牟宗三、徐復觀，〈為中國文化敬告世界人士宣言：我們對中國學術研究及中國文化與世界文化前途之共同認識〉(http://www.chinainperspective.com/ArtShow.aspx?AID=24517(瀏覽日期2020/01/23)。

[16] 張君勱、唐君毅、牟宗三、徐復觀，〈為中國文化敬告世界人士宣言：我們對中國學術研究及中國文化與世界文化前途之共同認識〉，收錄：唐君毅，《說中華民族之花果飄零》，(臺北：三民，2011年)，頁124-135。

學問，強調直覺、體證的「心性之學」之取徑，這適與新漢學運動極為排斥主觀的仁義禮智於學術研究中形成強烈的對比。

（二）徐復觀與新儒家文化

徐復觀指出：

> 五四運動，雖揭科學與民主以反對禮教，但當時並沒有人拿禮教去反對共和，當遺老的只有極少數。更沒有人拿禮教去打自然科學。當時領導人物如胡適之先生，在其英文本《先秦名學史》中，宣言他打倒孔家店的兩大戰略，第一是解除傳統道德底束縛，第二是提倡一切非儒家思想，即諸子百家。在他這兩大戰略中，我看不出那一戰略是與成就科學與民主有必然的關係。在胡先生兩大戰略中，只看出他對自己民族歷史文化的一種先天憎惡之感，希望在他的實證底考證事業中將主幹和根拔起。胡先生當時聳動一時的一是白話文，這針對文言文而言，是有一確定底對象與意義，所以得到了成功。一是他的「紅學」（紅樓夢之學），也給當時青年男女以情緒上的滿足。[17]

徐復觀上述對於新儒家來說，他們在〈宣言〉中的陳述，可知他們除了受到五四文化運動的影響，關心自由民主與科學在中國的實現外，也包括五四反傳統思想所產生的弊病，他們是帶有極深的憂患意識在關懷中國。但新儒家的被批評是文化保守主義，向來是站在中國本位文化立場由中國文化去開出「民主」與「科學」，而這正反映 20 世紀新儒家的思想困局。

新儒家建立道統在文字層面上是運用哲學論證，但是由於新儒家宗奉孟子陸王一系的心學為正統，故其必須肯定有一普遍而超越的「心體」。「心體」是對於每個人都是一真實的存在，且是一切價值和創造的根源，其第一性質必

---

[17] 徐復觀，〈當前讀經問題之爭論〉，收錄：《徐復觀文錄》(二)文化，(臺北：環宇，1971 年 1 月)，頁 28。

然是道德的。然而這一判別並無法由哲學論證而行，新儒家最後必然強調「體證」、「證會」之類的修養功夫。由是以證悟的經驗作為重建道統的前提，而這種證悟在西方人看來大概是宗教體驗的一種。

所以新儒家重建道統的根據，並不是哲學的論證，而是取徑於超理性的證悟，即是統一教義的具體表現。這種道統觀承當的必然是超越的證悟，是具有宗教性的道體，是理性與感官所不能及的最高領域。因為「道」是最高的絕對領域，也是一切價值的最後源頭，新儒家正是以「道」的繼往開來者自許的。[18]

《中庸・第一章》：「天命之謂性，率性之謂道，修道之謂教」。[19]新儒家所倡導的是「教」，而不是通常意義的「學」。新儒家的「道統觀」由於受到五四運動提倡「民主」與「科學」的影響，新儒家則構想出從中國文化「開出」民主與科學，而「開出」說必然蘊含著內聖是一切價值的本源所在。而新儒家則從「良知自我坎陷」之說來著手，因為這是「內聖開出外王」的主要證據。

「良知」二字，始見於《孟子》，而發揮良知精義，組成一套既簡易又親切而完整的學說者，則其事始於王陽明。依照儒家的解釋，良知是「誠」，是絕對的道德心，它本身並不以物為對象。但良知在發用的過程中必然引起對有關的客觀事物的認知要求，此時良知即須決定「坎陷」其自身以生出一「了別心」，而化事物為知識的對象。新儒家即根據此說而斷定一切知識都依於其高一層次的良知決定「坎陷」其自己而生。故知識必統攝於良知之下。良知是本體界的事，知識則是現象界的事，兩者的高下判然。[20]

然依照新儒家之說，良知則是人人所同具有的，良知的坎陷故也是每一個人所必有的。所不同者，只有極少數的人才能長駐於良知呈現的境界，絕大多數的芸芸眾生則無此經驗。聖凡兩途即由此而加以判別，關鍵在於證悟之有無。而這些極少數的儒家聖賢雖然也有血有肉，表面上似與凡人無異，事實上

---

[18] 余英時，〈錢穆與新儒家〉，收錄：余英時，《猶記風吹水上鱗──錢穆與現代中國學術》，（臺北：三民，1995 年 3 月），頁 80。

[19] 謝冰瑩等註譯，《新譯四書讀本》，（臺北：三民，1978 年 10 月），頁 17。

[20] 余英時，〈錢穆與新儒家〉，收錄：余英時，《猶記風吹水上鱗──錢穆與現代中國學術》，（臺北：三民，1995 年 3 月），頁 83。

卻具有非常特殊的精神身份。[21]

　　對於這些說法，新儒家一方面告訴我們：「心體」、「道體」或「良知」的體認是無限艱難的，沒有「宿慧」的人幾乎沒有可能獲得「良知呈現」的經驗。而且即使偶然有此經驗，也決不能保證得而不復失。所以依他們的嚴格區別，王陽明的弟子中真能守得住良知之教的也不過兩三人而已。[22]徐復觀指出：

> 王陽明有「良知只是個是非之心，是非只是個好惡。只好惡就盡了是非，只是非就盡了萬事萬變」的一段話，好像陽明把好惡直湊拍上良知，於是陽明在良知上立足，也似乎即是好惡上立足。其實，陽明的這一段話，是他和禪宗的分水嶺。良知不承接下「是非」「好惡」，則良知只是返觀內照之知，不能成就人生積極的行為。此段話的關鍵還是在良知上；只有直承良知而來的好惡，才可以盡了是非。陽明「良知之說，是從百死千難中得來」，所以並不能說好惡就是良知。[23]

　　另一方面，新儒家又堅持無論是「政統」(民主)或是「學統」(科學)都必須由「道統」開出。這就等於說，民主和科學在中國的實踐最後都落在新儒家的肩上，因為只有他們才是「道統」的承繼者。但是新儒家從來沒有清楚地指出，道統究竟怎樣才能「開出」政統和學統？[24]

　　新儒家以「先覺覺後覺」的方式激發中國人的良知，然後通過「良知的自我坎陷」以「開出」民主與科學。這也許比較最接近新儒家的「開出」思想，

[21] 余英時，〈錢穆與新儒家〉，收錄：余英時，《猶記風吹水上鱗──錢穆與現代中國學術》，（臺北：三民，1995 年 3 月），頁 84。

[22] 余英時，〈錢穆與新儒家〉，收錄：余英時，《猶記風吹水上鱗──錢穆與現代中國學術》，（臺北：三民，1995 年 3 月），頁 85。

[23] 徐復觀，〈儒家在修己與治人上的區別及其意義〉，收錄：徐復觀文錄【港版】《學術與政治之間》（甲乙集合訂本），（香港：南山書屋，1976 年 3 月），頁 193-194。

[24] 余英時，〈錢穆與新儒家〉，收錄：余英時，《猶記風吹水上鱗──錢穆與現代中國學術》，（臺北：三民，1995 年 3 月），頁 85。

但是也立即遇到一個難解的困境：新儒家既然不是以傳「教」為本業，那麼將以何種身份並通過何種方式來點撥中國人的良知而期其必從呢？[25]

余英時指出：

> 「良知的自我坎陷」的理論最多只能說明人的一切創造活動都受「良知」的主宰，但卻無法說明政統與學統必須等道統來「開出」。因為如果人人都有現成的良知，則他們在發現了民主或科學的價值之後，良知自然會「自我坎陷」，用不著也不可能等待道統中人的指點。……新儒家之所以必須堅持「開出」說自有其不得不如此的理由。新儒家把自己的領域劃在開創價值之源的本體界，而民主與科學則是現代中國人所共同追求的兩大新價值。因此新儒家才特別建構一種理論，說明這兩大價值在中國的開創必須從源頭處—儒家的「道」——著手。根據新儒家的解釋，傳統儒家的「道」已完成的道德主體的建立，而新儒家則在這個基礎上推陳出新，使道德主體可以通過自我坎陷的轉折而化出政治主體與知性主體。[26]

所以新儒家強調中國文化依其本身之要求，應當伸展出之文化理想，是要使中國人不僅由其心性之學，以自覺其自我之為一「道德實踐的主體」，同時當求在政治上，能自覺為一「政治的主體」，在自然界知識界成為「認識的主體」及「實用技術的活動之主體」。

這亦就是說中國需要真正的民主建國，亦需要科學與實用技術，中國文化中須接受西方或世界之文化。但是其所以需要接受西方或世界之文化，乃所以使中國人在自覺成為一道德的主體之外，兼自覺為一政治的主體，認識的主體及實用技術活動的主體。而使中國人之人格有更高的完成，中國民族之客觀的

---

[25] 余英時，〈錢穆與新儒家〉，收錄：余英時，《猶記風吹水上鱗——錢穆與現代中國學術》，（臺北：三民，1995 年 3 月），頁 85-86。

[26] 余英時，〈錢穆與新儒家〉，收錄：余英時，《猶記風吹水上鱗——錢穆與現代中國學術》，（臺北：三民，1995 年 3 月），頁 86-87。

精神生命有更高的發展。此人格之更高的完成與民族之精神生命之更高的發展，亦正是中國人之要自覺的成為道德實踐之主體之本身所要求的，亦是中國民族之客觀的精神生命之發展的途程中原來所要求的。[27]

這一創造性的轉折便是新儒家給他們自己所規定的現代使命。很顯然的，這一理論建構必須與是在儒家精神世界中居於最高指導地位。這裡顯示出新儒家所設想的中國的現代化與西方的現代化是屬於兩種截然不同的形態。

余英時指出：

> 新儒家不但堅持中國的道統必須繼續佔踞原有的中心地位，而且還賦予道統以前所未有的更積極的功能：「開出」政統與學統。這個理論一旦涉及實踐便必然預設一種金字塔式的社會結構。道統自然是掌握在證悟了道體的人的手上，所以新儒家必然居於金字塔的最高一層，為經驗界的一切創造活動提供價值標準。學者和政治家最多只能佔據第二層，因為他們所處理的都是經驗界的對象，不能直接接觸到新儒家的本體世界，也唯有在新儒家道德精神的「浸潤」之下才能開拓中國的現代化。[28]

因而，臺灣新儒學發展到了 1980 年代前後，社會上普遍對於新儒家的批評，特別是以牟宗三所代表的思路，整體批評新儒家的聲音，也不難聽到。其中最具荒謬感的是新儒家明明以狷介自喜，連跟救國團合辦活動都十分忌諱，跟政府當軸的關係，非惡化(如徐復觀)即疏離(如唐君毅、牟宗三)。但一般人卻將它視為保守勢力，甚至認為它是在維護國民黨意識型態，或有意與政府掛勾，想藉保守的政治勢力來發展儒學。[29]

---

[27] 張君勱、唐君毅、牟宗三、徐復觀，〈為中國文化敬告世界人士宣言：我們對中國學術研究及中國文化與世界文化前途之共同認識〉，收錄：唐君毅，《說中華民族之花果飄零》，(臺北：三民，2011年)，頁　。

[28] 余英時，〈錢穆與新儒家〉，收錄：余英時，《猶記風吹水上鱗——錢穆與現代中國學術》，(臺北：三民，1995年3月)，頁88-89。

[29] 龔鵬程，〈當代新儒家所面對的批評〉，《中國時報》，(1988年12月27-28日)。

四、徐復觀激進儒家的本土化思維

近世以來，儒學發展除了區域分化的趨勢之外，由於自然和人文團凝整合形構了區域特性，因而地方性的儒家菁英發展了他們各自具有的區域儒學。臺灣儒學始於明鄭在歷經清朝、日治以及光復後等四代時代。潘朝陽指出：

> 自十七世紀的下半葉開始的臺灣儒學，一直是區域性的重要思想觀念，但在每一歷史階段卻表現不盡相同特性。明鄭時代儒學為治臺反清的國家意識形態；清朝時代儒學則以閩學體系而為臺灣吏治之觀念依據，也是清代臺人基本生活規範；日據時代的儒學則成為臺灣菁英抗日的信仰型經典，而民間則以儒學價值系統作為被殖民者維持生存尊嚴的根本文化堡寨；光復之後，儒學一方面是國民政府對抗中共的意志性武器以及加以變相詮釋之後用以統治臺灣的思想網路，而在社會和學界，則有當代新儒家從超然的道德層次對儒學進行深刻的創造轉化之新詮釋。[30]

在當代新儒家中，徐復觀是史學家，與唐君毅、牟宗三是哲學家有所不同。例如李澤厚在〈略論現代新儒家〉一文便只討論了熊十力、梁漱溟、馮友蘭、牟宗三四個人，而沒有包括錢穆和徐復觀，因為後面兩人都是史學家。[31]

或許同是以史學作為研究中國文化與歷史的切入點，特別是徐復觀在〈寫給中央研究院王院長王世杰先生的一封公開信〉指出：

> 我是治中國思想史的人，中國思想史中有倫理道德的問題，我便也當研究倫理道德的問題。李先生（按：指李濟）可以批評我研究的成果，怎麼可以反對我研究的題目。過去胡適之、毛子水先生向我提出過同樣的問

---

[30] 潘潮陽，《臺灣儒學的傳統與現代》，〈自序〉，（臺北：臺大出版中心，2008 年 9 月），頁 i。

[31] 余英時，〈錢穆與新儒家〉，收錄：余英時，《猶記風吹水上鱗——錢穆與現代中國學術》，（臺北：三民，1995 年 3 月），頁 57。

題，我都有答覆……要以考古學代替史學，這只是十九世紀一部分考古
學者的誇張，二十世紀的考古學者，無不認為考古學只是史學中的一
支，勸他不要固守十九世紀考古學者的陳舊觀念。[32]

徐復觀在該信中建議中央研究院應成立中國思想史研究所，以甦醒中國文
化的靈魂。使孔、孟、程‧朱、陸、王，能與「北京人」、「上洞老人」，同
樣的在自己國家的最高學術機構中，分佔一席之地。凡在這一方面有研究成績
的人，都應當加以羅致。[33]

余英時認為徐復觀終生徘徊在學術與政治之間，因為「時代經驗」的啟示，
故對於古代經典解釋總是將他個人對時代的感受加入，他認為徐復觀的學術經
驗雖然不是正統的，但真正的價值就在於他「不追攀主流或當權派，學術上也
表示出偉大的異端的精神」，而在徐復觀身上呈現了「真」的精神。[34]

（一）徐復觀與中華文化主體性

論臺灣意識的文化主體性，應溯自談梁啟超在 1911 年到臺灣訪問所論及
「臺灣人」的「身分認同」。

在 1950-1960 年代的中西文化論戰，徐復觀被納入新儒家，但他與熊十力、
牟宗三、唐君毅等諸位先生之間的差異，凸顯徐復觀現實主義、民粹主義的反
形上學立場，他對於政治思想與當代生活世界及臺灣草根社會的深刻連結，有
別於上述熊十力、牟宗三、唐君毅等三位新儒家。

陳昭瑛指出：

---

[32] 徐復觀，〈寫給中央研究院王院長王世杰先生的一封公開信〉，收錄：《徐復觀文錄》(三)文學與藝
術，(臺北：寰宇，1971 年 1 月)，頁 193-194。

[33] 徐復觀，〈寫給中央研究院王院長王世杰先生的一封公開信〉，收錄：《徐復觀文錄》(三)文學與藝
術，(臺北：寰宇，1971 年 1 月)，頁 200-201。

[34] 余英時，〈血淚凝成真精神〉，收錄：曹永洋編，《徐復觀教授紀念文集》，(臺北：時報文化，1984
年 8 月)，頁 116。

他（徐復觀）思想中的現實主義、民粹主義是從他個人的現實生活，從先秦儒家而來，而不是從宋明理學而來。相對於激進的儒家：熊十力、牟宗三、唐君毅諸先生可稱之為超越的儒家(transcendental confucianist)，因為他們是從超越的、先驗的方面去掌握事物。但是如果我們把孔孟荀當作儒家的原始典範，把《論語》、《孟子》、《荀子》當作原始儒家的最重要經典，那麼激進的儒家是儒家的正宗，超越的儒家則是支流。相對於激進的儒家是大地的兒子，超越的儒家乃是上帝的選民……相對於激進的儒家所關心的是此岸世界(this world)，超越的儒家所關心的乃是彼岸世界(the other world)。就是在這一點上，在共同現身於儒學重建的諸先生中出現了分水嶺，浮現了復觀之學的特色。[35]

徐復觀指出：

我所要說的任何學術思想，若要變成政治的設施，用中國舊的術語說，必須通過人民的「好惡」；用新的術語說，必須通過民意的選擇。任何好的學術思想，根據任何好的學術思想所產生的政策，若是為人民所不好，為人民選擇所不及，則只好停止在學術思想的範圍，萬不可以絕對是真、是善等為理由，要逕直強制在政治上實現。所以一切學術思想，一落在政治的領域中，便都在「民意」之前是第二義的，「民意」才是第一義。[36]

徐復觀是把儒家的歷史學，包括歷史寫作、歷史哲學、史學方法論等當作儒家人文主義的基礎。歷史學具有有過去的、現在的、未來的意義，是浪漫主

---

[35] 陳昭瑛，〈一個時代的開始：激進的儒家徐復觀先生——紀念徐復觀先生逝世七周年〉，收錄：《臺灣文學與本土化運動》，（臺北：臺大出版中心，2009 年 10 月），頁 338。

[36] 徐復觀，〈學術與政治之間〉，收錄：《學術與政治之間》（甲乙集合訂本），（九龍：南山書屋，1976 年 3 月），頁 134。

義、現實主義及烏托邦主義的統一。[37]

五四運動的新文化思潮，崇尚西方與其各類代表性政經制度，嚴重衝擊中華傳統文化的存在意義。面對來勢洶洶的這股浪潮，引發張君勱、熊十力、唐君毅、牟宗三、徐復觀等「新儒家」對於文化主體性的憂患意識。

1958 年徐復觀、牟宗三、張君勱、唐君毅等人聯名發表了《為中華文化敬告世界人士宣言》，展開一連串的文化論戰，並倡導「心性之學」對中華文化在倫理與宗教上的意義，從中探索如何發展民主與科學的與西方文化融通，期對中華學術主體性的建立深具意義。

徐復觀在對新儒家又有其另外研究方向，當其他新儒家傾力於發展宋明理學的形上學時，他卻採取歷史整合性研究途徑聚焦在兩漢的史學、政治、社會、經濟等思想，印證先秦儒家思想的發展，凸顯儒學必須建立自己的具有現代意義的人文藝術與社會科學的思想體系。

徐復觀指出：

> 儒家思想，乃從人類現實生活的正面來對人類負責的思想。他不能逃避向自然，他不能逃避向虛無空寂，也不能逃避向觀念的遊戲，更無租借外國可逃。而只能硬挺挺的站在人類的現實生活中以擔當人類現實生存發展的命運。在此種長期專制政治之下，其勢須發生某些程度的適應性，或因受現實政治趨向的壓力而漸被歪曲；歪曲既久，遂有時忘記其本來面目，如忘記其「天下為公」，「民貴君輕」等類之本來面目，這可以說是歷史中的無可奈何之事。這只能說是專制政治壓歪，並阻遏了儒家思想正常發展，如何能倒過來說儒家思想是專制的護符。但儒家思想，在長期的適應，歪曲中，仍保持其修正緩和專制的毒害，不斷給予社會人生已正常的方向與信心，因而使中華民族，度過了許多黑暗時代，這乃由於先秦儒家，利基於道德理性的人性所建立起來的道德精神

---

[37] 陳昭瑛，〈一個時代的開始：激進的儒家徐復觀先生——紀念徐復觀先生逝世七周年〉，收錄：《臺灣文學與本土化運動》，（臺北：臺大出版中心，2009 年 10 月），頁 345。

的偉大力量。[38]

人文藝術與社會科學的領域，有所謂「本土主義」與「殖民主義」相互對立概念的解讀，而當一個社會接觸到「外來文化」或「異質文化」時，凸顯其所持不同的態度或立場，乃至於社會出現「本土運動」的形塑每階段國家發展的「本土化」變遷。

因此，「本土化」乃是摸索和漸進的歷史過程，它並非一開始就呈現有清楚的界限，其所呈現社會在不同世代的來自土地、人民、政治、經濟、文化等多面向主體的面對客體衝擊而引起的重整反映。

從「土地意識」的角度，臺灣原住民姑且不論是來自「南亞語系」或是「南島語系」，相對於漢文化而言，畢竟他們是最早出現在臺灣這塊土地的本土住民。高拱乾、周元文增修《臺灣府志》：

> 臺灣山形勢，自福省之五虎門蜿蜒渡海，東至大洋中之二山，曰關同、曰白畎者，是臺灣諸山腦龍處也。隱伏波濤，川海渡洋，至臺之雞籠山始結一腦；扶輿磅礡，或山谷、或半地，繚繞二千餘里，諸山屹峙，不可紀極。大約臺灣之山，背東溟、面西海，而郡邑居其中。[39]

明代大儒顧亭林(炎武)《天下郡國利病書》的談及中國大陸的氣脈由崑崙山而下，以北中南三條山脈的雄姿環抱整個大陸，其北脈延伸到長白山之後，下日本，入臺灣，與南脈由巴顏喀喇山奔騰而來山勢，下海後在臺灣相接，中脈也在上海、崑山入海，加入了環抱的格局。

臺灣承受著板塊的擠壓，擠壓而來的力道，使臺灣這麼小的地方，擁玉山如此高的山，其氣之強表現在山川，是玉山的雄偉及太魯閣令人驚豔的美景。

---

[38] 徐復觀，《中國思想史論集》〈再版序〉，(臺中：東海大學，1968 年 2 月)，頁 8-9。

[39] 臺灣史料集成編輯委員會編，臺灣史料集成 清代臺灣方志彙刊 (第二冊)，高拱乾纂輯、周元文增修，《臺灣府志》，(臺北：文建會，2004 年 11 月)，頁 72。

臺灣的土著(native)或稱為臺灣原住民族，日本文化學者伊能嘉矩引早期地方誌
《臺灣紀略》：

> 海中孤島，地在東隅，形似彎弓。證明某一過去之時代由中國大陸分
> 離而成之地質學者之考定，和人文上之沿革，自然屬於中國漢族。[40]

金鋐《康熙福建通志臺灣府》：

> 臺灣府，本古荒裔之地，未隸中國版圖。[41]

從歷史文化的角度，臺灣原住民歷史文化與中國漢族歷史文化的關係，高
拱乾、周元文增修《臺灣府志》：

> 臺自破荒以來，不載版圖、不登太史，星野分屬，何從而辨？然臺係
> 屬於閩，星野宜從閩。[42]

施琅〈平臺紀略碑記〉：

> 臺灣遠在海表，昔皆土番，流民雜處，未有所屬。及明季時，紅彝始
> 有，築城，與內地私相貿易。後鄭成功攻佔，襲踞四世。[43]

---

[40] 伊能嘉矩，國史館臺灣文獻館編譯，《臺灣文化志(修訂版)》【上卷】，(臺北：國史館臺灣文獻館編
譯，2012 年 1 月)，頁 2。

[41] 臺灣史料集成編輯委員會編，臺灣史料集成 清代臺灣方志彙刊 (第一冊)，金鋐主修，《康熙福建通
志臺灣府》，(臺北：文建會，2004 年 11 月)，頁 35。

[42] 臺灣史料集成編輯委員會編，臺灣史料集成 清代臺灣方志彙刊 (第二冊)，高拱乾纂輯、周元文增修，
《臺灣府志》，(臺北：文建會，2004 年 11 月)，頁 64。

[43] 施琅，〈平臺紀略碑記〉，臺灣史料集成編輯委員會編，臺灣史料集成 清代臺灣方志彙刊 (第二冊)，
高拱乾纂輯、周元文增修，《臺灣府志》，(臺北：文建會，2004 年 11 月)，頁 449。

陳第〈東番記〉：

> 臺灣原住民族始皆聚居濱海，嘉靖末，遭倭焚掠，迺避居山。[44]

承上述歷史文獻，深入探討漢族文化與臺灣原住民文化的淵源，誠如陳昭瑛在〈文學的原住民與原住民的文學—從「異己」到「主體」〉一文中指出：

> 本文作者（陳昭瑛）為漢族閩南人，長期受漢文化的薰陶，是一名漢文化的熱愛者，同時對於當代新儒家時將「仁」詮釋為「對不同民族、不同文化之本身之敬重與同情」一點深有同感；另一方面，在閱讀了臺灣史與原住民作家的作品之後，油然生出一種漢族的「原罪感」。[45]

當然這種漢族本位文化的相對於原住民族是難免有所缺憾，但從當代新儒家將「仁」詮釋的角度，論述臺灣溯自鄭成功以來迄今儒家文化在臺灣的融合發展，形塑諸如 1662 年臺灣原住民和第一個漢族統治者的初遇，反而是以反荷同盟的方式開始的。

換言之，臺灣在 17 世紀大航海時代的反荷蘭、西班牙的掠奪時期，臺灣清領時期在 1860 年代的反英、反法帝國主義侵略，以及臺灣在 1895-1945 年反日本殖民統治的本土化運動，都可視為臺灣文化的本土化運動的一環。

甚至於 1970 年代中期發生在國民政府黨國體制下「鄉土文學論戰」的反西化到環保文學對現代性的反省，乃至於原住民的「還我土地」運動，都是臺灣本土化運動中的重要進程。因此，儒家文化在臺灣的生根與發展，將亦即同樣會出現必須面對「本土主義」的議題。

徐復觀在 1952 年發表於《民主評論》〈誰賦豳風七月篇——農村的記憶〉

---

[44] 陳第〈東番記〉，收錄：周婉窈，《海洋與殖民地臺灣論集》【臺灣研究叢刊】，（臺北：聯經，2012年3月），頁149。

[45] 陳昭瑛，〈文學的原住民與原住民的文學——從「異己」到「主體」〉，收錄：《臺灣文學與本土化運動》，（臺北：臺大出版中心，2009年10月），頁60。

文中指出：

> 錢賓四先生在「中國文化史導論」中，把農業文化的靜穆敦厚之美，描
> 寫得有聲有色；而我的朋友程兆熊先生，是學農而由藝已近乎道的；在
> 他的許多文章中，常以幽峭空靈之筆，寫綿綿不盡之心，總是把人類的
> 前途，歸到土的上面。依我看，兩位先生對農業的厚意深情，都可說是
> 七月篇的流風餘韻。
>
> 農村，是中國人土生土長的地方，一個人，一個集團，一個民族，到了
> 忘記他的土生土長、到了不能對他土生土長之地分給一滴感情，到了不
> 能從他的土生土長中吸取一滴生命的泉水，則他將忘記一切，將是對一
> 切無情，將從任何地方都得不到真正的生命。這種個人，集團，民族的
> 運命，大概也會所餘無幾了。[46]

　　承上述，徐復觀凸顯了其在中國農村的原鄉生活方式到臺灣中國文化主體
性的思維。我們試看 1961 年 11 月 6 日胡適應美國國際開發總署主辦的「亞東
區科學教育會議」之邀，在臺北開幕以〈科學發展所需要的社會改革〉(Social
Changes Necessary for the Growth of Science)的英文演說中指出：

> 我〔胡適〕相信，為了給科學的發展鋪路，為了要接受、歡迎近代的科
> 學和技術的文明，我們東方人也許必須經過某種智識上的變化或改革。
> 這種智識的改革有兩方面。在消極方面，我們應當去掉一個深深的生了
> 根的偏見，那就是以為西方的物質的(material)、唯物的(materialistic)文
> 明雖然無疑地占了先，我們東方人還可以憑我們的優越的精神文明
> (spiritual civilization)自傲。我們也許必須丟掉這種沒有理由的自傲，必
> 須學習承認東方文明中所含的精神成分(spirituality)實在很少。在積極方

---

[46] 徐復觀，〈誰賦幽風七月篇——農村的記憶〉，《學術與政治之間》，（九龍：南山書屋，1976 年 3
月），頁 59-60。

面，我們應當學習了解、賞識科學和技術絕不是唯物的，乃是高度理想主義的(idealistic)，乃是高度精神的(spiritual)；科學和技術確然代表我們東方文明中不幸不很發達的一種真正的理想主義，真正的「精神」。[47]

特別是胡適在這篇的演說稿中提到：

第一，我〔胡適〕認為我們東方這些老文明中沒有多少精神成分。一個文明容忍像婦女纏足那樣慘無人道的習慣到一千多年之久，而差不多沒有一聲抗議，還有甚麼精神文明可說？……第二、在我們東方人是同等重要而不可少的，就是明白承認這個科學和技術的新文明並不是甚麼強加到我們身上的東西，並不是甚麼西方唯物民族的物質文明，是我們心裏輕視而又不能不勉強接受的，我們要明白承認，這個文明乃是人類真正偉大的精神成就，是我們必須學習去愛好，去尊敬的。因為近代科學是人身上最有精神一位而且的確最神聖的因素的累積成就；那個因素就是人的創造的智慧，是用研究實驗的嚴格方法去求知，求發現，求絞出大自然的精微秘密的那種智慧。[48]

胡適儘管在演說稿提到：

據說孔子認為一切文明工具都有精神上的根源，一切工具都是從人的意象生出來的。周易繫辭傳裏說得最好：「見乃謂之象；形乃謂之器；利而用之謂之法；利出用入，民咸用之，謂之神。」這是古代一位聖人的說法。所以我們把科學和技術看作人的高度精神的成就，這並不算是玷

---

[47] 胡適，〈科學發展所需要的社會改革〉，原載《文星雜誌》總五十期(1961 年 12 月 1 日)，收錄：胡適、李濟、毛子水等著，《胡適與中西文化》，(臺北：水牛，1968 年 1 月)，頁 262。

[48] 胡適，〈科學發展所需要的社會改革〉，原載《文星雜誌》總五十期(1961 年 12 月 1 日)，收錄：胡適、李濟、毛子水等，《胡適與中西文化》，(臺北：水牛，1967 年 5 月)，頁 262-263。

辱了我們東方人的身分。[49]

但是胡適在演說稿繼續提到：

> 一把石斧或一尊土偶和一隻近代大海洋輪船或一架噴射飛機同樣是物
> 質的。一位東方的詩人或哲人坐在一隻原始舢舨船上，沒有理由嘲笑或
> 藐視坐着近代噴射機在他頭上飛過的人們的物質文明。……總而言之，
> 我說一個感到自己沒有力量對抗物質環境而反被物質環境征服了的文
> 明才是「唯物」得可憐。[50]

胡適在這篇的演說過後，馬上出現徐復觀、葉青(任卓宣)等人相繼的為文回
應，終致引發「擁胡派」與「倒胡派」的論戰。尤其徐復觀於 1961 年 12 月發
表在《民主評論》的以〈中國人的恥辱，東方人的恥辱〉為題的評論最為激烈。
徐文指出：

> 今天在報上看到胡博士在亞東科教會議的演說，他以一切下流的辭句，
> 來誣衊中國文化，誣衊東方文化，我應當向中國人，像東方人宣布出來。
> 胡博士之擔任中央研究院院長，是中國人的恥辱，是東方人的恥辱。我
> 之所以如此說，並不是因為他不懂文學，不懂史學，不懂哲學，不懂中
> 國的，更不懂西方的，不懂過去的，更不懂現代的。而是因為他過了七
> 十年，感到對人類任何學問都沾不到邊，於是由過分的自卑心理，發而
> 為狂悖的言論，想用誣衊中國文化、東方文化的方法，以掩飾自己的無
> 知，向西方人賣俏，因而得點殘羹冷汁，來維持早經掉到廁所裡去的招

---

[49] 胡適，〈科學發展所需要的社會改革〉，原載《文星雜誌》總五十期(1961 年 12 月 1 日)，收錄：胡
　　適、李濟、毛子水等，《胡適與中西文化》，(臺北：水牛，1967 年 5 月)，頁 264。

[50] 胡適，〈科學發展所需要的社會改革〉，原載《文星雜誌》總五十期(1961 年 12 月 1 日)，收錄：胡
　　適、李濟、毛子水等，《胡適與中西文化》，(臺北：水牛，1967 年 5 月)，頁 265。

牌，這未免太臉厚心黑了。[51]

徐復觀更於 1968 年在其再版重編的《中國思想史論集》〈再版序〉中指出：

> 現代特性之一，因科學、技術的飛躍進展，及國際關聯的特別密切，始
> 歷史演進的速度，遠非過去任何時代可比；關於人自身問題的看法，也
> 像萬花筒樣的令人目光撩亂。最主要的是表現在西方傳統價值系統的崩
> 潰，因而有不少人主張只有科學、技術的問題，沒有價值的問題；事實
> 上則是以反價值的東西來代替人生價值。十多年來，我……認定在科
> 學、技術之外，還要開闢人類自己的價值世界，以安頓人類自己。有些
> 沾點西方反價值者的餘瀝以標新立異，並百端汙衊我的人們，可謂盡變
> 幻神奇的能事。……站在人性根源之地，以探討人類命運的前程，這與
> 新舊中西等不相干的爭論，是頗為緣遠的。[52]

徐復觀認為：

> 儒家是從德行上來建立積極底人生，因而自由精神在這一方面成為積極
> 的表現；道家則從情義上去解脫人生的羈絆，因而自由精神在這一方面
> 成為消極的表現。儒道兩家，是中國文化的兩大主流。若接觸不到兩者
> 在其思想的基底上所具備底自由精神，便根本無法接觸到他們所留下的
> 文化遺產。後來一切詖詞曲說，接由此而產生出來的。至予以為中國在
> 政治上沒有發展出來自由人權的明確觀念，便以為在中國文化中沒有自
> 由主義的精神，其淺薄無知，更不待論。[53]

---

[51] 徐復觀，〈中國人的恥辱，東方人的恥辱〉，《民主評論》(第十二卷第二十四期)，(香港：1961 年 12 月)。

[52] 徐復觀，《中國思想史論集》(再版重編)，(臺中：東海大學，1968 年 2 月)，〈再版序〉頁 3-4。

[53] 徐復觀，〈為什麼要反對自由主義〉，收錄：《學術與政治之間》(甲乙集合訂本)，(香港：南山書屋，1976 年 3 月)，頁 374。

所以，徐高阮才會在《胡適和一個思想的趨向》的〈序言〉中指出：

> 他（指胡適）認為東西方的哲學或宗教沒有根本上的不同；東西方科學
> 成就就有近代這樣的差別，指是兩方許多歷史條件相異的結果，不是由
> 於東方哲學或宗教有甚麼特別的根本要素天然阻止科學的發達。[54]

徐復觀認為徐高阮是努力「為了洗刷胡適之先生不是全盤西化論者，費了
許多時間，寫了許多文章」。[55]

檢視徐復觀的 1928 年赴日本就學，以二等兵資格，先入青森縣弘前聯隊，
再入陸軍士官學校。1931 年發生九一八事變被學校退學，與二十三期留日的陸
軍士官同學返國。[56]由於徐復觀有這一段日本留學的經驗，和返國後參加抗日
戰爭激發的民族主義愛國意識，致使他對於日本統治臺灣時期的臺灣人反殖民
文化運動，徐復觀可說是精神結盟的。陳昭瑛指出：

> 徐復觀與臺灣本土化運動的關係可由三方面來看，一是他與日據時期本
> 土化運動者的精神結盟；一是他在五〇、六〇年代站在中國文化立場對
> 西化派的批判；一是他在七〇年代鄉土文學論戰中，為鄉土文學辯護、
> 以及對當時文學界之現代主義風潮的批判。[57]

---

[54] 徐高阮，《胡適和一個思想的趨向》，（臺北：地平線出版社，1970 年 10 月），頁 1。

[55] 徐復觀，〈哭高阮〉，收錄：《徐復觀文錄》（三）文學與藝術，（臺北：寰宇，1971 年 1 月），頁 225。

[56] 徐復觀，〈東瀛漫談〉、〈軍隊與學校〉，https://docs.google.com/viewer?a=v&pid=sites&srcid=eHV mdWd1YW4ubmV0fHRpbWVhbmRRsaWZlfGd4OjZiMDQxMDAzNWZmYzdhMWM (2020 年 2 月 21 日 瀏覽)

[57] 陳昭瑛，〈當代儒學與臺灣本土化運動〉，收錄：《臺灣文學與本土化運動》，（臺北：臺大出版中心，2009 年 10 月），頁 296。

（二）徐復觀與本土化運動者的精神結盟

　　日治時期(1895-1945)臺灣文化的本土化運動，主要凸顯於 1920 年代初期日治臺灣主要受到 1918 年世界的一次大戰之後，美國總統威爾遜（Woodrow Wilson）主張「民族自決」、日本「大正民主」政黨政治，和國際共產主義思潮的影響，1919 年韓國發生三一獨立運動，中國則發生五四運動，臺灣社會也開始自覺性紛紛成立政黨或團體，展開對日本殖民統治的政治或文化抗爭運動。

　　尤其列寧（Vladimir Lenin）在 1920 年的共產國際第二次代表大會的談話之後，1921 年中國共產黨、1922 年日本共產黨、1924 年中國國民黨確定「聯俄容共」政策、1925 年朝鮮共產黨等先後在其國家組成，1928 年臺灣共產黨也完成建黨工作。

　　承上述，1921 年臺灣文化協會的成立，1927 年臺灣文化協會的左右分裂，與 1928 年臺灣共產黨的成立，凸顯了臺灣反殖民的本土化運動已經注入共產主義階級運動的色彩，也正是把左翼運動帶進組織化的階段，臺灣革命與臺灣獨立的主張也至此浮現。

　　吳新榮指出：

> 因為大戰後各國的經濟大恐慌，加上歐羅巴出現一個社會主義國家，世界的思想潮流又昂揚起來，殖民地和半殖民地的民族主義運動又加上社會主義運動起來。臺灣也是不能例外，民族主義傾向的社會主義和社會主義傾向的民族主義者分為左右兩派。臺灣文化協會竟被社會主義信仰者奪去領導權，形成臺灣社會運動的極盛時代。[58]

　　換言之，1929 年臺灣文化協會第二次分裂，以及與臺灣農民組合的領導中心，在次第落入臺灣共產黨的掌握之中，臺灣的整個左翼運動可以說終於達到

---

[58] 吳新榮，《吳新榮全集》(3)，(臺北：遠景，1981 年)，頁 58。

高峰時期。但是從 1931 年日本政府開始對外展開侵略，對於殖民地臺灣的政治運動進行徹底的鎮壓，臺灣共產黨成員一一遭到逮捕，左翼運動最後被迫宣告淪亡。[59]

徐復觀在這時期與臺籍人士本土化運動的精神結盟，可以從徐復觀《中國思想史論集》的選擇東海大學出版，而且交由中央書局總經銷窺出端倪，也凸顯徐復觀與 1930 年代前後時期的臺灣本土文化人士莊垂勝，他們兩人交往的過從甚密，即與在文化思想上的相關性連結。

中央書局從日治時期 1920 年代創立以來就極富盛名，楊渡指出：

> 不僅日據時代如此，1945 年後也一樣，像楊逵，白色恐怖出獄後在東海大學對面種花，便會來中央書局走一走，會會老朋友，看看有什麼新書。臺灣光復後，莊垂勝一度擔任臺中省立圖書館館長，但因二二八時參與處理委員會，被撤職而回到家鄉斗六，過著安靜生活。其後他懷抱文化理想，邀請徐復觀為中央書局策畫中華文化系列叢書，但徐復觀怕讓中央書局賠錢，沒有編出來。然而中央書局終究為洪炎秋、葉榮鐘、張深切等出了重要的文集，為時代留下見證。[60]

徐復觀強調中國文化主體性思維與臺灣本土文化的連結，表現其在〈從「瞎遊」向「䁃遊」〉一文中指出：

> 自 1970 年以來，臺灣在經濟上有了畸形的發展，在文化上也出現了轉型的蛻化。所謂「畸形」是指對外國資本家，尤其是對日本資本家的開門揖盜而言。所謂「轉形」是只在中華文化復興的須為口號下瘋狂地把中國人的心靈徹底出賣為外國人的心靈而言。對此一趨向的反抗表現為若干年輕人所提倡的「鄉土文學」，要使文學在自己土生土長、血肉相

---

[59] 陳芳明，《殖民地臺灣──左翼政治運動史論》，（臺北：麥田，2006 年 1 月），頁 191-194。

[60] 楊渡，〈老書店的味道〉，《聯合報》，（2019 年 12 月 1 日）。

連的鄉土生根，由此以充實民族文學國民文學的內容，不准自己的靈魂
出賣。[61]

　　徐復觀除顯現於其對土地情感所產生的文化思想淵源之外，特別是我們亦
可以從其給出生於 1904 年當時還在日本統治下臺灣，而於 1965 年過世的亡友
張深切輓聯感受出來。尤其是張深切早期的留學日本背景，與轉赴上海創立「臺
灣自治協會」，在廣州組織「廣東臺灣革命青年團」的參與政治活動坐牢，1934
年間更負責編輯「臺灣文藝聯盟」的機關雜誌《中國文藝》。

　　臺灣光復後，張深切追隨臺中師範校長洪炎秋，擔任教務主任，二二八事
件發生，洪炎秋被免職，張深切因在上海時期與謝雪紅相過從，在經過半年逃
亡日子才獲自由之身之後，遂完全脫離政治圈。

　　所以，徐復觀給他輓聯的右聯：「寥落暮年欲盡交期傷木壞」，左聯：「棲
皇行跡偶過陋巷嘆才多」，徐復觀並於 1965 年 11 月 24 日特別為文〈一個「自
由人」的形像的消失──悼張深切先生〉，並說：「希臘文化是自由人的階級
創造出來的，在亡友張深切身上，彷彿我看到了一個自由人的形象。」。[62]

　　日治時期臺灣人反殖民的文化本土化運動，張深切是一位重要的指標性人
物。他自 1934 年 5 月 6 日號召八十多位臺灣作家，成立了「臺灣文藝聯盟」，
並且主編了 15 期的文學刊物《臺灣文藝》，直到 1936 年 8 月才停止發行，而
聯盟本身的活動也趨於消滅。[63]

　　徐復觀與熱愛中華文化的本省籍文化運動人士，如他在〈悼念葉榮鐘先

---

[61] 徐復觀，〈從「瞎遊」向「睇遊」〉，收錄：《徐復觀雜文：憶往事》，(臺北：時報文化)，1980 年
　　5 月，頁 134。

[62] 徐復觀，〈一個「自由人」的形像的消失─悼張深切先生〉，https://docs.google.com/viewer?a=v&pid
　　=sites&srcid=eHVmdWd1YW4ubmV0fHRpbWVhbmRsaWZlfGd4OjcxODhlOGZlNjc1Y2JlZDc(2020 年
　　2 月 25 日瀏覽)。

[63] 吳濁流於 1964 年 4 月創辦《臺灣文藝》，從雜誌名稱要凸顯承續日治時期臺灣文藝聯盟未竟的歷史
　　使命，也要強調臺灣文學有其固有的特殊性與自主性，當情治人員以各種有形無形的方式來威脅他辦
　　刊物時，吳濁流仍然不放棄《臺灣文藝》的命名。陳芳明，《臺灣新文學史》(下)，(臺北：聯經，2011
　　年 10 月)，頁 481。

生〉，和他為林幼春之《南強詩集》所作的序，以及與莊垂勝交情的相濡以沫，
都凸顯徐復觀與大陸來臺學者胡適、殷海光等西化派人士之間有尖銳衝突的形
成強烈對比。

在日治時期文化思想運動的歷史洪流中，扮演重要角色的文化思想運動者
還有吳新榮、蘇新等人，但我為什麼要特別是選擇研究這二人，並舉這二人為
例。是我發現他們不但是 1907 年 11 月的同年同月生，而且還是臺南的小同鄉；
更難得的他們曾同是遭遇歷經日本的殖民統治，也都曾先後赴日唸書，二人
具有早期相同生活的成長背景，但後來在思想與政治立場的分道揚鑣，吳新榮
留在臺灣發展，蘇新則遠赴中國大陸，其各人命運的際遇卻完全不同。

吳新榮是 1907 年 11 月 12 日出生於臺南將軍鄉（今臺南市將軍區），卒於
1967 年 3 月 27 日。他是在 1925 年(大正 13 年)負笈日本，進入岡山金川中學就
讀，1928 年考入東京醫學專門學校。

蘇新於 1907 年 11 月 14 日出生臺南廳蕭壠堡（今臺南市佳里區）人，卒於
1981 年 11 月 13 日。他是在 1924 年(大正 13 年)被臺南師範學校退學，後進入
日本東京私立大成中學就讀，之後轉入東京外語學校。1927 年(昭和 2 年)蘇新
在日本加入東京「臺灣青年會」附設之「社會科學研究部」，是屬於日本共產
黨的外圍組織，當 1928 年 4 月臺灣共產黨成立時，這個「社會科學研究部」
後來就轉為臺灣共產黨東京特別支部的組織。

1928 年蘇新在日本加入日本共產黨之後，即在其參與東京《臺灣大眾時報》
編輯工作之後的 3 個月，將黨籍轉入臺灣共產黨的隸屬共產國際日本特別支部
的臺灣民族支部，直屬於日共。蘇新並實際參與該團體的組織活動。

吳新榮則是 1929 年(昭和 4 年)以擔任「臺灣青年會」委員的身分，受到日
本共產黨第二次被檢舉的所謂「四一六事件」牽連，被拘禁於淀橋警察署近 1
個月。1932 年從學校畢業之後，即進入山本宣治紀念病院服務，同年 9 月回到
臺灣。

吳新榮與蘇新在日本求學期間，二人都曾經加入過臺灣留學生在東京所成
立的「臺灣青年會」，也多少因為受到左翼思想的影響，而傾向於接受社會主

義或共產主義的運動和目標。儘管臺灣左翼思想與運動的時間不長,但對於臺灣在殖民統治下的文化運動影響卻是廣大而深遠。

吳新榮與蘇新二人,他們在二戰前後的思想轉變與國族身分認同的思考,以及參與的各類型文化運動,特別是他們生命中都有過在日治時期赴日本求學經歷,乃至於後來回到臺灣的積極加入政治文化社團和其所扮演的角色。

1929 年 2 月蘇新回到臺灣以後,在宜蘭太平山當伐木工人,編有《礦山工人》,鼓動工人運動。臺灣共產黨在 1931 的年分裂,蘇新於 1931 年成立「改革同盟」,並且出任臺灣共產黨宣傳部長而成為臺灣共產黨的領導人之一。5月 31 日在臺灣共產黨第二次臨時大會中,蘇新強力主張必須開除謝雪紅(原名謝氏阿女,1901-1970);6 月日本警察展開大搜捕,9 月蘇新被捕入獄,判刑 12 年。

蘇新出獄後回到佳里結婚,一度曾進入吳新榮的油脂工業會社任專務,1946年以後蘇新便離開臺南佳里的故鄉,到臺北開拓新生活。因為,這時候的吳新榮早在 1932 年 9 月離開日本的回到臺灣以後,就選擇在佳里鎮自己叔父開設的佳里醫院工作,並從事文學創作,並在地發起成立「佳里青風會」。1935 年他參與「臺灣文藝聯盟佳里支部」,被推為「臺灣文藝聯盟第一次大會」選舉委員及宣言起草委員。

1936 年吳新榮加入「南州俱樂部」,1939 年當選佳里街協議會員,1941年擔任保證責任蕭壠信用購買販賣利用組合監事,1942 年參加臺灣奉公醫師團臺南支部、及擔任臺灣文藝家協會臺南州地方理事、應張文環之邀加入《臺灣文學》。1943 年 1 月 25 日與蘇新赴彰化訪李君晰,26 日與蘇新探視重病之賴和,因賴和睡眠中(或彌留中),僅晤乃弟賴通堯而回。[64] 5 日後,賴和即過世。

吳新榮曾承賴和贈詩「李艷桃濃跡已陳,寒梅零落委埃塵;枝頭燦爛紅雲麗,卻讓櫻花獨占春。」吳新榮在事後回憶:可恨(賴和)先生未見零落的寒梅,

---

[64] 施懿琳,〈吳新榮先生生平年表〉,收錄:《吳新榮傳》,(南投:台灣省文獻委員會,1999 年 6 月),頁 243。

一遇陽光一復能夠放香；又可惜先生不知燦爛的櫻花，一旦被摧折永遠不會再紅。[65]1944 年 7 月吳新榮四子夏雄拜蘇新夫婦為「契父母」。

戰爭末期吳新榮在 1945 年 6 月 6 日的日記寫下：

> 有警報而無敵機來襲，反而多出讀書時間，於是想到東洋的未來，便非研究中國的政治思想與文學思想不可，所幸藏書中有《中山全集》與《胡適文存》，便著手研讀，《中山全集》以前曾讀過，現在重讀，似可加以幾分批評。[66]

1945 年 8 月 25 日臺灣光復，這時候的吳新榮與蘇新仍然繼續為臺灣文化運動奔走。1947 年 1 月吳新榮北上，赴「臺灣文化協進會」拜訪蘇新。1947 年 2 月 28 日爆發「二二八事件」，3 月吳新榮擔任「臺南縣二二八事件處理委員會」總務組副組長。也因為同時吳新榮還有一身分就是三民主義青年團中央直屬臺灣區團臺南分團佳里區隊長的職務，因受到國民黨內部的黨與團之間派系的鬥爭而受累。吳新榮 3 月 14 日開始逃亡，4 月 26 日向臺南市警察局辦理自新手續，6 月獲釋。

同是「三青團」成員的蘇新則在爆發「二二八事件」之後逃至香港，與謝雪紅、楊克煌（1908-1978）等人在當地共同創立「臺灣民主自治同盟」，並主編創盟刊物《新臺灣叢刊》。蘇新自謂其曾受蕭來福(筆名蕭友山)的領導，再上層領導為蕭瑞發，再上層領導為臺灣最高負責人蔡孝乾（1906-1982）。蘇新則負責指導王添灯（1901-1947）及林日高（1904-1955）等左翼分子。

蘇新曾經以筆名「莊嘉農」出版《憤怒的臺灣》一書，記述 1947 年臺灣爆發「二二八事件」的始末。1949 年 3 月蘇新從香港啟程前往北京，先後在中共中央統戰部、中共中央華東局、中央人民廣播電台工作，特別是負責對臺廣播的部分。1977 年中共文化大革命時期蘇新遭下放，1978 年獲平反，之後曾擔

---

[65] 吳新榮，《吳新榮全集》(3)，（臺北：遠景，1981 年），頁 100。

[66] 吳新榮，《吳新榮全集》(6)，（臺北：遠景，1981 年），頁 176。

任全國政協委員、臺灣民主自治同盟常務理事、中華全國臺灣同胞聯誼會理事等職。1981 年病逝於北京。[67]

承上述，臺灣人為了延續日治時期前仆後繼的進行反日本殖民文化運動，尤其為了維繫中華文化，特別以推展「臺灣語文運動」以反抗日本「同化主義」和「皇民化」的文化遺毒。到了光復初期諸多性質的政治文化團體亦紛紛成立，諸如 1945 年 9 月 20 日左翼團體謝雪紅即在臺中成立「人民協會」籌備處，10 月 5 日正式組成「人民協會」。

同月 26 日林獻堂（1881-1956）、林熊徵（1888-1946）、廖文毅（1910-1986）、蔣渭川（1896-1975）等人在稻江信用組合成立「臺灣建設協會」，推舉林獻堂為會長、林熊徵為副會長。

11 月 17 日「人民協會」臺北支部在靜修女中成立，謝雪紅為議長。而由簡吉（1903-1951）領導的「農民協會」也積極在各地成立分會，但在 1946 年 1 月此二個在思想運動上比較偏屬於左翼團體，即遭到政府依據〈臺灣省人民團體組織暫行辦法〉，勒令臺灣省人民團體暫時停止活動。

依據當時陳儀（1883-1950）[68]政府公布〈臺灣行政長官公署施政方針〉中，提到 1946 年度有關「心理建設」的具體作法中指出：

---

[67] 蘇新女兒蘇慶黎（1946-2004)曾於 1970 年代參與《夏潮》的編務，並於 1980 年代先後與主張社會主義統一運動的林書揚（1926-2012）等人，參與工黨與勞動黨的組建工作。林書揚與蘇新、吳新榮都是臺南同鄉，而林書揚的臺南麻豆人背景，也因此被捲入1950 年因麻豆農會理事長謝瑞仁(1909-1950) 以匪諜案遭逮捕，林書揚受牽連被判無期徒刑，直至 1984 年才獲釋在外。1986年林書揚發起成立「臺灣地區政治受難人互助會」、創辦黨外運動刊物《前方》、創建工黨；1989 年創建勞動黨，擔任副主席、榮譽主席。2012 年 10 月林書揚病逝於北京，享年 86 歲，結束其一生左翼理論思想的研究與實踐。

[68] 戰後擔任臺灣省行政長官兼臺灣省警備總司令部總司令，任內發生二二八事件，為事件中爭議政治人物之一。1948 年 6 月任浙江省政府主席。11 月釋放浙江省警保處處長毛森（軍統特工）所逮捕的 100 多名共產黨嫌疑犯。1949 年 1 月，陳儀眼見局勢不利於國民黨，欲投奔中國共產黨，並嘗試策反京滬杭警備軍總司令湯恩伯投共，湯恩伯認為若毛森得知，深怕自己被牽連，故將此事呈蔣中正。陳儀在 1949 年初被免去浙江省主席職務，後來被軟禁。1950 年 4 月，陳儀被押解到臺灣，後被囚禁於基隆。1950 年 5 月，蔣中正以匪諜案，指示臺灣軍事法庭判處陳儀死刑。同年 6 月 18 日槍決。https://zh.wikipedia.org/zh-tw/陳儀(2020 年 2 月 25 日瀏覽)。

心理建設在發揚中華民族精神，增強中華民族意識，此為以前日本所深
惡痛絕，嚴屬防止，而現在十分需要者。其主要工作，第一、各校普設
三民主義、國語國文與中華歷史地理等科，多加鐘點，並專設國語推行
委員會，普及國語之學習。第二、增設師範學院、師範學校，大量培養
師資。第三、各級學校廣招新生以普及臺胞受教育之機會。第四、對於
博物館、圖書館、即工業、農業、林業、醫藥、地質等實驗、研究機構
力求充實，以加強研究工作，提高文化。第五、設置編譯館，以編輯臺
灣所需要各種書籍，並著重中小學教科書之編輯。[69]

　　陳儀政府在施政方針上除了強調要發揚中華民族精神，增強中華民族意識
的心理建設之外，更重視教育機構的設置與文化的普及，其中又以 1946 年 8
月 7 日正式成立直屬長官公署的「編譯館」，以編輯臺灣所需要各種書籍，並
著重中小學教科書之編輯」的這項工作，對於文化的紮根與傳播的影響最為深
遠。

　　編譯館分為學校教材組、社會讀物組、名著編譯組、臺灣研究組。同時，
配合 1946 年 1 月 26 日由張道藩(1897-1968) 在中國大陸成立的「中華全國文
藝作家協會」。臺灣行政長官公署的陳儀政府亦於 4 月成立「國語普及委員會」，
6 月更成立「臺灣文化協進會」，其成立宗旨是要聯合文化教育之同志及團體，
協助政府宣揚三民主義，傳播民主思想，改造臺灣文化，推行國語國文。

　　「臺灣文化協進會」的主要工作，便是在國民黨的黨國體制下官方能夠透
過一個民間機構，來結集臺灣文化界人士，致力剷除日本皇民化後的文化遺
毒，使中國化的文化政策推行到廣大的知識份子之中，建設民主的臺灣新文化
和科學的新臺灣。

　　從以下的「臺灣文化協進會」組成，其重要理監事成員的背景分析，大多
具官方與半官方色彩的地方民意代表人士出任，其名單：

---

[69] 《中華民國 36 年度臺灣省行政長官公署工作計畫》，(臺北：臺灣省行政長官公署，1947 年 4 月)，
頁 4。

1.屬於臺籍人士：理事長游彌堅(臺北市長)、常務理事有林呈祿(東方出版社社長)、黃啟瑞(臺北市教育局長)，理事有林獻堂(國民參政會參政員)、林茂生(國民參政會參政員)、羅萬俥(國民參政會參政員)、劉克明(臺灣省教育會監事)、楊雲萍(兼協進會編輯組主任)、陳逸松(國民參政會參政員)、陳紹馨(臺灣大學教授兼研究組主任)、徐春卿(臺北市參議會參議員)、林忠(國民參政會參政員)、連震東(臺灣省參議會秘書長)、許乃昌(兼協進會總幹事)、王白淵(兼協進會教育組、服務組主任)、蘇新(兼協進會宣傳組主任)等，常務監事有李萬居(臺灣省參議會參議員兼副議長)、黃純青(臺灣省參議會參議員)、蘇維樑(臺灣省參議會參議員)等三位，監事有劉明朝(國民大會代表)、周延壽(臺北市參議會議長)、吳春霖(臺北市參議會參議員)、謝娥(國民大會代表)等。

2.屬於大陸籍人士：常務理事有吳克剛(臺灣省立圖書館館長)[70]、陳兼善(臺灣省立博物館館長)[71]，理事有范壽康(長官公署教育處長)、林紫貴(中國國民黨臺灣省執行委員會兼宣傳處長)，監事有邵沖霄(長官公署參議)。[72]

「臺灣文化協進會」除了同年 9 月 15 日發行機關刊物《臺灣文化》，以結合臺籍作家與外省作家，突破大陸與臺灣之間語言和文化的隔閡，建設民主的臺灣新文化和科學的新臺灣。由於「臺灣文化協進會」中的許多成員，都來自收攬日治時期臺灣文化協會、臺灣民眾黨、臺灣共產黨的重要成員，例如蘇新擔任理事，還身兼宣傳組主任，嗣後更接掌《臺灣文化》的編務，並推出《魯迅逝世十周年特輯》，意含其傾向左翼思想的批評國民黨政權。

行政長官公署 10 月起也開始將禁用日語的政策付諸實踐，臺灣作家在經歷了 1937 年禁用漢語與這次禁用日語的官方政策，政府以反日本文化來全力推動中國文化的普及。

---

[70] 吳克剛法國巴黎大學畢業，留法時與巴金相過從。1945 年隨陳儀來臺，任行政長官公署參議，1946 年 10 月 10 日出任臺灣省圖書館館長，1955 年 4 月卸任後專任臺大教職。

[71] 陳兼善早年曾留學法國，並在大英博物館研究。1945 年隨陳儀來臺，擔任臺灣省博物館館長。1947 年 5 月臺灣省行政長官公署改組為臺灣省政府，臺灣省博物館改屬教育廳，他仍任館長直到 1955 年 4 月之後轉任東海大學教職，1966 年退休。

[72] 參見：臺灣文化協進會，《臺灣文化》第 1 卷第 1 期，(1946 年 9 月)。

當時《臺灣文化》網羅的作家包括戰前臺灣頗具聲譽的本土作家，如王白淵(1902-1965)、吳新榮（1907-1967）、楊守愚（1905-1959）、劉捷、呂赫若（1914-1951）、廖漢臣(1912-1980)、黃得時（1909-1999）等。此外，也可以經常看到當時來臺的中國大陸作家作品，如許壽裳（1883-1948）、臺靜農（1902-1990）、李何林(1904-1988)，李霽野（1904-1997）、雷石榆（1911-1996）、黎烈文（1904-1972）、黃榮燦（1916-1952）、袁珂(1916-2001)等，可以感覺出是一本溝通意識、交流意識非常強烈的雜誌。但從作品內容的整體看來，它的關心還是偏重在介紹與引進中國新文學，以其新文化運動的精神來促進臺灣文化的重建。[73]

1947 年 2 月 28 日爆發的「二二八事件」，對於「臺灣文化協進會」的存續也造成很大的影響。5 月 4 日時任臺灣省編譯館館長許壽裳(字季黻或季茀，1883-1948)在《臺灣新生報》發表一篇〈臺灣需要一個新的五四運動〉指出：

> 誰都知道民國八年的五四運動是掃除我國數千年來的封建遺毒，創造一個提倡民主，發揚科學的文化運動，可說是我國現代史中最重要的劃時代、開新紀元的時期。雖則它的目標，至今還沒有完全達到，可是我國的新生命從此誕生，新建設從此開始，它的價值異常重大。我想我們臺灣也需要有一個新的五四運動，把以往所受的日本遺毒全部肅清，同時提倡民主，發揚科學，於五四時代的運動目標以外，還要提倡實踐道德，發揚民族主義。從這幾個要點看來，它的價值和任務是要比從前那個運動更大，更艱巨，更迫切啊![74]

許壽裳於其任內負有編輯各種教科書，致力於使臺灣同胞了解祖國的文化、主義、國策、政令等知識任務的許壽裳，但不幸於 1948 年 2 月在擔任臺大

---

[73] 黃英哲，〈國民性改造的構想：許壽裳與臺灣，1946-1948〉，收錄：黃英哲，《漂泊與越境：兩岸文化人的移動》，（臺北：臺大出版社，2016 年 6 月），頁 180。

[74] 許壽裳，〈臺灣需要一個新的五四運動〉，《臺灣新生報》，(1947 年 5 月 4 日)。

中文系系主任任內遇害。針對許壽裳被殺害的不幸事件，洪炎秋指出：

> ……然而溫良恭儉讓的長者如季茀先生其人，竟也免不了遭此劫數，實
> 在出乎意表；況且季茀先生不死於政爭，不死於黨戰，而乃死於這樣一
> 個么麼鼠竊的手下，更是「出乎意表之外」！……如果這是一個有秩序
> 的人性社會裡，許壽裳教授是不會被砍五刀而死的。[75]

　　許壽裳擔負國民政府接收臺灣後推動的「去日本化」、「再中國化」的文
化政策。黃英哲在〈國民性改造的構想：許壽裳與臺灣，1946-1948〉一文中指
出：

> 許壽裳在二戰後臺灣光復初期，臺灣與中國既連續似又斷裂的擺盪年代
> 渡臺，橫亙其前的是一大堆社會、歷史、文化難題。但是他卻沒有抱著
> 高姿態的征服者心態和中華文化沙文主義的優越感，而是實事求是地致
> 力戰後臺灣的文化重建工作，不管其在編譯館時代或是短暫的臺灣大學
> 時代，我們都看到他的奮鬥身影，以及緊守著「誠與愛」信念的中國知
> 識分子的優雅姿態。[76]

　　許壽裳在戰後初期的臺灣，也是魯迅（本名周樹人，1881-1936）思想與作
品的重要推動者，在許多文化、教育與宣傳的場合，皆再三強調魯迅精神的人
道主義與戰鬥的現實主義。雖然戰後臺灣的文化政策，以「再中國化」為主要
原則，但許壽裳在編譯館的工作中增加「臺灣研究組」，聘用、留用日籍學者，
延續了日治時期的知識性和科學性的臺灣研究。而此一傳統，在 1947 年中編

---

[75] 洪炎秋，〈悼許季茀先生〉，收錄：洪炎秋，《廢人廢話》，（臺中：中央書局，1964 年 10 月），頁
145。

[76] 黃英哲，〈國民性改造的構想：許壽裳與臺灣，1946-1948〉，收錄：黃英哲，《漂泊與越境：兩岸
文化人的移動》，（臺北：臺大出版社，2016 年 6 月），頁 190-191。

譯館撤銷改編，許壽裳於 1948 年在家中遭難之後，仍有所延續。[77]

同時間，由蔣渭川等人士主導的「臺灣民眾聯盟」，儘管初期遭到國民黨臺灣省黨部主委李翼中（1896-1969）的勸阻，並宣達黨中央不准臺灣人組黨的指令。[78]但在 4 月 7 日召開的大會將該會名改為「臺灣省政治建設協會」，同時發表宣言，宣稱以(1)健全本會基層組織，(2)喚起全民自覺運動，(3)協助政府維持治安交通，(4)推行國語國文，(5)策動復興工礦農林漁牧等業而安民生等 5 項為當前最急事務。[79]特別是強調推行國語國文的配合政府文化運動之後，得以被允許有程度的進一步組織與發展。

（三）徐復觀對西化派的批判

在進入這所謂「白色恐怖」時期的 1950 年代，是國民政府開始積極在臺灣建構黨國化反共意識的醞釀「反共文學」階段，亦即建立反共反蘇的文化運動，於是張道藩奉蔣介石之命於 1950 年 3 月 1 日成立「中華文藝獎金委員會」。

「中華文藝獎金委員會」，雖然號稱是民間文藝團體，但發起人張道藩、陳紀瀅等人不僅是當時的立法委員，其他成員還包括國民黨中央第四組主要負責文化宣傳的成員。3 月 24 日成立「副刊編者聯誼會」，由當時各報社副刊編輯者所創立，後來為了配合黨國政府宣傳文藝政令，由張道藩、陳紀瀅、王平陵、尹雪曼，以及王藍等人發起，當時獲得中國國民黨中央宣傳部部長張其昀、教育部部長程天放、國防部總政治作戰部主任蔣經國、臺灣省政府教育廳廳長陳雪屏等的支持贊助，及文化界、新聞界的協力籌備，5 月 4 日在臺北市中山堂成立「中國文藝協會」。

「中國文藝協會」在組織結構與工作上係延續扮演當年「臺灣文化協進會」

---

[77] 黃英哲，〈序章〉，《漂泊與越境：兩岸文化人的移動》，（臺北：臺大出版社，2016 年 6 月），頁 12。

[78] 李翼中，〈帽簷述事〉，收錄：中央研究院近代史研究所編，《二二八事件資料選輯》(二)，（台北：中央研究院近代史研究所，1992 年 5 月），頁 400。

[79] 會中並選出張晴川、蔣渭川、王萬德、呂伯雄、黃朝生、廖進平、李友三、王添灯、張邦傑、陳炘、施江南、潘欽信、陳旺成等 18 人新的理監事。《人民導報》，(1946 年 4 月 8 日)。

的角色。它也是 1950 年代最具有規模、影響力的文藝團體,是以團結全國文藝界人士,研究文藝理論,從事文藝創作,展開文藝運動,發展文藝事業,實踐三民主義文化建設,完成反共抗俄復國建國任務,促進世界和平為宗旨。

「中華文藝獎金委員會」與「中國文藝協會」的宗旨在獎助富有時代性的文藝創作,以激勵民心士氣,配合黨國政府發揮反共抗俄的精神力量,來達成國家民族意識的文化總目標。

1951 年 5 月 4 日該協會創辦《文藝創作》的機關雜誌,當時與《文藝創作》同樣扮演的重要反共文學雜誌有:《寶島文藝》月刊、《暢流》半月刊、《半月文藝》半月刊、《自由青年》旬刊、《軍中文摘》月刊、《野風》半月刊、《火炬》半月刊、《文壇》月刊、《海島文藝》月刊、《晨光》月刊、《文藝月報》月刊、《軍中文藝》月刊、《幼獅文藝》月刊、《中華文藝》月刊、《新新文藝》月刊、《海風》月刊、《革命文藝》月刊。[80]

檢視「中國文藝協會」與「中華文藝獎金委員會」等組織的權力結構,是以國民黨員為核心,以外省作家為主要成員。工作的推動先由黨內核心組織下達決策,然後由民間團體配合,落實到社會各階層。「中國文藝協會」更呼應國防部總政治部主任蔣經國的文藝到軍中去運動,提倡軍中革命文藝的推廣活動。

「中國文藝協會」更以 1953 年 11 月蔣介石完成的〈民生主義育樂兩篇補述〉為最高指導原則,推動「文化清潔運動」,並將所謂的「戰鬥文藝」推廣到軍中。同時,為吸納本省籍作家的參與,「中國文藝協會」在下設的 17 個委員會中,特別成立「民俗文藝委員會」,以相對於消弭社會對於 1951 年葉石濤因與左派文人來往,被以「知匪不報」罪名的被捕判刑的情事,來凸顯政府重視和禮遇臺籍作家的文化位階與文學創作。

又藝文界人士如黃榮燦(1916-1952)曾以版畫《恐怖的檢查》對二二八事件受難者表示同情,亦於 1950 年代初開始的「白色恐怖」中被捕而死於獄中,2006 年獲得平反恢復名譽。類似同樣事件也發生在抗戰時期為張道藩主持文化

---

[80] https://zh.wikipedia.org/zh-tw/中國文藝協會,(瀏覽日期 2020.01.15)。

運動的得力助手虞君質，因其為某一位申請進入臺灣的人事作保，那人受某一個「匪諜案」牽連而入獄。[81]

在此階段，為全面貫徹黨國反攻抗俄的文化總體目標，也包括戲劇界人士由立法院長張道藩、國民黨中央黨部第一組主任唐縱（1905-1981）、第四組主任馬星野（1909-1991）等於 1955 年 11 月 24 日假臺北婦女之家招開座談會，商討新世界改建劇場即今後演出問題。1956 年 2 月教育部長張其昀（1901-1985）與張道藩、馬星野等人更出席第 13 屆戲劇節慶祝大會，張其昀首先指出：

> 在反攻抗俄的時代中，戲劇可表現過去的文化、反映時代精神、創造新風氣，希望戲劇界為國家前途做一有力的貢獻，已達成反攻抗俄的使命。繼由張道藩致詞指出，不論話劇、平劇、歌仔戲或其他雜劇均應予以提倡，除政府致力於倡導之外，社會各界亦應予以協助，俾其能達成對反攻抗俄之貢獻。[82]

當時在 1950 年代前後分別的階段，與「中國文藝協會」同樣扮演重要文學團體角色的還包括：直屬於中國青年反共救國團(簡稱：救國團)的「中國青年寫作協會」、屬於中國國民黨臺灣省黨部的「臺灣省婦女寫作協會」(後來更名為「中國婦女寫作協會」)。

到了 1965 年國民黨政府為紀念國父孫中山先生的百年誕辰，特別設立「中山學術文化基金會」，除了闡發孫中山的思想，並獎勵文化學術，獎勵內容有學術著作獎、文創創作獎及博士論文獎等，亦出版《中山文庫》、《中山叢書》，並發行「中山學術論壇」雙周刊，和獎助舉辦各類型展覽、活動。

在那時代的文化活動與政策無非是為了加強「戰鬥文藝」的總目標。因此，在那白色恐怖施行《檢肅匪諜條例》的雷厲風行之下，例如 1968 年 6 月臺灣第一位將話劇形式，運用在「廣播劇」上的崔小萍女士因涉及參加所謂「匪偽

---

[81] 歐素瑛，《立法院長張道藩傳記》，(臺北：立法院議政博物館，2013 年 12 月)，頁 257。

[82] 歐素瑛，《立法院長張道藩傳記》，(臺北：立法院議政博物館，2013 年 12 月)，頁 264。

組織」被捕。但是 1970 年臺灣警備總部的判決書裡，卻找不出她有任何當匪諜的確鑿證據，在「尚未發現其為匪活動之事證，衡情不無可憫，爰酌情減處適當之刑，並褫奪公權十四年」。[83]

1960 年代國民政府在原有單位的推動文化政策與活動之外，為什麼還要成立一個「中華文化復興推動委員會」來加強文化活動。中華文化總會敘述該會成立緣起與經過指出：

> 為反制中共發動文化大革命對中華文化的摧殘，乃有民國 55 年 11 月 12 日之「中華文化復興運動」之議，中華文化復興運動推行委員會（簡稱文復會）即因此於民國 56 年 7 月 28 日成立，先總統蔣中正先生為會長，以發揚傳統中華文化與倫理道德為宗旨，鼓勵公私立文化學術機構從思想上、學術上宏揚中華優良文化，並推行各項深入民間的文化建設與活動。
>
> 鑑於社會變遷迅速，文化價值觀漸趨多元化，因此將文復會改組為中華文化復興運動總會，簡稱文化總會，於民國 80 年 3 月 28 日舉行成立大會，會中推舉李前總統登輝先生擔任會長，並經內政部核准立案為社團法人民間團體，以因應新社會，迎接新時代。文化總會並訂立四項目標，以推動社會文化的發展：「一、鼓勵社會各界，積極參與藝文活動，提升國民氣質。二、結合社區團體，宣揚倫理道德觀念，促進價值自覺。三、改良禮儀習俗，倡導現代生活方式，改善社會風氣。四、豐富文化內涵，鼓勵文化交流融匯，建立祥和社會。」[84]

回溯 1970 年代我在構思撰寫《近代學人著作書目提要》時，對於當年蔣介石在臺灣的極力提倡王陽明（1472-1529）思想感到十分納悶？是不是因為受到

---

[83] 崔小萍回憶錄《天鵝悲歌》其中第三篇冤獄十年，以兩百多頁的篇幅，記錄自己的案件經過與監獄體驗，（臺北：天下遠見，2001 年）。

[84] 中華文化總會 https://www.gacc.org.tw/about-us/history(2020.02.19 瀏覽)

失掉大陸江山的教訓，認為其政權是由於未能受到知識分子的普遍支持，有感於書生坐而言的誤國，不如起而行的重視「力行哲學」。所以，蔣介石刻意將臺北的草山，改名陽明山，並在附近蓋有「陽明山莊」和將其藏書和閱讀的書房稱之為「陽明書屋」。

或是因為蔣介石青年時期曾在日本念書，有感於日本自 1860 年起維新運動的健將如木戶孝允（1833-1877）、岩倉具視（1825-1883）、伊藤博文（1841-1909）等人都深受陽明學說的影響，所以在短短的 30 年間就能夠於 1895 年打敗大清帝國，和 1905 年能在日俄戰爭中打敗有北極熊之稱的俄國，竟然使日本從一個長期受幕府體制極端控制下的封建社會，能夠一躍而擠入世界文明之林。

這其中的一項因素是否因為德川幕府時代的定朱子學為官學，而極力壓制自中國流傳過去陽明學說的影響，這是值得深入探討的另一個面向。王陽明為了要反對當時朱子學派主張客觀主義的修養法，以及形式主義的道德行為而主張知行合一學說，謂離開行，知即不存在，知由行始成為真知的主觀行動主義。

因此，王陽明與朱熹的「性本善」比較，王陽明主張「心就是理」，性之所以為善，乃因心之本體能知善、為善。將「性本善」歸諸於主體之心的主觀運作，而非外在客觀之理。王陽明不承認心外有個理，認為心就是性，就是理，就是天。他也不承認有所謂的「氣質之性」，主張只有「天地之性」；而「天地之性」為粹然至善，並為明德之本體，即為良知以此，「性本善」即「心本善」。

人心有良知，良知就是天理。有良知便能知善惡，能知善惡，便能行善避惡。此心或良知，王陽明將之本體化，知是「心之本體」。「心之本體」即將心體視為最根本的，不依憑任何事物的，最終極的真實存在。「即功夫即本體」，所以儒家認定「做一分功夫，像一分人」。

「人心之本體」必須是善的，如此，人的最高價值才能實現。而世間的一切，都不脫此心此性的主觀運作，天下無性外之理，無性外之物。儒家對於「人性」的分析最透徹，人人往希聖希賢的路上走，然後家齊國治天下平，這是人類社會真正的最高理想。

如果以此用來反共，而所謂反「共」，也是根本思想上的「共」，亦即反對共產主義認定資本主義之後必然是社會主義社會的信仰。意在凸顯國民政府播遷來臺之後，面對當時險惡環境的強調儒家思想教育與文化反共的鬥爭。

1954 年 4 月胡適（1891-1962）在《自由中國》雜誌登載〈中國古代政治思想史的一個看法〉的一文中指出：

> ……孔子、孟子一班人提倡的一種自由主義的教育哲學。孔子與孟子首先揭櫫這種運動。……這種所謂個人主義自由主義的教育哲學和個人主義的起來，是由於他們把個人看得特別重，認為個人有個人的尊嚴。論語中的「不降其志，不辱其身」，就是這個道理。個人主義自由主義的教育哲學，教人參加政治，參加社會，這種人要有一種人格的尊嚴，要自己感覺到自己有一種使命，不能隨便忽略他自己。[85]

胡適認為孔子在政治思想上的成就比較平凡，並沒有甚麼創造的見解。但是孔子是一個了不得的教育家，他提出「有教無類」的教育哲學，可以說是民主自由的教育哲學，將人看作是平等的。

孔子教育核心的「仁」，就是人的人格，人的人性，人的尊嚴。孔子又說：「修己以敬」、「修己以安人」。「修己」是做教育自己的工作；但是還有一個社會目標，就是「安人」。「安人」是給人類以和平、快樂。所以後來儒家的「格物、致知、誠意、正心、修身」是修身的工作；而後面的「齊家、治國、平天下」，都是社會的目標。

所以《論語》中說：「志士仁人，無求生以害仁，有殺身以成仁。」、「不降其志，不辱其身」。曾子說：「士不可不弘毅，任重而道遠。仁以為己任，不亦重乎！死而後已，不亦遠乎！」所以，自由民主的教育哲學產生了健全的

---

[85] 胡適，〈中國古代政治思想史的一個看法〉，原登載於《自由中國》第十卷第七期(1954 年 4 月 1 日)。收錄：胡適等著，《胡適與中西文化——中國現代化之檢討與展望》，(臺北：水牛，1968 年 1 月)，頁 199。

個人主義。[86]

林語堂（1895-1976）對於儒家思想的源流指出：

> 講問學、尊德性可以；發揚光大我們固有之民族思想，合於我國民族思想基礎是應該的。這當然要走上孔孟的平坦大道，但是不能定一尊，為道統二字所束縛。回溯中國學術固有思想的源流，先秦諸子之思想發出奇花異卉的光彩，及漢朝罷黜百家，獨尊儒道的抱殘守缺，導致自中唐時期以降，古文運動興起，大批儒家學者試圖將訓詁經學轉為儒家心性之學，以對抗佛老，復興儒學。到了北宋時期，作為儒學新型態的理學大力弘揚儒家「心性之學」，並且引入《周易》天人之學作為基礎性理論資源，貫通天道與性命，以此建構完整理論體系的復興儒學，而又出現思想定於一尊的局面。到清朝康熙年間，陸稼生在儒學已經支離破碎之殘局，認為「今之論學者無他，亦宗朱而已，宗朱為正學，不宗朱即非正學」，又把宗孔範圍縮小為宗朱的道統正學。[87]

所以，林語堂認為我們除了千萬不可再有道統觀念之外，我們切切不可再走上程朱談玄的途徑。諸如：儒家的《孟子・盡心篇》指出，盡其心者，知其性也。知其性，則知天矣。存其心，養其性，所以事天也。夭壽不貳，修身以俟之，所以立命也。[88]

亦即指出，能夠盡自己靈明本心的人，是知道人的本性的人。知道人的本性，就知道天命。保持自己靈明本心的思考，涵養自己天賦的本性，這就是事天命之道。生命的長短，絲毫不加疑慮，惟有修養身心以等候天命，這便是安

---

[86] 胡適，〈中國古代政治思想史的一個看法〉，原登載於《自由中國》第十卷第七期(1954年4月1日)。收錄：胡適等著，《胡適與中西文化──中國現代化之檢討與展望》，（臺北：水牛，1968年1月），頁205-206。

[87] 林語堂，〈論文藝如何復興法子〉，《中央日報》，(1967年1月9日)。收錄：胡適等著，《胡適與中西文化──中國現代化之檢討與展望》，（臺北：水牛，1968年1月），頁310-311。

[88] 謝冰瑩等註譯，《新譯四書讀本》，（臺北：三民，1978年10月），頁476。

身立命之道了。

對於朱熹思想的研究，以往也多偏於其「理氣論」與「心性論」，對於「存天理去人欲」則僅從倫理學的角度論述。由於朱熹當時正處在儒家的心性義理之學不彰，而釋道兩家又發展出了各自的「心性論」，以高深的學理思辨性動搖了儒家定於一尊的地位，最後竟導致儒學思想的式微。

朱熹「心性論」的基本立場，就是理、氣二分。他秉承張載、程頤的思想，將人性區分為「天地之性」及「氣質之性」。「天地之性」與天道合一，為至善；「氣質之性」則為人的情慾來源。

朱熹認為只有「天地之性」才是普遍的，才是真正的性；「氣質之性」則因人而異，故為氣，為情以此，人性稟受天理而生，故渾然至善，未嘗有惡。朱熹主張「性本善」是本質性的，人性來自天，而天理為至善，所以人性的本質就是天理，就是善。以此，將本善的原因歸諸於客觀的理。性為理，理為至善；心則為氣之精爽者，心統性情，心兼有「天地之性」及「氣質之性」。

所以，林語堂在〈論文藝如何復興法子〉文中又引梁任公的所謂「宋明理學極敝，然後清學興，清學既興，治理學者漸不能成軍」，就是因為宋學養出來談空說性的人物，一副假道學面孔，令人望而生惡。此所以有王陽明一派繼陸象山而起，攻詰程朱之學而為知行合一之說，其動機不外學以致用。國父知難行易之說，可謂陽明一派之後起異軍，仍然是本學以致用之精神。[89]

日治時期 1920 年代臺灣人反殖民的文化運動，到 1950、1960 年代的國民政府來臺之後的實施「去日本化」，「再中國化」，乃至於包括民間學術思想上的反西化、反俄化的文化本土化運動，再再凸顯臺灣社會的受制於強勢文化桎梏，臺灣的語言、記憶與歷史都刻意遭到邊緣化，終致 1970 年代出現的臺灣鄉土文學運動，最後引發了臺灣文化運動的出現「中國意識」與「臺灣意識」，乃至於在國家認同上演變為「中國統一」與「臺灣獨立」的意識型態之爭。

---

[89] 林語堂，〈論文藝如何復興法子〉，《中央日報》，1967 年 1 月 9 日。

（四）徐復觀為鄉土文學論戰辯護

承上論，徐復觀在 1970 年代後期發生的鄉土文學論戰中，他挺身為鄉土文學辯護，以及對當時文學界的現代主義風潮提出批判。當時臺灣文壇引發的鄉土文學論戰，主要是以支持鄉土派尉天驄（1935-2019）、胡秋原（本名胡曾佑，1910-2004）、陳映真（本名陳永善，1937-2016）、王禎和（1940-1990）、王拓(本名王紘久，1944-2016)、楊青矗（本名楊和雄，1940-）、黃春明（1935-）等人，與支持現代派余光中（1928-2017）、彭歌(本名姚朋，1926-？)、白先勇（1937-）、朱西甯（本名朱青海，1927-1998）、聶華苓(1925-)、於梨華（1931-2020）、王文興（1939-）等人的正面為文論戰，或是透過文學作品的描寫與敘述。[90]

這兩派在創作理念上，鄉土派強調「為人生而藝術」；現代派則主張「為藝術而藝術」。支持鄉土派的尉天驄早年投入臺灣現代文學運動，提倡寫實文學，主張文學應面對生活與社會，他從 1950 至 1980 年代就傾力興辦文學相關雜誌，主編《筆匯》、《文學季刊》、《文季》、《中國論壇》等刊物。

檢視當時臺灣主要的鄉土作家王禎和，當他於 1959 年的 20 歲那年進入臺大外文系就讀之後，陸續發表於《現代文學》、《文學季刊》和《文季》等刊物的作品包括：1960 年代刊於《現代文學》的有〈鬼、北風、人〉(1961.2)、〈永遠不再〉(1961.3)、〈快樂的人〉(1964.10)，刊於《文學季刊》的有〈來春姨悲秋〉(1966.10)、〈嫁妝一牛車〉(1967)、〈五月十三節〉(1967)、〈三春記〉(1968)、〈那一年冬天〉(1969)。

1970 年代刊於〈月蝕〉(1970.2)、〈小林來臺北〉(1973.10)，刊於《幼獅文藝》的有〈兩隻老虎〉(1971.12)，刊於《中外文學》的有〈伊會念咒〉(1974)，刊於《聯合副刊》的〈素蘭要出嫁〉(1976.5)，刊於《中時副刊》的〈香格里拉〉(1979)。

1980 年代刊於《中時副刊》的〈美人圖〉(1981.2)，刊於《文季》的〈老鼠

---

[90] 尉天驄主編《鄉土文學討論集》，共收錄雙方 74 篇文章，至今仍是研究臺灣鄉土文學的重要參考資料。2014 年 7 月在家附近步行時遭機車衝撞，經手術後復健只能以輪椅代步，2019 年 12 月病逝臺北。

捧茶請人客〉(1983)，刊於《聯合副刊》的〈人生歌王〉(1986.8)，以及長篇小說《玫瑰玫瑰我愛你》(1984)等作品。可惜的是王禎和在 1990 年當他才 51 歲的壯年即死於心臟病發。[91]

在同一時期，當時由王健壯主編的《仙人掌雜誌》，於 1977 年 4 月號刊登王拓〈是「現實主義」文學，不是「鄉土文學」〉一文，他認為鄉土文學的書寫對象，不應該僅包括所謂的農村文學，也還應該包括以描寫都市生活為主的社會現實文學，他認為應以「現實主義文學」取代「鄉土文學」的稱謂。

同時，代表現代派朱西甯的為文是從另一角度評論「鄉土文學」，他認為如果過於強調鄉土，有可能流於地方主義；而且部分鄉土文學論者對「臺灣意識」的過度強調，有分離主義思想和主張「臺灣獨立」的嫌疑。

到了同年的 8 月 17 日，由當時《中央日報》總主筆姚朋(筆名彭歌)以〈不談人性，何有文學？〉為題，在《聯合報》副刊連續刊載三天，點名批判王拓、尉天驄及陳映真三人，指責他們「不辨善惡，只講階級」，和共產黨的階級理論掛上鉤。[92]

緊接著同月 20 日余光中在《聯合報》上發表〈狼來了〉一文，認為臺灣的「鄉土文學」跟中國大陸強調階級鬥爭的「工農兵文學」「竟似有暗合之處」。余光中的這篇文章，導致臺灣文壇在頓時之間瀰漫著一股恐怖的肅殺氛圍，最後形塑成「官方意識型態 vs. 反官方意識型態」的兩造論戰。

對於尉天驄、陳映真等人 1966 年 10 月創辦《文學季刊》的力倡鄉土文學，除了徐復觀提出支持的論點之外，胡秋原在給尉天驄編《鄉土文學討論集》的〈序〉文中指出：

> 在民國五十年〔1961〕以後，尤其是釣魚臺事件以來，有一批本省作家之小說出現，如〈第一件差事〉、〈將軍族〉、〈莎喲娜啦、再見〉、

---

[91] 宋澤萊，《臺灣文學三百年(續集)：文學四季變遷理論的再深化》，(臺北：前衛，2018 年 3 月)，頁 332-334。

[92] 姚朋，1981 年調升擔任《中央日報》社長兼發行人。

〈望君早歸〉、〈小林來臺北〉、〈工廠人〉等。……這些作品大抵還
是短篇或中篇小說，但有若干特點：第一、由於二十多年來國語教育普
及之故，較之日本統治時代作家有更好的國文修養。……第二、由本地
人民的生活出發，有真實感，這天地，亦不比三十年代以上海租界為天
地者更為狹小。……第三、他們對崇洋媚外者之腐敗無知、輕浮滑稽，
常有辛辣的諷刺。在目前似乎有兩種「兩個中國」的構想，一是依賴日
本人的「技術合作」，二是依賴美國人的「政治合作」。他們顯然皆所
不屑。他們並且宣言，要由滔滔而來的外來文化、文學的支配走出，由
自己的土地和同胞吸取創作源泉，要由自由的民族過去和現在文學中吸
取營養，建立民族文學之風格，樹立文學上自立自強的精神。……鄉土
對外國而言，反對西化俄化而回到中國人立場之意。鄉土今以此處之鄉
土始，究必以到大鄉土之大陸終。這便是民族主義。[93]

　　胡秋原說明鄉土文學主張是從「小鄉土」(臺灣)走回「大鄉土」(中國)，用
意主要是替鄉土文學的立場辯護，藉以擺脫臺獨路線的嫌疑。[94]回溯臺灣鄉土
文學的思維，雖萌芽於擺脫 1920-1930 年代殖民文化的附庸，直到 1977 年爆發
的鄉土論戰與政經文化的轉型，凸顯國家和文化認同是流動可塑的，形成本省
籍與外省籍的劃分、民族主義與西化的對立。尤其是當時國民黨中央與政府單
位為鄉土文化論戰召開第二次文藝會談，總統嚴家淦呼籲作家「堅持反共文學
立場」。

　　翌年的「國軍文藝大會」上，國民黨中央文化工作會主任楚崧秋和國防部
總政治部主任王昇一致強調要發揚民族文化，也要團結鄉土，認為鄉土之愛、
就是國家之愛、民族之愛，而停止了黨部與官方對鄉土文學的批判，讓鄉土文
學論戰在官方不置可否的態度下可以順利的收場。

---

[93] 胡秋原，〈中國人立場之復歸——尉天驄先生編《鄉土文學討論集》序〉，收錄：《文學與歷史——
　　胡秋原選集第一卷》，(臺北：東大，1994 年 2 月)，頁 123-125。

[94] 彭小妍，〈臺灣七〇年代鄉土文學論戰〉，收錄：宋光宇編《臺灣經驗(二)——社會文化篇》，(臺
　　北：東大，1994 年 7 月)，頁 83。

　　鄉土文學的站穩了腳步，取得了創作的正當性，鄉土文學一躍成為文壇創作的主流。尤其鄉土文學其實是指整個的臺灣本土文學，如果它遭到取締，必將造成本土文學的重大頓挫。[95] 尤其是在 1968 年爆發「民主臺灣聯盟」案後，陳映真繫獄七年，《文學季刊》也被迫停刊。

　　鄉土文學論戰的影響所及，到了 1978 年 11 月行政院頒布《縣市文化中心計畫大綱》，及 12 月《文化活動強化方案》中的具體化政策，讓這些縣市設置的文化中心逐漸能凸顯出戰後臺灣各地方文化的特性與特色。

　　然而，到了 1980 年代初期臺灣社會仍處在國民黨戒嚴體制的統治階段，由於多位黨外人士在政治場域上積極的爭取民主自由運動，致使鄉土文學中所各代表「中國意識」與「臺灣意識」的意涵產生嚴重分歧，其對立與衝突的情勢更趨於明顯的尖銳化。甚至於有部分鄉土作家不但未能一本初衷，卻反成為臺獨運動虛擬文論的幫兇。

五、結論

　　承上論，從歷史中的儒家命運，徐復觀指出：

> 儒家思想，為政治提供了道德的最高根據；而在觀念上也已突破了專制政治，卻又被專制政治壓回了頭，遂使儒家人格的人文主義，沒有完全客觀的建構，以致僅能緩和了專制政治而不能解決專制政治。我始終認為順著儒家思想自身的發展，自然要表現為西方的民主政治，已完成他在政治方面要完成而尚未完成的使命；而西方的民主政治，只有和儒家的基本精神接上了頭，才算真正得到精神上的保障，安穩了它自身的基礎。所以儒家「人把人當人」的思想，不僅在過去歷史中盡了艱辛掙扎之力；且為我

---

[95] 宋澤萊，《臺灣文學三百年(續集)：文學四季變遷理論的再深化》，(臺北：前衛，2018 年 3 月)，頁398-399。

們邁向將來的永遠指針，及我們渡過一切難關的信心之所自出。[96]

　　徐復觀認為自由主義不是代表一種固定的格套，而係打開人類精神上物質上許多有形無形的枷鎖，以敞開一條路來顯露人類的理性良心，讓人類的理性良心，在各種困惑艱險的途程中，放出光和熱來為自己找路。自由主義者從傳統和社會中解放出來，並不是根本否定了傳統和社會，而是對傳統和社會，做一番新底估價，將既成的觀念與事象，加以澄清洗鍊，而賦與以新的內容，並創造更合理更豐富的傳統和社會。[97]

　　徐復觀的自由主義觀點，可以稱之為「道德主體的自由主義」。余英時對徐復觀有如下的評語：「徐先生中年以後，專力治學，精神極為可佩。他治學的特色是一方面徘徊於學術與政治之間，另一方面則游移於義理與考據之間。」[98]

　　逯耀東在〈今年上元──遙祭徐復觀老伯〉寫道：

> 「老伯（指徐復觀），早晨運動，就是要使腦子休息，你怎麼不讓自己真正休息一下呢？你不是常說，一個知識分子立身處世是儒家的，處理自己的生活該是道家的，怎麼你自己一點也突不破，硬是要一路儒家到底。」他聽了突然轉向我，嚴肅地說：「我五十開始，才擺脫一切，專心向學，總是感到時間不夠。老弟，你的聰明才智遠超過我，不要浪費了……」說著，他有點哽咽了：「藍文徵在世時，有次對我說，他的老師梁任公病危時，握住他的手說自己早年量費了太多時間，將來留不下一本傳世之作……我不知道將來什麼可傳，也許，也許我的那本《中國藝術精神》……」說到這裡，他竟然掩面痛哭起來。……像復觀老伯……

---

[96] 徐復觀，〈儒家對中國歷史運命掙扎之一例〉，收錄：《學術與政治之間》（甲乙集合訂本），（香港：南山書屋，1976 年 3 月），頁 321。

[97] 徐復觀，〈為什麼要反對自由主義〉，收錄：《學術與政治之間》（甲乙集合訂本），（香港：南山書屋，1976 年 3 月），頁 372-373。

[98] 余英時，〈《周禮》考證和《周禮》的現代啟示〉，收錄：余英時，《猶記風吹水上鱗──錢穆與現代中國學術》，（臺北：三民，1995 年 3 月），頁 144。

最後再回歸到學術領域以後，對學術所表現的那份虔誠與執著……他對
兩漢學術思想的探索，在對清代學術的論衡，他更有對中國史學史開創
的雄心壯志，釋史與論史記祇是一個開始……學術的道路是孤獨與寂寞
的，但復觀老伯踽踽獨行，早已見樹木成林。[99]

逯耀東的這段話裡，凸顯了徐復觀與一生以學術為志業的錢穆、余英時師
生，他們在學術研究道路上的最大不同，就是徐復觀軍旅生涯占去他的前大半
生，誠如他自己後半生的感嘆說：「我五十開始，才擺脫一切，專心向學，總
是感到時間不夠」。

儘管徐復觀專職於從事學術研究和學校教育的時間並不是很長，但也因為
徐復觀他有一段的特殊人生際遇，經過不同歷練的過程，讓他更能從不同層面
做思考，而具有不同觀點的思維，特別是其所充滿展露的儒家憂患意識。

徐復觀心繫中國大地的「大鄉土」和關注臺灣土地的「小鄉土」，亦凸顯
他從「小鄉土」臺灣走回「大鄉土」中國的鄉愁。徐復觀激進的(radical)儒家本
土化思維，就是在他對於臺灣這塊土地的人有著獨特的情感與前進的見解。

所以，讓他在 1950 年代臺灣的「中西文化論戰」，和 1970 年代臺灣的「鄉
土文化論戰」中，挺身而出的發表他對於中華文化，尤其儒家文化必須本土化
的激進思維。如何讓中華文化不被滅亡？如余英時在〈一生為故國招魂──敬
悼錢賓四師〉一文中指出：

錢先生為中國招魂當然沒有停止過，然而一九四九年以後中國史進入了
一個新的階段。中國的危險已不在於會不會「亡國」，而是會不會「亡
天下」。照顧炎武的說法，「亡天下」便是中國文化的滅亡。[100]

回溯 1982 年 4 月 18 日在臺北市羅斯福路耕莘文教院舉辦的悼念講演會，

---

[99] 逯耀東，〈今年上元──遙祭徐復觀老伯〉，《中國時報》，(1982 年 4 月 7 日)。

[100] 余英時，〈一生為故國招魂──敬悼錢賓四師〉，《聯合報》，(1990 年 9 月 7 日)。

除了由曹永洋、廖伯源、王孝廉、樂炳楠等講述徐復觀先生治學、教學、思想、學術與人格風範之外，並請鄭學稼講：「五四知識份子第二代之一傑出者」，楊逵講：「懷念老友」，陳映真講：「無盡的哀思」。這也可講演者之人選凸顯徐先生與本土學術之結合的最佳見證。

我們也可觀察徐復觀從洪炎秋、蘇薌雨及葉榮鐘合出《三友集》作序談起，憶及若干生活瑣事，時而溫馨中偶現酸楚、時而發乎至誠讚賞其文采、時而認同洪炎秋的見地並佩服洪炎秋對於北大與臺大意味深長的比較。洪炎秋與徐復觀的相知，正如徐復觀所言洪炎秋是其「避臺後結交到的幾位知己」，而能讓近代重要思想家徐復觀引以為知己者，並不多見。[101]

2020 年總統大選蔡英文總統競選連任時，將原本她在 2016 年當選中華民國總統時的強調「維持現狀」，指的就是「中華民國」，而當她提出「中華民國臺灣」的競選訴求而獲得 817 萬選民的支持之後，「中華民國臺灣」已成為進階版的「臺灣共識」，形塑所謂「中華民國臺灣」意識型態。

換言之，蔡英文的所謂「中華民國臺灣」意識型態，在凸顯其建立「臺灣人共通主體性概念」。因此，臺獨工作者主張建立新而獨立國家，臺灣不需要中華民國這個從大陸來的國號；中華民國捍衛者主張以憲法及其增修條文來捍衛臺灣；中國大陸則堅持「一個中國」就是中華人民共和國，沒有所謂「一中各表」的議題，直接挑明中華民國這國家已不存在的歷史事實。

從「臺灣意識」、「中國意識」的形成當前蔡英文的「中華民國臺灣」意識型態的變遷。陳昭瑛先前在〈論臺灣的本土化運動：一個文化史的考察〉的精闢分析，有非常可供我們思考之處。她在該文中指出：

> 假如臺灣意識乃歸屬於中國意識這一整體，並在整體中保持其獨特性與相對自主性的意識，則臺灣意識並非中國意識的異化，唯有臺獨意識才是中國文化的異化。臺灣意識是中國意識的部分，是從中國的角度來看

---

[101] 國立臺灣文學館，《臺灣現當代作家研究資料彙編 102·洪炎秋》，（臺北：國立臺灣文學館，2018 年 12），頁 97、163-165。

的，但是 1895 年割臺之後，由於切斷了祖國的臍帶，臺灣人逐漸養成了以臺灣為中心去思考問題，因此在當時臺灣人意識中包含了因割臺而泉湧的民族之愛、亡國之思，亦即臺灣人意識中既包括鄉土之情，也包括祖國之愛，中國意識變成了臺灣意識的有機構成部分，而臺灣人是在強烈的主體性基礎上，才將中國意識吸納入自己的族群意識的。[102]

　　在本文的最後，我願再申我為什麼要選擇徐復觀思想文化與臺灣本土化的題目，是因為 1970 年代初期我在構思撰寫《近代學人著作書目提要》時，受到恩師曹昇教授的中華文化思想啟蒙與照護，以及後來國民政府在臺灣推動「本土化」政策的影響，讓我感恩於中華文化的滋養成長，從而建立自己的中華文化主體性和本土化思維，這才是臺灣存有的尊嚴和臺灣本土化的真實性。

　　對於當前 21 世紀今(2020)年中華文化相對於西方世界的堅持文化主體性發展，和臺灣內部出現亟欲割斷與中華文化淵源的趨勢，我們探討徐復觀對中華儒家文化本土化激進思維的前瞻更顯得格外有意義。

---

[102] 陳昭瑛，〈論臺灣的本土化運動：一個文化史的考察〉，收錄：《臺灣文學與本土化運動》，（臺北：臺大出版中心，2009 年 10 月），頁 143。

臺灣政治經濟思想史論叢

陳添壽 著

(卷一至卷五)總目錄

臺灣政治經濟思想史論叢(卷一)

——資本主義與市場篇

目　次

第二部分　臺灣政經發展斷代史

●明清時期漳商的「在臺落業」

一、前言

二、本文的研究途徑與結構說明

三、漳商「在臺落業」與農業發展

四、漳商行郊與洋行的商業結構轉型

五、漳商與臺灣近代化工業的推動

六、結論

●荷鄭時期臺灣經濟政策與發展

一、前言

二、制度理論與本文結構說明

三、荷鄭時期臺灣經濟發展與世界體系的接軌

四、重商主義的緣起與發展

五、荷治臺灣重商主義的政策分析

六、鄭氏臺灣重商主義政策的中挫

七、結論

●清領時期臺灣經濟政策與發展

一、前言

二、研究方法與結構說明

三、清領臺灣的歷史意義

四、土地開墾與農業發展

五、行郊組織與經貿

六、官督商辦與近代工業的發軔

臺灣政治經濟思想史論叢(卷二)
——社會科學與警察篇
目　次

二、地緣經濟研究途徑

三、閩南人移墾與臺灣社會土著化

四、閩南文化的形成與發展

五、結論

●清領時期臺灣紀遊文獻的社會意涵

一、前言

二、清領時期臺灣紀遊文獻意義

三、清領時期臺灣紀遊文獻介紹

四、清領時期臺灣紀遊文獻的社會意涵

五、結論

第二部分　臺灣政經發展的文化性思維

●臺灣經濟發展的倫理觀

一、前言

二、經濟倫理的意涵

三、市場與政府的整合性角色

四、臺灣經濟發展中的倫理議題

五、結論

●資本主義與臺灣媽祖信仰

一、前言

二、資本主義經濟的三個研究面向

三、媽祖信仰在臺灣的歷史意義

四、臺灣媽祖信仰與物質生活

五、臺灣媽祖信仰與經濟生活

臺灣政治經濟思想史論叢(卷三)

——自由主義與民主篇

目次

臺灣政治經濟思想史論叢(卷四)

──民族主義與兩岸篇

目 次

臺灣政治經濟思想史論叢(卷五)

——臺灣治安史略

目　次

● 第三章　荷西時期與商社治安（1624-1662）

　　第一節　荷西時期治安議題

　　第二節　大航海時代涉外性治安

　　第三節　重商型政治性治安

　　第四節　複合式經濟性治安

　　第五節　多國化社會性治安

　　第六節　公司政府型態治安角色

　　第七節　荷西時期商社治安大事記

● 第四章　東寧時期與軍屯治安（1662-1683）

　　第一節　東寧時期治安議題

　　第二節　近世國家時代涉外性治安

　　第三節　受封型政治性治安

　　第四節　宗主式經濟性治安

　　第五節　土著化社會性治安

　　第六節　受封政府型態治安角色

　　第七節　東寧時期軍屯治安大事記

● 第五章　清治時期與移墾治安（1683-1895）

　　第一節　清治時期治安議題

　　第二節　工業革命時代涉外性治安

　　第三節　皇權型政治性治安

　　第四節　君主式經濟性治安

　　第五節　定著化社會性治安

　　第六節　邊陲政府型態的治安角色

　　第七節　清治時期移墾治安大事記

國家圖書館出版品預行編目(CIP)資料

臺灣政治經濟思想史論叢. 卷六, 人文主義與文
化篇 = Proceedings : the history of Taiwan
political and economic thought. VI / 陳添壽著.
-- 初版. -- 臺北市 : 元華文創, 2020.11
面 ; 公分
ISBN 978-957-711-189-0 (平裝)

1.臺灣經濟 2.政治經濟 3.經濟史

552.339   109013350

臺灣政治經濟思想史論叢(卷六):人文主義與文化篇
Proceedings: The History of Taiwan Political and Economic Thought VI

陳添壽　著

發 行 人：賴洋助
出 版 者：元華文創股份有限公司
聯絡地址：100 臺北市中正區重慶南路二段 51 號 5 樓
公司地址：新竹縣竹北市台元一街 8 號 5 樓之 7
電　　話：(02) 2351-1607　　傳　　真：(02) 2351-1549
網　　址：www.eculture.com.tw
E - m a i l：service@eculture.com.tw
出版年月：2020 年 11 月 初版
定　　價：新臺幣 450 元

ISBN：978-957-711-189-0 (平裝)

總經銷：聯合發行股份有限公司
地　址：231 新北市新店區寶橋路 235 巷 6 弄 6 號 4F
電　話：(02)2917-8022　　傳　真：(02)2915-6275